総選挙はこのようにして始まった

——第一回衆議院議員選挙の真実——

稲田雅洋

有志舎

まえがき

第一回衆議院議員選挙（以下総選挙と略すこともある）は、一八九〇年七月一日、沖縄と北海道を除く全国の四五府県で実施された。投票は、朝七時から夕方六時まで、全国の市・区役所や町村役場などに設置された投票所で行われた。ごく一部の地域で、交通事情や種々の不手際のために後日になったところもあるが、四五府県（沖縄と北海道を除く）のほぼ全域で、この日に実施されたのである。

この総選挙の選挙人数は四五万三六五人[*1]であり、投票者数は四二万二七二九人であった。**全国で四〇万人を超える者が、特定の一日に、同じ政治的行動をとったということは、それまでの日本の歴史上ではじめてのことであり、**その意味で一八九〇年七月一日という日は、特別な日であったといえる。また、第一回総選挙の投票率は約九三・九％であり、これは、現在までの総選挙の中で最高である。つまり、この点では、第一回総選挙は、少し大げさにいえば、日本では空前絶後の出来事であった。

開設当初の衆議院議員選挙の基本的な被選挙権資格は、直接国税一五円以上を一年以上、納めていることであった。

しかし、これまではほぼまったく注目されなかったことであるが、**第一回総選挙で当選した者の中には、その税額を実際には、納めていなかった者もかなりいたのである。たとえば、中江兆民・植木枝盛・片岡健吉・林有造・河野広中・尾崎行雄・島田三郎などである。そのような者は、おそらく数十人に達する。**彼らはどのようにして、その資格を得たのであろうか。

＊　＊　＊

この選挙についての詳しい研究は皆無に等しい。そのために、このほかにも、重要であるのにほとんど知られていないことが少なくないのである。たとえば、愛媛県と大分県では同一人物が県内の二つの区の選挙で当選したことから、**当選が確定したのは議員総数三〇〇人のうちの二九八人であり**、残りの二人については、後日、二県で改めて再選挙が行われたようなことである。

さらに、この選挙については、基本的なことでも間違って伝えられて、そのままになっていることも少なくない。それらは、この選挙については、研究者でも関心が薄かったことを示している。つまり、この選挙は、それを積極的に解明しようとする意欲がわいてこない対象であったといってもよい。

この選挙が魅力のないものとされてきた理由は明らかである。つまり、国会は自由民権運動の敗北の結果として開設されたものであり、**その権限が弱く、天皇の立法権を「協賛」する（大日本帝国憲法〔以下憲法と略記することもある〕第五条）機関にすぎず、天皇制の「飾り物」（「外見的立憲制」の中心的存在）でしかない**という見方が、長い間、支配的であったからである。そして、民権運動で活躍しながらも、第一回総選挙で当選して、衆議院議員になった者に対しては、天皇制政府に身を売り渡した者であるというような評価すらもあった。たとえば、しまねきよしは、『民権思想と転向』（紀伊国屋新書、一九六九年）の中で、植木枝盛が衆議院議員になったことを「転向」としている。

中でも、当時の衆議院議員選挙が、「選挙人」（＝有権者）も、「被選人」（＝被選挙権者）も、ともに国税一五円以上の納入者であり、厳しい制限選挙であったことが、国会を魅力のないものとした大きな理由である。つまり、その選挙では、選ぶ者も、また選ばれる者も、ほとんどが農村の支配者である地主という見方が定着し、そのため**初期の議会は「地主議会」といわれることも少なくなかった**。そして、国会は多くの国民とは無縁の存在とされたのである。

国会がこのようなものと位置づけられてきたのであれば、その議員を選ぶ総選挙に関しても、本格的な研究のないまま今日に至ったのも当然といえる。

しかしながら、右のような見方は正しくない。たとえば、**先に挙げた中江兆民・植木枝盛・河野広中・尾崎行雄・島田三郎などはけっして地主ではなかった**。ましてや「転向」者などではなかった。それどころか、彼らの中には、後半の三人をはじめとして、日本における立憲政治の発展のために尽した者も少なくないのである。

また、国会は天皇制の「飾り物」などではなく、法律の制定権のみならず、予算の議決権や条約の承認権などをももつようになるのである。ただし、それは彼らが中心となり、議会において藩閥官僚たちと闘って、勝ち取った成果なのである。それ以前、つまり国会開設前の藩閥政府下では、立法と行政とは未分化であり、その当時の政治家は、その二つの権限を併せもつ存在であった。しかし、**国会の開設後には、国策の決定権は、総選挙で当選した議員たちがもつようになったのである。つまり、議会政治家が誕生したのである**。

本書は、国会の開設に先立って行われた、第一回総選挙の真実の姿を多くの史料に基づいて明らかにしたものである。

＊　＊　＊

本書の構成とその概要は、以下の通りである。

●「序章　「衆議院議員＝ほとんど地主」をめぐって」は、初期の総選挙についての旧来の研究をまとめたものである。

日本近代史研究は、長い間、講座派が支配的であったために、「衆議院議員＝ほとんど地主」という公式が通説になっていた。したがって、ここでは、この公式に視点をおいて整理している。しかし、この「序章」は、研究書としての性格上、設定したものであり、本文の内容とは直接には関係ない。関心のある方は、お読み頂きたいが、すぐに第一章に進まれても何ら不都合はない。

●「第一章　「財産」はこうして作られた――被選人資格のタテマエと実態――」は、本書の中心をなすものである。

前述したように、**第一回総選挙で当選して衆議院議員になった者の中には、被選人に必要な年間国税一五円以上を、実際に納めていたとは思われない者がかなりいる**。先に挙げた中江兆民・植木枝盛・尾崎行雄などは、資産がほとんどない士族であった。また、河野広中や島田三郎などは、平民であったが、被選人となるほどの資産はなかった。しかし実際は、彼らは、被選人の資格を得て候補者として総選挙で当選して衆議院議員になったのである。

「衆議院議員＝ほとんど地主」という公式に立てば、右の民権家たちは、その活動のかたわらで、盛んに土地集積を行い、地主になったということになる。だが、それはもちろん事実ではない。彼らは、いったい、いかなる方法で被選人の資格を得たのであろうか。

しかも、そのような者はけっして、民権家のみに限ることではない。たとえば、**現職の農商務大臣の陸奥宗光をはじめ、その直前まで政府高官であった者（勅任官・奏任官）も十数人、当選しているので**

ある。右の公式に基づけば、彼らもまた、多忙な職務の中で、土地集積を行って、地主になったということになる。しかし、そういうことも事実としてはありえない。彼らも何らかの方法で被選人の資格を得ていたのである。

実は、私は『自由民権運動の系譜――近代日本の言論の力』（吉川弘文館、二〇〇九年）を上梓して以降、総選挙の候補者となった者が、どのようにして被選人の資格を得たのかということを、一貫して追究してきた。調べた対象は、当選人だけに限らず、主要な落選人や、さらには総選挙の前まで府県会議員であった者など数百人に及んだ。複写したり、ダウンロードした枚数は四、五千枚に達し、目を通しただけのものはその数倍になる。それらを通して得られた結論は、候補者の人の中には、**被選人になるために必要な「財産」を、その支持者たちが作った者がかなりいる**ということであった。これが、長い間にわたる史料の博捜の結果、たどりついた結論である。

そして、支持者たちが、本人の意思とはかかわりなく、あるいは本人の意思に反してそれを行う場合を〝**勝手連型の「財産」作り**〟とし、支持者の思いと本人の意思が一致して行う場合を〝**Win-Win型の「財産」作り**〟とすることにした。

この章では、かなりの枚数を割いて、この「財産」作りの事例を挙げておいた。そして、最後の「まとめ――「財産」作りの歴史的役割――」では、膨大な時間を要した作業の感想を書いておいた。それはまた、私の歴史への想いでもある。

実は、この**「財産」作りは当時の総選挙においては、ほぼ全国的な規模で行われていた**のである。**それは活動家としても優れた才能をもちながらも、納税資格がないために候補者となれなかった者たち**

を、**自分たちの代表として国政の場に送り出すために行われたものであった**。

●「第二章　第一回総選挙はどのように行われたか」は、最初の衆議院選挙法の下での諸制度を取り上げたものである。

「1　制限選挙」では、まずその制度を説明した後、当時の総選挙の選挙人が国民の約一・一四％にすぎなかったことが、旧来、強調されてきたが、そのような捉え方が誤りであることを述べている。まず、当時の世界の中では、男女普通選挙をとっていた国はどこにもなかったのであり、日本で制限選挙をとったことを批判しても、それは**歴史へのないものねだり**であろう。さらに、約一・一四％という数字は、母数の中に当時の選挙資格年齢である二十五歳未満の者を含めており、意味のない数字であって、**制限選挙を批判することを強調するための偽数であるといえる**。

「2　小選挙区制」では、まず当時の小選挙区制がかなり極端な「一票の格差」を生んだことを明らかにしている。つまり、選挙区は現住人口を基準としてほぼフラットに設定したものであるが、選挙人は国税一五円以上納入者であることから、選挙人は選挙区によって、かなりな違いが出たのである。具体的には、農村部の選挙区の選挙人数は、都市部・山間部・海浜部に比べてはるかに多かったのである。そして、それらのことを踏まえて、結論として、**農村部には、たとえ選挙人には地主が多かったとしても、当時の選挙制度は、地主にはけっして有利なものではなかった**ことを述べている。

「3　立候補制ではない選挙」では、当時は**まだ「立候補」という概念はなく、立候補制というような制度はなかった**ことを明らかにしている。立候補制が採用されるのは一九二五年の衆議院議員選挙法（以下衆選法）の改正においてである（ただし、それはあくまでも選挙法の改正であり、「普通選挙法」

などという法律は実在しなかった）。その以前の総選挙について述べる際に、「立候補」という言葉を使っている著書、歴史辞典、人名辞典は、すべて間違いである。

なおここでは、このような事情の下で生じた二つの**再選挙**について見ている。

「4　その他の制度」では、当時の選挙法に基づくその他の独自の制度として、記名・捺印投票制や二人区の二名連記制などを取り上げている。また、**「七月一日投票日制」**では、その制度が、**歴代の首相が権力維持のために恣意的な解散を行った**ことから、一度も守られることがなく、一九〇〇年の選挙法の改正で廃止されてしまったことを強調した。そして、**解散という悪しき慣例がその後も続いた**ことにも言及している。

●「第三章　第一回総選挙の当選人」は、三〇〇人の当選人について、多方面から分析したものである。

「1　当選人」では、**士族が一一一人と多いこと、府県会議員の経験者が二〇〇人いること、さらには新聞・雑誌関係者が八〇人、代言人が二五人以上確認できる**ことなどを挙げた。

「2　当選人の変更」では、七月一日の総選挙から十一月二十五日の第一議会召集までの間に行われた**四つの補欠選挙と二つの当選更正**（裁判による当選人の変更）の様子を具体的に見たものである。これらは、旧来の研究では、ほとんど無視されたり、間違って捉えられたりしていたものである。

「3　当選人の党派・会派の変遷」では、総選挙から第一議会召集までの間に、当選人たちの所属党派がどのように変わったかを個別に見たものでる。

以上の第二章と第三章は、これまでの研究がほとんどなかったことを対象としているので、できるだけ多くの正しい事実を挙げている。本書に「第一回総選挙事典」としての性格をもたせようとしたからである。

なにしろ第一回総選挙に関しては、国会についての正史ともいうべき衆議院・参議院編『議会制度百年史』、『議会制度百年史　院内会派衆議院の部』第一巻（一九九〇年）においてすら、明らかに間違った事実が少なからず載っている。ここでは、同書をはじめとして、それらのことをできるだけ訂正しておいた。歴史学の原点はあくまでも事実である。事実に基づかない歴史学はありえない。

また、各章節とも、それぞれのまとめや結論を書いておいたつもりである。それらが多くの事実の積み重ねであることをご理解いただきたい。

●「第四章　第一回総選挙の選挙戦」は、第三章の第3節を踏まえて選挙戦の実態を見たものである。**旧来の研究では、当時の選挙戦は、民権派系候補者と政府系候補者との間で展開されたものとみなされることが多かったが、実態はけっしてそうではなかった**のである。

「1　当選人の党派・会派の地域別特徴」は、当選人の地域別特徴を見たもので、全国を①民権派系が圧勝した地域、②民権派系が多数を占めた地域、③民権派系がほぼ半数の地域、④民権派系が完敗した地域の四つに分けて、その特徴を明らかにしたものである。

「2　民権派の相克――栃木県の選挙戦――」は、**民権派系の候補者が圧勝した地域の例として栃木県（定員五人）の選挙戦**を取り上げたものである。そこでは、自由党の候補者と改進党の候補者との間で、さらには自由党（大同倶楽部・再興自由党・愛国公党）の候補者同士により、激しい選挙戦が展開されたことを具体的に見たものである。

これは、田中正造に学ぶ会（東京）の機関誌『田中正造に学ぶ会』二〇一四年十二月～一五年十一月に連載していた「自由民権家時代の田中正造」の一部である「第一回衆議院議員選挙における栃木県の選挙戦」（全一〇回）の一部をまとめ直したものである。

「3　民権派の敗北——愛知県の選挙戦——」は、愛知県（定員一一人）の様子を見たものであるが、同県では栃木県の場合とはまさに正反対に、民権派の当選人はわずかに一人で、他の一〇人は後に「吏党」の大成会に所属する。**愛知県でも民権期には、それなりの運動が展開されていたのであるが第一回総選挙では、民権派がほぼ完敗に終わった**のである。ここでは、その理由を明らかにしている。

●当初の構想では、これ以降に、「第五章　初期議会における権限拡大の闘い」と「第六章　立憲政治のはじまり」の二つの章を加えて、全体のタイトルを『近代日本における立憲政治家の誕生』として、国会開設以降の政治家が誕生する過程と、その意義を述べる予定であった。具体的には、国会の開設以前には、立法権と行政権とが未分離であり、その時期の藩閥官僚政治家は、大久保利通に代表されるように、その両権を一身にもつ存在であったが、国会開設以後は、立法権は総選挙というフィルターを経た議員たちが担うことになり、**新しいタイプの政治家、つまり政党政治家が政治においては必要不可欠な存在であると認知されていく過程**を明らかにすることにしていた。

つまり、第一～第三議会において民党の議員たちが、毎年、予算案の審議権の獲得をめざし政府と激しく闘っていった様子をつぶさに見ることをめざしていた。さらにそこでは、長らく「土佐派の裏切り」と呼ばれてきたものの実相をも見ることにしていた。

第六章は、第四議会の終盤の一八九三年二月十日に出される「和協ノ詔勅」とその前後における政党と政府との攻防の様子を見たものである。この詔勅は、政府と議会との妥協のように見えるが、実質的には、**議会が藩閥官僚政府と闘って予算案の審議権の獲得したことを意味し、その後の議会では、ほぼ毎年のように予算案の審議が中心的な議題となっていくのである。**

この二章を通じて明らかにしたかったことは、**議会権限の確立をめざす政党の政府との闘いの中心となったのは、河野広中・尾崎行雄・島田三郎などの「財産」作りによって衆議院議員となった者たちであるということであった。**この二章は、全体の三分の一を占めるが、第一次草稿はとりあえず一昨年の二〇一六年九月には書き上がり、その改稿と史料の確認を始めていた。

しかし、その途中の九月二十八日、私は脳出血で倒れた。そのために、身体の左側はほぼ完全にマヒした。そして、以後、七か月近くを急性期・回復期二つの病院で過ごした。

その間のリハビリテーションにより、左手の機能はわずかながらも回復し、生活上、必要最低限のことはできるようになった。ただし、キーボードをたたくことは無理である。さらに、足の回復は思わしくなく、現在に至っても、私の生活は、基本的に車イスであり、必要な史料を探すことができない。したがって、このままでは、当初の計画通りに完成させることは不可能である。

このようなことから、すでに原稿がほぼ完成している第四章までを『総選挙はこのようにして始まった――第一回衆議院議員選挙の真実――』として刊行することにした。もちろん、このような形で、本を出すことは私の本意ではない。しかし、脳出血の後遺症で苦しんでいる中においては、本書のような形で、自分の仕事をまとめておくことも必要であると思い、刊行を決意した。この意味では、本書はあくまでも私の研究の中間報告のつもりである。ただし、将来、この二章をも含めた新著を改めて世に問うことができる可能性は、けっして大きくはない。しかし、そのことを強く望んでいることも付け加えておきたい。

●最後に、本書の版型を四六版にしたために活字が小さくなり、読みにくくなっていることをことわっておきたい。特に表は、読みにくいであろう。

私は研究書にはA5版が最も好ましいと思っている。しかし、四〇〇字詰め原稿用紙で六〇〇枚を超えるものをハードカバーのA5版にすると、定価をかなり高く設定しなければならない。おそらく本書の二倍近く高くなるかもしれない。最近の研究書の中には、A5版約三〇〇ページでも一万円を超えるものがある。私には、その意図が分からない。

私としては、この本を研究者のみならず、できるだけ多くの人に読んでもらいたいと思っていたので、価格はできるだけ安くした方がいいと考えていた。そのためには、版型と活字を小さくせざるをえなかったのである。読者の方がたには、この点のご了承を切にお願いする次第である。また、あえて四六版に決定していただいた有志舎の永滝稔氏の配慮に感謝する。

注

＊1　以下で使用する全選挙区の選挙人数および当選人についての基本的なデータは、政戦記録史刊行会編『大日本政戦記録史』（一九三〇年）の中の「第一回総選挙」による。同書は、第一回総選挙から第十六回総選挙（一九二八年二月二十日）までに関する投票記録としては、最も詳細なものである。

総選挙はこのようにして始まった《目次》

――第一回衆議院議員選挙の真実――

《いまだに生き続ける「負のDNA」》

第四章　第一回総選挙の選挙戦　271

凡例

1 年号の表記は、原則として西暦とする。一八七二（明治五）年十二月三日（旧暦）以前については、旧暦を正式な日付とし、和暦の元号をそのままを西暦の年号とする。この方法は、明治政府が太陽暦採用時に、それ以前の日付は旧暦の月日を公式な日付としたことに準じたものである。

2 しばしば引用する史料・文献については以下のように略記する。

a 「衆議院議員名簿　明治廿三年十月廿三日印行」（全二四ページ）（『衆議院議員名簿第一回—第二十八回帝国議会』、衆議院事務局、一九一二年、所収）は、「衆議院議員名簿　明治二十三年」とする。

b 「第一回総選挙」（政戦記録史刊行会編『大日本政戦記録史』、一九三〇年、所収）は、『政戦記録史』とする。

c 衆議院・参議院編『議会制度百年史』全一二冊（一九九〇年）のうち、『議会制度百年史　院内会派衆議院の部』は『百年史　衆議院の部』とし、『議会制度百年史　衆議院議員名鑑』は『百年史　名鑑』とする。

d 指原安三編『明治政史　第二十三編』（明治文化研究会編『明治文化全集　第十巻　正史篇下巻』（日本評論社、一九二九年初版））は指原編『明治政史　第二十三編』と略記する。

e 大津淳一郎『大日本憲政史　第三巻』（宝文館、一九二七年初版。原書房、一九六九年復刻）は大津『憲政史　第三巻』と略記する。

3 衆議院議員選挙法（一八八九年二月十一日公布）は「衆選法」と略記する。引用はすべて『法令全書　明治二十二年　一』による。なお、原文には、句読点やルビはないが、必要最低限を付しておくことにする。

4 立憲改進党（一八八二年四月十六日結党、一八九六年三月一日解党）については、引用の場合を除いて「改進党」と表記するが、明確を期す必要がある場合には、「立憲改進党」とする。

5 大同協和会が中心となり一八九〇年一月二十一日に結成した自由党は、以前の自由党（一八八一年十月二十九日結成、一八八四年十月二十九日解党）および総選挙後の立憲自由党（一八九〇年九月十五日結成）と区別するために、「再興自由党」とする。

6 立憲自由党（一八九〇年九月十五日結成）については、引用の場合を除いて「自由党」と表記するが、明確を期す必要がある場合には、「立憲自由党」とする。

序章　「衆議院議員＝ほとんど地主」をめぐって

　ここでは、研究史の概要を記しておくことにする。ただし、「まえがき」でも触れたように、開設された時期の国会や総選挙についての本格的な研究といいうるものほとんどない。[*1]

　しかし、本書の位置を明確にするためには、それらが旧来どのように捉えられてきたのかを、一通り見ておくことが必要である。もっとも、それは現在の多くの研究者にとっては、あまり関心のないことであり、必ずしも意義のある作業ではないかもしれない。しかし、二十世紀中後期の日本近代史の研究者たちの多くが、どのようなことに心を奪われていたかということを確認しておくことも、現在の歴史家の任務である。

　「まえがき」でも書いたように、戦後の歴史学においては、初期議会の衆議院議員のほとんどが地主であったというのが、長い間、ほぼ通説になっていた。いうまでもなく、選挙人と被選人の資格が、直接国税一五円以上を納める男子であり、そのような高額の税金を納めることができる者の圧倒的多くは地主であるとされたからである。つまり、**「衆議院議員＝ほとんど地主」**という見方ができあがったのである。ここでは、それを**「公式」**と呼んでおくことにする。

　ただし、この「公式」は、基本的には、コミンテルンの一九三二年テーゼの天皇制の概念規定に基づくものである。つまり、このテーゼでは、地主をブルジョアジーとともに、天皇制絶対主義が立脚する二つの階級として規定したが、初期議会期には、ブルジョアジーは未成熟であったことから、地主の存在が強調されたのである。

日本における革命戦略として出された三二年テーゼは、当時の社会主義者たちにとっては、いわば聖典であり、『日本資本主義発達史講座』（一九三二～三三年）は、このテーゼの正しさを、歴史的事実によって演繹する役割を担ったものである。その執筆者たちは「講座派」と呼ばれるが、講座派は敗戦後の日本近代史研究においても大きな力をもっていた。

講座派のエスプリを、自由民権運動を中心にまとめれば次のようになる。〝明治維新はブルジョア革命ではなく絶対主義の成立である。そして、自由民権運動こそは、明治維新によって成立した絶対主義政府に対するブルジョア民主主義革命運動であった。しかし、この運動は、政府の激しい弾圧によって敗北した。明治憲法の発布と帝国議会の成立は、その敗北を確定したものである〟。

「衆議院議員＝ほとんど地主」という公式も、このような講座派の自由民権運動の評価の最終的な一環をなすものである。そして、その講座派理論は、長い間、研究者たちの心を支配していた。しかし、この公式も二十世紀の末頃からかげりが見え始め、二十一世紀に入ると無視されるようになった。

以下、この公式の隆盛と衰退の過程を、一瞥しておくことにしよう。

1は、講座派の代表的な研究者である後藤靖・芝原拓自・安良城盛昭の三人の論文の主要部を引きながら、講座派の捉え方を確認するとともに、その問題点を指摘したものである。

2は、一八六〇年代以降、計六回出された『日本の歴史』と題したリーダブルな叢書において、第一回総選挙で当選して衆議院議員になった者がどのように捉えられていたかを見たものである。この『日本の歴史』のシリーズは、それぞれの時期の研究のあり方が反映されているからである。ここでは、特に〝地主〟がどのように扱われているか、その変化を中心に見ている。

3では、初期の総選挙、特に第一回総選挙についての個別研究として、二冊の単著と二つの論文を取り上げる。これらのものは、研究の少ない中にあって評価できるものである。

1 講座派の研究

(1) 後藤靖「明治の天皇制と民衆」(後藤靖編『天皇制と民衆』東京大学出版会、一九七六年)

後藤靖は、一九七〇年代までの自由民権運動の代表的な研究者の一人であり、『自由民権運動の展開』(有斐閣、一九六六年)をはじめとして、民権運動に関する著作・論稿が多数ある。以下に引用するのは、この編著のⅣ「明治の天皇制と民衆」の中の3「天皇制の確立」の一部であり、「憲法体制の矛盾」という小見出しの冒頭の部分である。なお、この本は、一九八六年発行の第八刷まで出されたようであり、初版以来、相当に読まれたものと思われる。

一八九〇(明治二十三)年十一月、第一回帝国議会が開かれた。その帝国議会は、貴族院と衆議院の二院から構成された。貴族院(三〇〇名)は、この日にそなえて政府が「皇室の藩屏」とするため八四年七月華族令を制定して旧華族と勲功者からなる新華族五一二名をつくり、その中からえらばれた勅選議員と、多額納税者（各府県一五名の中から一人を互選）という地主・政商の中から選ばれた者によって構成された。衆議院（三〇〇名）とても三九〇〇万国民のわずか一％の有権者から選ばれたに過ぎず、そのほとんどが地主議員であった。しかも、ひとにぎりの特権階級によって構成された貴族院は衆議院と同等の権限を与えられた。そればかりではなく、議会の本来の権能である立法権や予算の審議権は天皇大権によって実質的には奪い取られ、単に協賛権しか与えられなかった（同書・一四〇ページ、傍点・傍線は稲田によるもので、原文にはない）。

戦後の自由民権運動研究の代表者の一人である後藤は、右の傍点のように、衆議院議員の「ほとんどが地主議員であった」と明確に規定し、議会の本来の権限は天皇大権によって奪い取られ、協賛権を与えられただけであるとした。また、有権者は三九〇〇万国民のわずか一％にすぎず、彼らによって選ばれた者のほとんどが地主議員であったとしている。つまり後藤は、有権者のほとんどが地主であるということを暗黙の前提として、「衆議院議員＝ほとんど地主」という公式を、ごく当たり前のように書いているのである。もっとも、初期議会とその議員についてのこのような捉え方は、後藤に限らず、当時にあってはごく一般的であった。

貴族院については、研究がほとんどないこともあって、実態はあまり知られていない。しかし、右の傍線を引いた二か所は明らかな誤りである。本論とは直接には関係ないが、重要なことなので、ただしておくことにする。

まず、最初の「貴族院（三〇〇名）」とあるが、後藤は、貴族院の議員総数も衆議院と同じく三〇〇名であると思い込んでいたものと思われる。しかし、貴族院には、衆議院とは違って、議員総数というものが決められていない。憲法と同時に「勅令第十一条」として出された「貴族院令」第一条によれば、貴族院議員は、主として次の五つから構成するとされた。①皇族、②公侯爵、③伯子男爵の中から互選された者、④「国家ニ勲労アリ又ハ学識アル者ヨリ特ニ勅選セラレタル者」、⑤府県多額納税者の互選による各一人。このうち、①②は総数を決めることができないものである。また、④は定員が一二五人を超過してはならないとされただけで、決まっていたわけではない。

第一議会の場合の貴族院議員の人数は次のようなものであった。①は一〇人であり、②は三一人である。③は伯爵一五人、子爵七〇人、男爵二〇人とされて、一八九〇年七月十・十一日に互選会が行われ、合計一〇五人の議員が選出された。ただし、そのうち伯爵三人（勝安房など）、子爵一九人（品川弥二郎・福岡孝弟・田中不二麿・佐野常民など）、男爵二人が辞職したので、補欠者が繰り上げ当選者となった。④はいわゆる「勅選議員」で、九月三十日に宮中顧問官、元老院議官、法制局官吏、帝国大学教授、各省官吏など五五人が任命された。⑤は沖縄と北海道を除く全国四五府県から一人であり、合計四五人である。

それらの合計は二四六人であるが、『貴族院議事速記録1　第一議会上　明治二三年』（東京大学出版会、一九七九年）に掲載されている第一議会召集時の「貴族院議員席次」では、貴族院議員数は二五一人となっている。勅選議員が、その後、五人増えたためであると思われる。

貴族院の構成が、右のようなものであれば、二番目の傍線の「新華族五一二名をつくり、その中からえらばれた勅選議員」というのも誤りである。勅選議員（④）は、あくまでも特別に「勅選」された議員であり、華族の中から選ばれたのではない。つまり、華族（②③）とは別の範疇のものなのである。

後藤は右のように、貴族院を新華族の中から選ばれた勅選議員と、地主・政商の中から選ばれた府県多額納税者議員の二者から構成されたものと規定しているが、それは根本的な誤認である。基本的な事実について、このような誤った記述のある本が、ただされることなく販売され続けたということは、貴族院に対する関心の弱さの反映であろう。

(2)　芝原拓自「近代天皇制国家の確立」（高橋幸八郎・永原慶二・大石嘉一郎編『日本近代史要説』東京大学出版会、一九八〇年）

芝原の天皇制国家についての規定は、右の後藤と基本的に同じものなので、衆議院議員についての個所だけを引いておこう。

> 一八八九年の帝国憲法のもと、翌年ひらかれた帝国議会は、これらの経済的支配階級（稲田注……「寄生地主」）の政治的進出の水路となった。公選の衆議院は、直接国税一五円以上を納める男子（全人口の一％強）にのみ選挙権をあたえ、かつ小選挙区・記名投票制であった。直接国税の大部分は地租であり、ついで小部分が所得税であったから、初期の議会に進出したのはおもに、〝村の顔役〟たる寄生地主層であった（二〇三～二〇四ページ。傍点は稲田）。

この『日本近代史要説』の「序」は、高橋が日本学術会議歴史学研究連絡委員会（国際歴史学会議日本国内委員会）委員長という肩書で書いているが、そこには、この本は次のような観点から編集されたものであると記されている。「内外の研究状況において、わが国における現代歴史学の研究水準を代表する日本近代史の国際版（欧語版）を、いわば国民的規模において作成・刊行することは、今や是非とも実現されねばならない緊急な課題となっている」。

そして、そのために「日本学術会議の会員であり、本委員会の委員でもある永原慶二」と「日本近代史の専門家である大石嘉一郎」の「協力をえて、各研究領域を代表するような歴史家に執筆を依頼し」たのだという。芝原の文章は、この本の第12章に当たる。ともかく、この論文は、当時の「研究水準を代表する日本近代史」の研究者によって執筆されたものなのである。

芝原もまた、全人口の一%強である有権者の選挙によって「初期の議会に進出したのはおもに、……寄生地主層であった」としている。後藤が「ほとんどが」としていたのを、芝原は「おもに」としているが、論旨は同じである。いずれにせよ、後藤も芝原も、有権者の大半は地主であるから、選ばれた議員も当然ながら地主であるとしたのである。

芝原が一九六五年に出した『明治維新の権力基盤』（御茶の水書房）は、明治維新史研究においては、一つの足跡を残す力作であった。だが、芝原には、「初期の議会に進出した」者たちの実態について、詳しく調べた研究が見当たらない。しかし、「衆議院議員＝ほとんど地主」という公式を、当然の如くに書いている。そして、それが、高橋幸八郎によれば、「内外の研究状況において、わが国における現代歴史学の研究水準を代表する」ものとされていたのである。

(3) 安良城盛昭「地主制の展開」（岩波講座『日本歴史16 近代3』岩波書店、一九六二年）、「第一議会における地主議員の動向」（東京大学社会科学研究所『社会科学研究』第一六巻一号、一九六四年）

講座派には、理論が先行して、必ずしも実証が伴っているとはいいがたいことが少なからずあった。「衆議院議員＝ほとんど地主」という公式もそれである。安良城盛昭のこの二つの論文は、膨大な資料を用いて、この公式を「実証」したものであり、それによってこの公式は揺るぎないものとなった。実は、先の挙げた後藤や芝原の文章も、安良城のこれらの論文を踏まえたものであったといえる。

前者の論文の概要は、一八八三・四年の松方デフレから八七年頃までの間に、「農民層の零落、自作農の土地喪失」が進み、それによって小作地率が急激に増大し、地主制が大きく展開したことを明らかにしたものである。タイトルが「地主制の展開」であるから、それ自体としては優れた論文といえるかもしれない。しかし、この論文の画期性が評価されたのは、そのことよりも、むしろ「むすびにかえて――帝国議会の地主的構成――」の方である。その主要部を引いておこう。

一八七八（明治十一）年の府県会開設[*2]は、府県会議員の被選挙権資格を、地租十円以上納入者に限定することにより、地主層の地方政治に参与する途を切り開いたが、人民の参政権を要求する自由民権運動の急激な高揚を背景に、一八九〇（明治二十三）年開設された帝国議会も、衆議院においては、直接国税十五円以上納入者を選挙・被選挙権者に限定する制限選挙を通じて、地主層の大幅な国会進出を生み出し、貴族院においては、旧官僚・華族議員とならんで、多額納税者を議員たらしめることによって、大地主の参政権確保を制度的に保証した（九七ページ）。
直接国税十五円以上納入者を有権者とする制限選挙の本質は、地租納入者＝土地所有者＝地主を、国会に送り出す必然性を有していた点にあるといえよう（九八ページ）。
地主議会としての初期衆議院は、中小地主層を議員の中核としていたことは明らかとなる（九九ページ）。

ここに引いたのは文章のみであるが、安良城はかなり膨大な統計データに基づいてこのような「結論」を出したのである。そして、安良城の分析の主眼は、地主制の展開のみにあるのではなく、「直接国税十五円以上納入者を有権者とする制限選挙の本質が、地租納入者＝土地所有者＝地主を、国会に送り出す」ことを明らかにする点にあったのであり、ここではそれが「論証」されている。

安良城の二つ目の論文「第一議会における地主議員の動向」は、そのような地主議員が、国会で果した役割を論じたものである。やはり、そのいくつかの文章を引用しておこう。

第一議会において、全議員の二九％に当る八八名の議員が地租九〇円以上を納入しており、第二議会には、地租九〇円以上の納入議員は九五名三二％に微増し、爾後若干の変動を伴ないながらも、各選挙とも、一〇〇名前後、議員総数の約三分の一を寄生地主的存在と考えられる議員が占めており、手作り地主層をそのうちに多く含むと考えられる地租三〇円以上九〇円未満の階層を加えるならば、各年次とも地主的利害に強く左右される議員は総数の略々約半数に近いか、若しくはそれ以上であることは、第一表から明らかである（五〜一二ページ）。〔第一議会においては〕弥生クラブ（＝立憲自由党）・議員集会所（＝立憲改進党）・大成会のいずれの党派《ママ》においても、地主議員が一定の構成的比重を占めて存在していることは明らかである。しかしながら、民党勢力たる弥生クラブ・議員集会所と対比して、政府与党の立場にあった大成会に地主議員の比重が高く、しかも地租二五〇円以上納入の地主議員が集中している事実が注目される（一二〜一三ページ、傍線は稲田）。

安良城は、このように、議員たちには「寄生地主的存在」「手作り地主層」が多く、衆議院が「地主的利害に強く左右される」ことを述べている。ただし、傍線の部分のような事実は確認できない。第一議会召集時における衆議院議員の会派別人数は、弥生倶楽部（立憲自由党）一三一人、議員集会所（立憲改進党）四二人、大成会八二人、国民自由党五人、無所属四〇人であり、地租二五〇円以上を納入している議員は合計四八人であるが、その所属会派は弥生倶楽部一八人、議員集会所六人、大成会一八人、無所属六人である。[*3] つまり、ことさらに大成会議員に地租二五〇円以上納入者が多いわけではないのである。

さて、安良城は、それに続いて、一八九一年二月、一部の自由党員たちが政府の修正予算に賛成した「土佐派の裏切り」について、次のように記す。

土佐派を中心とする「裏切り」議員三三名のうちには、六名の地価一万円以上の地主が含まれており、かつての民党議員のうち大地主議員の過半数が民党勢力より政府妥協派の側に離脱しているのである（二六ページ）。

「土佐派の裏切り」とは、第一議会において、政府提出の次年度予算案に対して、自由党・改進党の「民党」が約七八八万円の削減を要求して激しく対立していたが、やがて自由党の一部議員が、約六五二万円を削減するという妥協案に賛成したとされていることである。だが、これは自由党内の旧愛国公党系の議員たちの集団行動であり、彼らが大地主議員であるが故の行動として説明することは無理である。しかし、安良城は一貫して、議員たちの行動を左右した根底的な要因はその土地所有の規模であるという視点から、それを「論証」しようとしたのである。

そして、この論文の「むすび」の主要部は、次のようになっている。

かくて、地主は帝国議会開設当初より、天皇制権力の階級的基礎としての役割を果しており、直接国税一五円以上納入者を有権者とする制限選挙に基づく帝国議会の開設は、地主を天皇制権力の階級的基礎として政治的に編成してゆく決定的画期とみることができるのである（三〇〜三一ページ）。

安良城は、圧倒されんばかりのたくさんの統計データを示しながら、右のように結論づけた。それは、従来、理論が先行しながらも、その姿が必ずしも明らかでなかった議員たちの実態を明確にしたものであり、初期の総選挙で当選者について、これ以上、具体的に追究する必要はないとまで思わせたといえる。

安良城は、『幕藩体制社会の成立と構造』(御茶の水書房、一九五九年)において、太閤検地以前までの日本社会を家父長制的奴隷制社会と規定した。太閤検地は、それまで存続してきた古代以来の錯綜した土地所有関係(「作合」)を否定して、単婚小家族を基本とする小農民を生み出したものであり、それによって日本では初めて領主・農奴関係に基づく封建社会が成立したとしたのである。このような日本の封建制成立についての位置づけは、その後の近世史研究に大きな影響を与え、現在においても有効性をもっているようである。

そして、緻密な「実証」に基づくこの二つの論文もまた、少なからざる近代史研究者の支持を得て、「衆議院議員=ほとんど地主」という公式は盤石なものとなったように見えたかもしれない。しかし、選挙人・被選人の有資格者が、地租一五円以上の納入者であるということだけから、投票した者も、また当選した者もすべて地主であるとするのは、あまりにも素朴な経済決定論である。総選挙において候補者になった者や、投票した者を、さらには当選した者の行動を、一〇〇%経済的利害という観点のみで規定することはできないからである。

それにしても、土佐派の「裏切り」の真の要因を、それに参加した者の中に六人の大地主がいたことに求めるのは、衆議院議員の行動の究極の原理を土地所有規模に置くものであり、その徹底した経済絶対主義=基底体制還元論には、ただ唖然とする以外はない。もっとも、安良城は、その六人の大地主議員が「裏切り」の中でどのような決定的な行動をとったのかについては、何も説明してはいない。

安良城は、つねに膨大なデータを用いて経済的事実を示しており、それ自体は意義のあることである。しかし、それを何らの媒介もなくストレートに政治過程と結びつけている。したがって、その「論証」がいかに緻密なものであっても、空虚感をまぬがれない。しかし、下部構造＝経済過程こそが、あらゆる出来事の基底をなすものであり、世界のすべてのことは、それと結びつけて論証されることによって、はじめて真実が明らかになると信じていた者たちにとって、安良城の論文は、完成度の高い実証研究として評価されたようである。

それどころか、理念が先行していた「衆議院議員＝ほとんど地主」という公式は、安良城によって、揺るぎのないものとなったといえる。

2　六冊の『日本の歴史』

一九六〇年代以降、『日本の歴史』と題したリーダブルな叢書が、各社から出されるようになった。自由民権期をあつかっているものは、二十世紀のうちに出されたものとしては、**色川大吉『近代国家の出発』**（中央公論社『日本の歴史』21、一九六六年）、**永井秀夫『自由民権』**（小学館『日本の歴史』25、一九七六年）、**坂野潤治『近代日本の出発』**（小学館『大系日本の歴史』13、一九八九年）、**佐々木克『日本近代の出発』**（集英社『日本の歴史』⑰、一九九二年）の四冊である。

これらの中でも、「衆議院議員＝ほとんど地主」という公式が使われているものがある。たとえば、色川は「有権者総数は、四千万人の国民のうち、わずかに四十五万人ていどで、百人に一・一人という極端な制限選挙であった。」「こうして選ばれてくる代議士は、……その三分の一が十町歩以上の土地をもつ寄生地主で、土地をもたない当時のほとんどの市民や都市知識人は、選挙とは無関係なところにおかれていた。初期の衆議院が地主議会といわれ、しかもその地主のなかばは(明治)十年代にみられたような手作り的な豪農経営者でなく、すでに寄生地主と化したものであることをわたくしたちは重視しなければなるまい。」(『近代国家の出発』初版・四八六ページ)としている。この捉え方は「衆議院議員=ほとんど地主」という公式そのものである。

また、三番目の坂野も、第一回総選挙について、「自由民権運動の全盛期に人びとが夢見た選挙とはかなりことなった完全な地主選挙だったのである」(『近代日本の出発』一五七ページ)として、長野県下の旧自由党員七〇五名のうちで、有権者は一九%の一三四人にすぎなかったという例を挙げている。

ただし、二番目の永井は、「初期の議会を「地主議会」といえるかどうかはわからない」(『自由民権』、三五二ページ)として、講座派の公式には、必ずしも賛成していない。近代日本政治史を専門とする永井は、経済決定論をとらなかったのである。四番目の佐々木も、有権者のほとんどは地主であったとしながらも、衆議院議員については地主であったことを必ずしも強調せずに、三〇〇人の代議士のうち一〇九人が士族であることや、その六四パーセントが府県会議員の経験者であるとし、さらに約三分の一の九八人の職業が実業関係者であるとしている(『日本近代の出発』、二八七ページ)。佐々木の本が出されたのは、ソ連の解体以降であるので、そこには講座派への違和感をうかがうことができる。

圧倒的な存在感をもった「衆議院議員=ほとんど地主」という公式も、二十世紀の末に至り、このように急速に色あせていったのである。それが決定的な影響を与えたのは、一九九一年のソ連の崩壊である。一九一七年の十月革命でロシアに誕生し、以後、周辺の国ぐに・諸民族を統合・併合して出来た「ソヴィエト社会主義共和国連邦」が解体して、一五の共和国に分かれたのみならず、そのいずれの国においても、国家体制としての社会主義が否定されたのである。

ソ連が崩壊したことにより、「社会主義」革命を最終目標としていた一九三二年テーゼは、存在意義を失った。同時に、このテーゼをもって日本の過去と現在を演繹してきた講座派も破産した。しかし、そもそも三二年テーゼが日本革命の第一段階として措定していた「ブルジョア民主主義革命」というものは、第一次ロシア革命をモデルとして、日本の来るべき革命として措定した机上の戦略であり、本来、歴史的に存在したことのない虚構の革命であった。

このような世界の現代史の流れの中では、「衆議院議員＝ほとんど地主」という公式も、生き続けることが困難となったのである。

『日本の歴史』シリーズは、二十一世紀に入ってからも二回出されている。**佐々木隆『明治人の力量』**（講談社『日本の歴史』21、二〇〇二年）と**牧原憲夫『文明国をめざして』**（小学館『全集　日本の歴史』十三、二〇〇八年）である。二人の間には、明治憲法体制や政府の国民統合政策に関する捉え方においては、大きな違いがあり、相当に異なった近代日本像を提示している。しかし、当時の総選挙を述べる際に、「地主」という言葉をまったく使っていないという点では共通しており、二十世紀に出された四冊の『日本の歴史』とは大きく異なっている。ソ連が崩壊し、三二年テーゼの目標が消滅した以上、それはことさらに強調する必要はないのである。

この二冊に限らず、近年は「衆議院議員＝ほとんど地主」という公式も目にする機会はほとんどなくなった。四十数年前には、安良城が「土佐派の裏切り」までをも、その観点から説明したことから思うと、隔世の感がある。講座派理論は、現在では学説史の中に残るだけのものとなったのである。

しかし、右の公式は、見向かれなくなっただけであり、否定されたのではない。したがって、議会開設時の総選挙の実態についての解明が進んだかといえば、けっしてそうではない。第一回総選挙において、どのような者が選挙人・被選人となり、さらに当選人になったのかに関しては、講座派が全盛期であった時代と同じく、今でもほとんど明らかにされていないのである。

3　個別研究

ここでは、初期の総選挙に関する研究のうちで、評価しうるものを数点、取り上げておこう。

⑴　R・H・P・メイソン著、石尾芳久・武田敏朗訳『日本の第一回総選挙』（法律文化社、一九七三年）

この本の構成は、序論、「第一章　組織と行政」、「第二章　政党・主義および諸問題」、「第三章　選挙運動概観」、「第四章　選挙結果及び第一議会の構成」、「結論」、「資料」からなり、全二六〇ページである。

メイソンが、この本を執筆した頃は、まだ依然として講座派が優勢で、「衆議院議員＝ほとんど地主」が通説となっており、議会も単なる天皇の立法権の協賛機関にすぎないとされていた時期にある。そのような中にあって、第一回総選挙の全体像をつかもうとした情熱と意欲は、評価されるべきである。このような視点をもちえたのは、メイソンがマルキストではなく、ウェーベリアンであったからであろう。したがって、彼の分析は、当時にあっては、かなり異質なものであった。たとえば当選者たちを次のような四つに分類している。「第一番目の者は職業政治家と呼んでいい人々」、つまり「自由民権運動の推進者や改進党の人々」「二番目は官吏の経験を持つ候補者のグループ」「三番目の範疇は専門家すなわち法律家やジャーナリスト」「四番目でかつ最大の集団は富裕な実業家、商人及び地主」である。

このような分類の仕方は、いかにも政治学者らしいといえるが、当時の研究者たちの支持の得ることはむずかしく、注目されなかった。もっとも、この分類は正確ではない。たとえば、第一番目の者と三番目や四番目の者とが重なることが、けっして珍しくはないのである。

さらに、総選挙の候補者たちを「改進自由党派」「保守派」「自称独立候補者」の三つの大きなグループに分けて、「候補者の大多数は三番目に集団に属していた」(五三ページ)としている。「自称独立候補者」とは、政党に属さない候補者、つまり民権派でもなく、自治党・保守中正派・熊本国権党などのような保守派でもない者、つまりは無所属のことである。しかし、こうした分類も、いうまでもなく、実態に則したものではない。

また、改進党を主に都市の中産階級に依拠する政党として、「右側の敵対党である保守党または左翼側のそれである自由党よりは一層結束が強かった」としている。そして、同党への投票人が特定地域に集中しており、地方には支持者が少なかったにもかかわらず、四〇議席を獲得したとして、かなりプラスに位置づけての評価をしている。当時は改進党の研究が、まだほとんどなかったことから、このような評価が出されたのかもしれない。しかし、改進党が、都市の中産階級に依拠したということはともかくとして、自由党よりも結束が強かったとか、さらには地方には支持者が少なかったというのは事実ではない。

次に、翻訳上の問題かもしれないが、井上薫・後藤象次郎や「民選議院設立建言」など、固有名詞に誤記があるほか、「地方議会議員選挙規則」（正しくは「府県会規則」）、「通俗犯罪」（正しくは「常事犯」）、「選挙管理長」「選挙管理人」（ともに、正しくは「選挙長」）、「市町村条例」（正しくは「市制」「町村制」）など、事実とは異なる表記が目につく。さらに、「セクション」「クラブ」「首都圏」（内容から見て「東京府」のこと）のような不適切な用語や、「立候補」とか「自称候補者」などの当時にはありえない用語が、不用意に使われている。原文はどうなっているのかを知りたい気がする。

また、メイソンは、当時の新聞記事を使って、この選挙運動にかかわるいろいろな事実を挙げているが、そのほとんどが政府系の『東京日々《ママ》新聞』のものであり、その以外の政府に批判的な新聞のものを載せていないのは、どうしてなのであろうか。

巻末の「資料」も、「立憲政体樹立の詔」や「自由党盟約」をはじめとして、よく知られているものを載せている。しかし、肝心の衆議院議員選挙法については、後から出された罰則規則のみしか挙げていないことや、その全七条中で四条しか収録していない意図が分からない。

そのほかにも、現在から見れば、いろいろ指摘したい点があるが、ともかくも、この本は第一回総選挙に関する著書としては最初のものであり、その中に示された多くの事実は、今日といえども興味深いものがある。

(2) 上野利三『日本初期選挙史の研究――静岡・三重編――』(三重中京大学地域社会研究所叢書9、和泉書院、二〇〇九年)

この本は、管見の限りでは、第一・第二回総選挙の個別事例としては唯一の研究書である。構成は、短い序章と「第一部　静岡県の第一回衆議院議員選挙(明治二十三年七月一日)」と「第二部　三重県の第二回衆議院議員選挙(明治二十五年二月十五日)」からなり、全二六九ページという本格的な著書である。序章で、静岡・三重の二県を取り上げたことについては「格別な意図があるわけではない」としている。また、第一部では静岡県全七区のうち、第五区と第六区が入っていないことや、第二部で三重県全六区のうち、第三区~第五区が入っていないが、読む側としては、これらの理由もぜひ知りたいところである。

しかし、各区の主要候補者の略歴や演説会の様子、投票後の各区の選挙会の結果のみならず、選挙戦の様子については、克明に描かれている。第一部に限っても、市や町、さらには郡での候補者選定会、候補者一本化計画とその失敗、さらには「輸入党」と「土着党」の対立、同一選挙区内での郡対郡の争い、新聞広告欄への支持者たちの推薦あるいはその取り消し通知などが、克明に書かれている。

なお上野は、この本の前に、『地域政治社会形成史の諸問題』(松阪大学地域社会研究所叢書4、和泉書院、二〇〇三年)をも出しており、その第三部第五章では伊賀地方(三重県第六区)について、また同第六章では鈴亀地方(三重県第二区)について、大同団結運動期から第一回総選挙に至る民権派の連衡と対立を詳しく論じている。これらの上野の著作は、初期の総選挙に関して、個別事例を深く掘り下げたものとして評価される。

(3) 個別論文

一つの選挙区の選挙戦を分析したすぐれた個別研究としては、**藤井徳行・石川芳己「兵庫県における第一回総選挙――氷上郡・多紀郡を中心にして――」**（日本選挙学会年報『選挙研究』No.8、一九九三年）が挙げられる。これは、兵庫県第三区（氷上郡・多紀郡）の選挙戦を分析した論文であるが、法貴家文書をはじめ、『丹波氷上郡志（上・下巻）』（臨川書店、一九八五年）『兵庫県警察史』などに依って、主要候補者五人の運動を克明に描いている。特に当選人となる法貴発とライバルの山川善太郎については詳しく書かれている。[*4] そして、法貴が自由党員を三ランクに分けて運動費用を徴収しようとしたことや、支持者たちの署名・捺印を集めていたこと、さらに篠山警察署住吉分署長の報告書に、「田（艇吉）の金力」「法貴の書面」「山川の演説」とあることなどを紹介している。「法貴の書面」とは、選挙人に対して手紙を送る戦術をとったことである。そして、投票結果は、法貴が六〇一票を得て当選し、田が四二〇票で次点であったが、筆者たちは、金力に劣る法貴が勝利した理由として、法貴が早くから自由党系の活動をしていたことから、その地盤が強かったことを挙げている。この論文は、一選挙区の選挙戦について、背景や実態、結果などを的確にまとめた好論文である。[*5]

なお、当選した法貴は、八月下旬に肺結核が再発して病臥に伏したまま、立憲自由党、弥生倶楽部に属した。しかし、それらの会合に出られず、さらに開設した衆議院に一度も登院することなく、一八九〇年十二月二十三日、篠山町の自宅で、享年四十六歳で死去した。同区の補欠選挙は翌九一年一月十五日に行われ、田艇吉が氷上自由党の支援を得て当選し、立憲自由党（弥生倶楽部）に属する。

このほかの個別論文としては、**猪飼隆明「第一回帝国議会選挙と人民の闘争」**（『史林』第五七巻第一号、一九七四年一月）が、大阪府第五区（島上・島下・豊島・能勢郡）で菊池侃二（旧日本立憲政党員、大阪倶楽部［大同倶楽部系］）が第一回総選挙で当選する背景を分析している。この論文の主題は、必ずしも第一回総選挙そのものではないが、大阪府の北摂地方での大同団結運動以降の動向をふまえながら、一八八九～九〇年の新聞（特に旧自由党系の『東雲新聞』『関西日報』）の購読状況を精査して、大阪倶楽部内における大同倶楽部系の者と愛国公党との対立を書いている。総選挙への関心が、まだ少ない時期の実証研究として評価されるものである。

このほか、府県史や都府県会議史などの自治体史の中には、初期の総選挙を取り上げているものもある。編集者の方針により、かなりの違いがあるが、本格的に扱っているものは少ない。

注

＊1　国会そのものの位置づけではないが、初期議会における政府と政党の対立を克明に描いたものとして、佐々木隆『藩閥政府と立憲政治』（吉川弘文館、一九九二年）がある。また、条約改正をめぐる政府と議会の攻防を丹念に描いたものとして、小宮一夫『条約改正と国内政治』（吉川弘文館、二〇〇一年）がある。この二著は、初期議会期の研究としては数少ない好著である。

＊2　府県会の開設を一八七八年とするのは正しくない。三新法の一つとして「府県会規則」が出されたのは一八七八年七月二十二日であるが、全国で府県会が開設されるのは、翌七九年になってからである。

＊3　弥生倶楽部は立憲自由党の衆議院内の議員会派、同じく議員集会所は立憲改進党の衆議院内の議員会派である。

なお、大成会はあくまで議員会派であり、政党ではない。

＊4　法貴についての研究としては、石川芳己「自由民権家・法貴発の研究——明治十二年「国案論」事件を中心にして」Ⅰ・Ⅱ（『政治経済学』二二二・二二三号、一九八五年二月・三月）がある。

＊5　この選挙区の選挙運動については、三村昌司「第一回総選挙における選挙運動についての試論」（『神戸大学史学年報』第二二号、二〇〇七年）もある。

第一章　「財産」はこうして作られた
――被選人資格のタテマエと実態――

すでに「まえがき」でも書いたが、第一回総選挙当選人三〇〇人の中には、はたして本当に、年間一五円以上の国税を納めるだけの資産をもっていたのかどうか、大いに疑問に思われる者が少なからずいる。たとえば、中江兆民と植木枝盛は、著名な民権家であったが、ともに土佐藩の下級武士の家の生まれであり、当時は民権派の新聞とかかわってはいたが、収入らしきものがほとんどなかった。それでも、彼らは堂々と当選を果たして、衆議院議員となったのである。同じく高知県の片岡健吉・林有造らもやはり士族である。

一方、現職の農商務大臣であった陸奥宗光をはじめとして、総選挙の直前まで勅任官や奏任官などの高級官僚であった者が十数人いる。彼らも皆、年間国税一五円以上を、それぞれの府県に納入したことになっており、被選人の資格をもっていたのである。つまり、公式の記録から見る限り、彼らは民権家として活動したり、官僚としての任務を果たすかたわらで、土地を集積して、小～大地主になっていたということになる。

しかし、そのようなことは、実際にありえない。もっとも、「衆議院議員＝ほとんど地主」という立場からは、彼らを「ほとんど」の中に入れなければいいのかもしれない。それにしても、その数はあまりにも多い。
ここでは、当時の史料に基づきながら、彼らがどのようにして、被選人となるために必要な「直接国税一五円以上ヲ納」める者という資格を取得したのか、その実態に迫っていくことにする。

1　選挙人および被選人の資格

まず最初に、選挙人および被選人の資格の大要を、衆議院議員選挙法（以下、「衆選法」と略記）により改めて確認しておくことにする。[*1]
同法の第二章「選挙人ノ資格」の第六条は、次のようになっている。

第六条　選挙人ハ左ノ資格ヲ備フルコトヲ要ス
第一　日本臣民ノ男子ニシテ、満年齢二十五歳以上ノ者
第二　選挙人名簿調整ノ期日ヨリ前満一年以上、其ノ府県内ニ於テ本籍ヲ定メ住居シ、仍《なお》引続キ住居スル者
第三　選挙人名簿調整ノ期日ヨリ前満一年以上、其ノ府県内ニ於テ直接国税十五円以上ヲ納メ、仍引続キ納ムル者　但シ所得税ニ付テハ、人名簿調整ノ期日ヨリ前満三年以上之ヲ納メ、仍引続キ納ムル者ニ限ル

ここに規定された選挙人の基本的要件は、①満二十五歳以上の男子、②満一年以上、その府県に本籍を定め、さらに居住している者、③直接国税一五円以上を満一年以上（所得税は満三年以上）、その府

県に納めている者の三つである。

第二・第三の冒頭に出ている「選挙人名簿」というのは、全国の区長・市長・町村長が、毎年四月一日現在、その管内で選挙人資格のある者を調べて作成する名簿であり、四月二十日までに調整して、各選挙区の選挙長（区長・市長・郡長の中から知事が任命した一人）に提出することになっていたものである。

また、第三に出ている「直接国税」には、地租と所得税の二つがあるが、選挙人資格に必要な納入期間は、地租は満一年以上、所得税は満三年以上である。

次に、第三章「被選人ノ資格」の第八条は次のようになっている。

第八条　被選人タルコトヲ得ル者ハ日本臣民ノ男子満三十歳以上ニシテ選挙人名簿調整ノ期日ヨリ前満一年以上、其ノ選挙府県内ニ於テ直接国税十五円以上ヲ納メ、仍引続キ納ムル者タルヘシ

但シ所得税ニ付テハ、人名簿調整ノ期日ヨリ前満三年以上之ヲ納メ、仍引続キ納ムル者ニ限ル

被選人の基本的要件は、①三十歳以上の男子、②国税一五円以上を満一年以上（所得税は満三年以上）その府県に納めている者の二つである。年齢が選挙人に比べて五歳高くなっているが、国税納入額は同じである。

ただし、被選人の資格には、本籍や住居の規定がなく、その府県に国税一五円以上を納めていれば、その府県に居住していなくてもよいという点で、選挙人とは違っている。このことから、実際には東京

などに住んでいた新聞記者や官吏なども、自分の郷里や関係の深い選挙区の候補者となりえたのである。

次の第九条〜第十二条は、被選人になることのできない者を規定したものである。多くは官吏であるが、具体的に書いておこう。

・宮内官、裁判官、会計検査官、収税官、警察官（第九条）

・府県および郡の官吏（第十条の本文は「府県及郡ノ官吏ハ其ノ管轄区域内ニ於テ被選人タルコトヲ得ス」である）

・市町村の吏員（第十一条の本文は「選挙ノ管理ニ関係スル市町村ノ吏員ハ其ノ選挙区ニ於テ被選人タルコトヲ得ス」である）

・神官、諸宗の僧侶、教師（第十二条）

右に挙げられている者が、総選挙の候補者となる場合には、官吏であれば「非職」になること、つまりその職を辞することが必要であった。また、僧侶であれば還俗しなければならなかった。

次の第十三条は、府県会議員が総選挙で当選し、それを受諾した場合には、府県会議員を辞すべきことを規定したものであり、府県会議員と衆議院議員を兼ねることはできないということである。

さらに、第四章「選挙人及被選人ニ通スル規定」の第十四条〜第十七条は、欠格者を規定したものである。ここに挙げられている者は、無条件で選挙人にも被選人にもなれないのである。

第十四条　左ノ項ノ一ニ触ルル者ハ選挙人及被選人タルコトヲ得ス

一　瘋癲白痴ノ者

二　身代限ノ処分ヲ受ケ、負債ノ義務ヲ免レサル者

三　公権ヲ剥奪セラレタル者、又ハ停止中ノ者
四　禁錮ノ刑ニ処セラレ満期ノ後又ハ赦免ノ後、満三年ヲ経サル者
五　旧法ニ依リ一年以上ノ懲役若《もしく》ハ国事犯禁獄ノ刑ニ処セラレ、満期ノ後又ハ赦免ノ後、満三年ヲ経サル者
六　賭博犯ニ由リ処刑ヲ受ケ、満期ノ後又ハ赦免ノ後満三年ヲ経サル者
七　選挙ニ関ル犯罪ニ由リ選挙権及被選権ノ停止中ノ者

また、次の者も、選挙人と被選人の両方の資格がない。

・現役および休職停職中の陸海軍人（第十五条）
・華族の当主（第十六条）
・刑事犯として拘留または保釈中の者（第十七条）

以上が衆選法第二〜第四章に規定されている選挙人および被選人の資格に関する概要である。

なお、衆選法の選挙人および被選人の年齢・納税資格の規定は、府県会規則（一八七八年七月二十二日公布）に準拠して作られたものであるが、同時に衆議院議員と府県会議員との差別化をはかったものである。それらに関する同規則の二つの条文を、以下に引いておくことにしよう。

第十三条　府県ノ議員タルコトヲ得ヘキ者ハ、満二十五歳以上ノ男子ニシテ、其府県内ニ本籍ヲ定メ、満三年以上住居シ、其府県内ニ於テ地租十円以上ヲ納ムル者ニ限ル（以下略）

第十四条　議員ヲ選挙スルヲ得ヘキ者ハ、満二十歳以上ノ男子ニシテ、其郡区内ニ本籍ヲ定メ、其府県内ニ於テ地租五円以上ヲ納ムル者ニ限ルヘシ（以下略）

つまり、衆議院議員に比べて、年齢は選挙人・被選人とも五歳少なく、地租納入資格も五円ないし一〇円少ないが、条文の文体は類似している。また、引用は省くが、欠格条項もほぼ同じである。衆選法には、「選挙人」「被選人」のほかにも、「当選人」「選挙人名簿」「選挙会」などの用語がすでに府県会規則で使われていたものが少なくない。これらのことは、衆選法が府県会規則を下敷きにして作られたことを示している。

2 「衆議院議員名簿 明治二十三年」の土地所有規模

三〇〇人の当選人たちは、どれくらいの国税を納めていたのであろうか。ここではそれを、衆議院事務局『衆議院議員名簿 第一回―第二十八回帝国議会』(一九一二年)の中の「衆議院議員名簿 明治二十三年十月廿三日印行」[*2](以下、**「衆議院議員名簿 明治二十三年」**と略記)によって、それを見ることにする。

これは、第一議会召集を前にして作られた名簿であり、議員の氏名のほかに、地租額・所得税、生年月(元号・旧暦)、住所、族籍が書かれている。議員たちの地租額と所得額が記載されたほぼ唯一の正式な書類である。

ただし、印行日が十月二十三日なので、ここに記載されている者は、総選挙の時の当選人ではなく、その後に行われた補欠選挙と再選挙での当選人が書かれている。ただし、富山県第一区(定員二人)の当選人であった磯部四郎は、この時点では辞職していたが、その補欠選挙がまだ行われていなかったので、この区では一人しか載っていない。つまり、この名簿には二九九人しか書かれていないのである。

しかし、国立国会図書館の近代日本デジタル・ライブラリー版には、富山県第一区の欄に、辞職した磯部四郎の名と地租納入額および職業（「代言人」）が、墨字で書き込まれている。それは、後に誰かが書き入れたものであり、真実であるかどうかは確認できないが、それを事実として扱うことにする。それによって、一応、三〇〇人全員の国税納入額を知ることができるのである。

また、広島県第九区の補欠選挙によって、三浦義建（士族）が井上角五郎（平民）に代わったことにより、この名簿での属籍の数は、総選挙の際の当選人と比べると、士族が一人少なく、平民が一人多くなっている。

これらのことを踏まえた上で、以下、この「名簿」を見ていくことにする。

まず表1は、この「名簿」から作成した当選人たちの国税（地租と所得税）納入額の度数分布である。族籍別にしているのは、詳しくは後述するが、士族が多いことを示すためである。

この表1からも明らかなように、総額二〇円以下の者が六五人いる。それに二五円以下の者を加えれば合計一〇五人となる。さらに、三〇円以下の者をも加えれば、一二四人に達する。

本書序章1(3)で触れた安良城盛昭の第一論文「地主制の展開」は、第一回〜第四回総選挙の当選人を分析している。その土地所有については、データ上の制約のためか、第一回総選挙のものはなく、第二・三・四回総選挙での当選人のみを扱っている。そして、その一人平均の国税納入額は二五〇円であり、それ以上の納入者は、毎回、三七〜三八人であるとした上で、次のように書いている。「かりにこの国税をすべて地租と仮定するならば、二五〇円の地租納入者は、地価一万円の所有者であり、ほ

表1　第一回総選挙当選人の国税納入額

国税納入額（円）	士族	平民	合計（人）
15.000 ～　20.000	29	36	65
20.001 ～　25.000	17	23	40
25.001 ～　30.000	11	8	19
30.001 ～　35.000	9	11	20
35.001 ～　40.000	3	10	13
40.001 ～　50.000	6	11	17
50.001 ～　60.000	4	9	13
60.001 ～　70.000	3	7	10
70.001 ～ 100.000	7	8	15
100.001 ～ 125.000	3	12	15
125.001 ～ 150.000	2	6	8
150.001 ～ 200.000	5	5	10
200.001 ～ 250.000	1	12	13
250.001 ～ 300.000	5	11	16
300.001 ～ 400.000	1	9	10
400.001 ～ 1000.000	2	8	10
1000.001 以上	2	4	6
合計	110	190	300

（注）「衆議院議員名簿　明治二十三年」より作成.

ぼ三十町歩の地主がかなり多く含まれていると考えることができる。とするならば、議員の過半数が地主であることを考慮に入れる時、この三十七～三十八人の議員のうち、三十町歩以上の地主がかなり多く含まれていると考えることができよう。同様にして、議員総数の圧倒的多くを占める平均国税納入額二五〇円未満の議員の平均国税納入額の分布状態を……推測すれば、十～二十町歩の中小地主が、かなり多く含まれているものと推察しうる」

（九九ページ。傍点と傍線は稲田）。

安良城特有の分かりづらい文章であるが、安良城は総選挙で当選した者たちのほとんどは地主であるということを前提にして、それにデータを合わせようとしているので、傍点の部分のように、仮定も結論も同じようなことを述べている。しかし、こうした記述は、実態とはかなり違ったものといわざるをえない。以下、二つの点を指摘しておこう。

まず第一に、安良城が議員の一人平均の国税納入額を二五〇円としていることである。表1にあるように、全三〇〇人の当選人の中には、四〇〇・〇〇一～一〇〇〇円の高額納税者が一〇人いる。また、一〇〇〇・〇〇一円以上の者も六人おり、この一六人の納入額の合計だけで、実に一四七二六・五四〇円に達する。この額は、全議員三〇〇人中の下位二五九人の納入額の合計一四六九六・七九六円とほぼ同じである（以上の数字は名簿上の実額の合計である。以下同）。

さらに、最高額の国税納入者である昇順三〇〇位の八田謹二郎（広島県第二区）の納入額二二三〇・五六円は、昇順で一一三人位までの合計二一九一・六四八円と、一一四人位までの合計二二四八・三二六円との中間である。つまり、八田一人の納税額は、下位一一三～四人分の合計と同じなのである。

このように、一口に当選人とはいっても、その納税額には、相当のばらつきがある。そうした実態を無視して、当選人の国税納入額を合計して三〇〇で割った単純平均額を出しても無意味である。だが、安良城は、初期議会の議員たちが地主の代表であるとするために、全体の単純平均をもって、平均納入額としたように思われる。

当選人の納税額の平均を見ようとするならば、単純平均ではなく、納入順位に眼をむけるべきである。表にはないが、そこに視点を置いて見てみると、昇順で一五〇位は松野新九郎（京都府第三区、平民）の三六・四六二円であり、一五一位は田辺三五郎（広島県第六区、平民）の三六・九七五円である。したがって、当選人の国税納入額の平均はその中間の約三六・七円あたりとすべきである。

そこを平均とすると、当選人の半数は、国税一五円～約三六・七円の納入者となる。そして、残りの半数は約三六・七円～二二三〇・五六円の納入者である。しかも、表1から明らかなように、下位半分の者の分布はまとまっているのに対して、上位半分の者には、かなりばらつきがあるだけなく、さらにその開きも大きい。安良城のように、議員の国税納入額の平均を二五〇円とすれば、彼らが地主の代表であるというイメージを作り上げる上では有効であろうが、実態からは遠いものとなってしまうのである。

表2　第一回総選挙当選人の地租納入額

地租納入総額（円）	士族	平民	合計（人）
15 以下	10	8	18
15.000 ～ 20.000	36	40	76
20.001 ～ 25.000	14	19	33
25.001 ～ 30.000	7	12	19
30.001 ～ 35.000	5	8	13
35.001 ～ 40.000	5	8	13
40.001 ～ 50.000	5	8	13
50.001 ～ 60.000	4	8	12
60.001 ～ 70.000	2	7	9
70.001 ～ 100.000	5	7	12
100.001 ～ 125.000	2	9	11
125.001 ～ 150.000	2	6	8
150.001 ～ 200.000	4	11	15
200.001 ～ 250.000	1	11	12
250.001 ～ 300.000	3	9	12
300.001 ～ 400.000	2	9	11
400.001 ～ 1000.000	1	7	8
1000.001 以上	2	3	5
合計	110	190	300

（注）「衆議院議員名簿　明治二十三年」より作成.

安良城の問題点の第二は、自らが断わっているように（傍線参照）、国税のすべてを地租で支払ったものと仮定していることである。しかし、この仮定は、国税の中の所得税をまったく無視したものであり、当選人たちを土地所有者としての性格だけで塗りつぶしてしまうことになる。これもやはり、彼らの地主的側面を強調するための作為とみなされてもしようがない。

しかし、実際には、表2から明らかなように、三〇〇人の中には、地租納入額だけでは一五円には満たずに、所得税を合わせることによって、合計一五円以上という被選人の資格を得た者が、士族・平民合わせて一八人いるのである。

また、地租納入額の昇順の真ん中である一五〇位は、尾崎行雄（三重県第五区）の三〇・八〇一円であり、一五一位は成島巍一郎（千葉県第二区）の三一・五六二円である。つまり、当選人たちの地租納入額の平均は、その中間の約三一・二円ということになる。それは、先に見た所得税を含めた国税納入額の平均に比べて約五・五円少ない。ともかく、三〇〇人のうちの半分の一五〇人の地租納入額は、約三一・二円以下なのである。

地租納入額を四〇円以下の者にまで広げてみると、その数は一七二人となり、全体の約五七・三％である。さらに、それを六〇円以下の者にまで広げると一九七人に達し、全体の三分の二に近くなる。

一方、高額の地租納入者について見てみると、まず一〇〇〇円以上の者が五人いる。しかし、それを三〇〇円にまで下げてみても、合計二四人しかいない。さらに二〇〇円にまで下げても四八人である。つまり、地租納入額が二〇〇円以上の者は、全体の一六％でしかないのである。

このように、地租納入額の場合にも、少数ながら高額の納税者がいる。したがって、それらを合わせて単純平均を算出してしまうと、やはり実態から乖離することになる。ともかくも、第一回総選挙の当選人の地租納入額をあえて出そうとするならば、約三一・六円とするのが妥当であろう。

以上が、当選人たちの姿を、「衆議院議員名簿　明治二十三年」に記載された国税納入額によって見たものである。

3 「財産」作りの二つの型

しかしながら、三〇〇人の当選人の中には、資産とはおよそ無縁であった者もかなりいる。彼らはどのようにして被選人の資格を得て、総選挙で当選したのであろうか。とりあえず、それがある程度知られている中江篤介（兆民）と植木枝盛の場合から見ることにする。

(1) 中江兆民の場合――〝勝手連型の「財産」作り〟――

中江兆民の生涯については、松永昌三『中江兆民評伝』（岩波書店、一九九三年）という大著があり、そこには第一回総選挙における中江の対応も書かれている。ただし、旧来は、それが中江のみの例外的なこととされてきたきらいがある。そのために、選挙人名簿の問題として一般化されることがなかったのであろう。以下、松永の研究を踏まえながら、中江の場合を確認しておこう。

中江は、一八八七年十二月二十五日に出された保安条例により、二年間、皇居外三里以上追放の処分を受けて大阪に移り、その後、翌八八年一月十五日に創刊された『東雲新聞』の主筆となっていた。

憲法発布とともに、衆選法が公布されると、その直後に、大阪府東成・住吉両郡の有志が、兆民に総選挙への出馬を勧誘した。しかし、「国会議員抔は自分に取りては甚だ不得手の仕事なれば此義は平に御免を蒙りたしと断然謝絶した」[*3]という。だが、その後、何度も依頼を続けたことから、翌三月になると、それを承諾した。以下は、『日本』三月二十一日の記事である。[*4]

国会議員抔は不得手なり御断り申すと曾て大阪府下東成住吉二郡の有志者に答へたりし兆民居士中江篤介氏は、其后屢《しばし》ば同様の依頼を受け、殊に同府下西成郡の有志者の如きは頻りに居士に迫り、いいいいいい失礼ながら財産等の事は如何様共致すべければ是非同郡の議員とならんことを望みしが、今は其切なる懇望を辞《いな》み兼ね、自分は普通人民の代議士は出来可くもあらず只だ新平民の代議士とあれば何時にても承知すべしと答へたりしに、西成郡の有志者はソハ幸の事なり吾郡には渡辺村と云ふ新平民の大村あれば同村の者と協議し如何にもして氏を議員に撰出せんとて昨今頻りに其協議中なる由、因に記す、居士は昨年来公道会なるものに加はり、文明の今日尚ほ動《やや》もすれば世人が新平民を蔑視するの風あるを嘆じ専ら其権利を拡張せしめんとの趣意にて之を勧誘するより、渡辺村の人民は大に氏を尊敬して随喜したる今日なれば今度の協議の如きは異議なく纏まるべしと云ふ、居士の言行は愈《いよいよ》出て愈《いよいよ》奇なりと云ふべきなり（傍点は稲田）

つまり、中江は、国会議員になる意思を本来はもっていなかったが、被差別部落民たちの「切なる懇望」を断りきれずに、「新平民の代議士」となることにしたのだという。この記事の中では、有志者たちが兆民に頼んだという傍点の部分の「失礼ながら財産等の事は如何様共致すべければ」に注目すべきである。

その頃の中江は『東雲新聞』の主筆であったが、収入はわずかであった。兆民の書生をしていた幸徳秋水は「先生当時猶ほ甚だ貧なりき、其新聞社より得る所、僅かに五十銭のみ」[*5]と書いている。有志者たちも、そのことは知っていたので、被選人の資格に必要な「財産」は自分たちでそろえるから、その心配はしないで、ぜひ自分たちの代表の国会議員になって欲しいと依頼したのである。

松永・前掲書二六三ページによれば、三月二十四日に中江家の戸籍は高知から大阪府西成郡曾根崎村二七六七番地に移され、さらに兆民の国税納入額が同郡役所に届けられたという。選挙人と被選人の両方の資格を得るための準備である。松永は、それに続けて、「戸籍の移動は兆民の意志によるものであろうし、所得税額の届出と合わすと、これは立《ママ》候補と関係があろう。」と書いている。

このようにして、一年後の一八九〇年四月に予定されている選挙人名簿の作成に間に合うように、中江の「財産」が作られたのである。つまり、兆民を自分たちの代表として国会議員にしたいと強く願う有志者たちが、土地の名義人を兆民のものに書き換えて、兆民が国税を払っていたようにしたのである。

なお、『日本』の記事には、兆民に候補者になって欲しいと依頼した者は「西成郡の有志者」であり、その有志者が「渡辺村と云ふ新平民の大村……の者と協議」すると述べたとある。したがって、兆民の「財産」を作るのには、かなりの者が参加したと思われる。兆民を自分たちの代表として国会議員にしようと動き出した被差別部落民たちは、現代風にいえば〝勝手連〟である。兆民は、本来は国会議員になる意思などもっていなかったのであるが、彼らの熱意に負けて「新平民の代議士」になる気を起こしたのである。

「衆議院議員名簿　明治二十三年」によれば、兆民の国税納入額は地租一六・六三五円となっている。[*6]つまり、兆民の「財産」は、このようにして、西成郡の被差別部落民などの有志者によって、作られたのである。この一六・六三五円というのは、国税納入額で見れば、全衆議院議員三〇〇人中の昇順三三位であり、地租だけは昇順六二位である。

兆民の勝手連の人数がどれくらいいたのかは分からない。しかし、わずかな土地しかもっていない者たちでも、それらを合わせれば地租を一五円分以上の土地にすることができる。彼らは、兆民の同意を得られると、土地の名義人を兆民のものに変える登記を済ませて、翌年の選挙人名簿の作成に備えたのである。

かくして、貧乏な士族であった中江は、被差別部落民たちの要請と支持によって、被選人となる資格を得たのである。右の『日本』の記事の「財産等の事は……」という文言は、当時の総選挙の重要な側面を巧妙に表現しており、かなり意味深長なものである。以下、本来は、被選人となる資産がないにもかかわらず、**支持者たちが、土地の名義人を書き換えたことにより、被選人の資格を得た者**の**書類上の**

資産を、本論ではカッコを付けて「財産」とすることにする。

また、本人の意思とは関係なく、あるいは本人の意思に反してまで、支持者たちが、ある者を自分たちの代表の衆議院議員にしようとして、その「財産」を作ることを**〝勝手連型の「財産」作り〟**と呼ぶことにする。

〝勝手連型の「財産」作り〟には、零細な土地しかもたず、選挙人の資格のなかった者でも参加することができた。当時の総選挙を、国民の一・一四％にすぎない〝村の顔役〟や旦那衆だけのものであり、圧倒的多数の国民とは無縁なものであったとするのは、このような事実に眼をふさぐものである。

(2) 植木枝盛の場合――〝Win-Win型の「財産」作り〟――

植木枝盛もまた、著名な民権家である。植木は、その文筆と弁舌の才能により、早くよりその存在を認められ、民権運動の全国的な活動家となった。植木は、中江と違って、国会議員になる意思を強くもっていたが、被選人の資格に必要な資産はありうべくもなかった。彼の父は土佐藩の祐筆であったが、家禄は四人扶持二四石にすぎず、秩禄処分によって、過半は失われたと思われる。彼もまた、家産のほとんどない下級士族であったのである。

しかし、植木は第一回総選挙において、高知県第二区の候補者となり、ゆうゆうと当選する。植木の総選挙での得票は一二〇二票であり、次点の西尾元輔の二八三票を大きく引き離したのである。

植木についても、家永三郎『植木枝盛研究』（岩波書店、一九六〇年）という大著があり、そこに植木が総選挙の候補者となった経緯が書かれている。以下、家永のこの著書により、それを見ておくことにする。

植木は、一八八四年十月の中央の自由党の解党後、しばらく東京にとどまり、残務処理をしていたが、一八八五年三月二十九日、郷里の高知に帰った。そして、同年九月、『土陽新聞』の補助員となり、社説や記事を書くようになった。翌八六年一月二十五日の高知県会議員選挙に当選して、土佐郡選出の議員となる。以後、しばらくの間、『土陽新聞』と県会とが、彼の活躍の場であった。

しかし、八八年四月十八日、大阪に出て、中江兆民が主筆をつとめる『東雲新聞』に寄稿するなど、大阪を拠点として活動していた。そして、大同団結運動や条約改正反対運動が起こってくると、彼の活動は再び全国的となる。

一八八九年二月、憲法発布に伴う大赦の際には、稲垣示・久野初太郎・天野政立ら五人の出獄を出迎えるために和歌山監獄に行ったほか、各地の監獄から釈放された者たちが、郷里に帰る途中に大阪に寄る際、彼らを迎えるため、何度も大阪停車場に行ったりした。

それらが一段落した二月二十五日、高知に帰郷する。高知県の自由派党系の活動家たちが、衆選法が出されて間もなく、高知県全三区（定員四人）の候補者を決めて、帝政党[*7]との闘いに臨むことになったためである。家永三郎・前掲書五八九ページでは、『時事新報』同年十一月十一日の「高知通信」が引用されているが、ここではその一部をあげておこう。


本年二月憲法の発布と倶に、高知県よりは四名の衆議院議員を選出する事になりたれば、自由派に於ては、今日の形況を以て来年を推せば、遂に議員選挙の暁には両派互に二名の候補者を出すに至らん。然らば多年我党の沐雨櫛風東西に奔馳し種々措据尽力したる成蹟も甚だ面白からず。今日の時機唯須らく一層の尽力を以て我党の公平公明なるを世上に訴へ、賛成を得るに如かずと。直に四名（即ち片岡健吉、林有造、竹内綱、植木枝盛）の候補者を定め、茲に運動を開けり。

当時の高知県には、単一の高知自由党はなく、旧自由党系のグループが海南倶楽部・長岡自由倶楽部・吾川自由倶楽部など、地域ごとの組織を作っており、「自由派」はその連合体の呼び名であった。高知県は、民権運動の発祥地とされ、自由党系の勢力が強いところと思われがちであるが、県会においては、以前から自由派と帝政党とが激しくしのぎをけずっており、郡によっては帝政党の方が強いところがあった。そのために、自由派は衆選法が公布されると、すぐに全区で候補者を決めて闘いに備えたのである。

具体的には、第一区（高知市、土佐・長岡郡）では竹内綱を、第二区（吾川・高岡・幡多郡、定員二人）では片岡健吉と林有造を、第三区（香美・安芸郡）では植木枝盛を候補者にしたのである。四人は全員、高知県内のみならず、全国的に名の知られた民権活動家であるが、竹内を除く三人は士族であり、被選人となりうる資産はなかった。ただし、自由派にとって、そのようなことはほとんど問題ではなかった。それよりも、総選挙において帝政党に勝つために、活動家として知名度のある者を候補者にすることの方がはるかに重要であったのである。当初から、各区の自由派の支持者たちは、土地の名義人を彼らのものに変えることを、当然のごとく考えていたのである。そして、候補者たちの「財産」を作り、一年後の選挙人名簿の作成に備えたのである。

家永は、そのことまでは書いていないが、引用されているいくつかの『時事新報』の記事からは、そのようなことを読みとることができる。

そして、何よりも「衆議院議員名簿　明治二十三年」で四人の国税納入額を確認すれば、支持者たちが彼らの「財産」作りをした事実が一目瞭然となる。つまり、そこには、竹内が地租のみで三万四四〇五円、片岡が地租一六万七四五〇円と所得税八三四〇円で合計一七万五七九〇円、林が地租のみで二七万三八三四円、植木も地租のみで一六万四四八円と書かれているのである。その国税納入額を三〇〇人中の昇順で見ると、竹内が一四五位、片岡が二四二位、林が二六七位、植木が三〇位である。植木以外は、それなりの順位である。特に、片岡と林はかなり上位であり、二〇～三〇町歩を所有する中地主ということになる。しかし、士族である彼らが、民権活動のかたわらに、これだけの土地集積を行っていたというようなことは、事実として考えられない。自由派による県下を挙げての「財産」作りの結果として見ることにより、はじめてその事実を理解できるのである。

この四人のための「財産」作りのどれくらいの者が参加したのかは分からない。もちろん、選挙人の資格のある者だけであったとすることもできる。しかし、その資格をもたない者がそこに加わったことを否定する要因は何もない。むしろ、帝政党との闘いの勝利のために、それほどの規模の土地をもたない者も、少しずつ出し合った結果が、片岡や林を「中地主」にしたとする方が事実に近いように思える。

ともかくも高知県の自由派は、このような周到な準備によって、翌年の総選挙では、四人全員を当選させたのである。後の第二回総選挙（一八九二年二月十五日投票）の際に、品川弥二郎内相の音頭で大干渉が行われ、高知県では保安条例が発令され、自由党の候補者の運動に対して厳しい規制が加えられたが、それへの反発もあって、運動は激しさを増し、一〇人という多数の死者を出すことになる（全国の死者は二五人）。高知県での大規模な干渉は、右のような第一回総選挙において、自由派が完勝していたことから、それを繰り返さないために行われたものともいえる。

植木を含めて高知県の四人の場合の「財産」の作られ方は、以上のようなものであった。それは先の中江の場合とは、かなり違うものである。つまり、中江の場合は、支持者たちが彼の意思とは関係なく動き出して、中江の「財産」を作った。つまり〝勝手連型の「財産」作り〟であったのである。

しかし、高知県の四人の場合は、自由派対帝政党という県会内部の対立を踏まえて、選挙人名簿が作成される一年前の時期から、自由派が周到な準備をしており、四人はその党派的な戦略の中で、当選したのである。そして、植木ら四人も国会議員になる意思をもっており、その意味では、中江とは決定的に違うものであったといえる。このことを踏まえて、植木ら高知県の四人のような場合を、**〝Win-Win型の「財産」作り〟**と呼ぶことにする。

もちろん、家永の大著も、植木が「財産」作りによって議員になったということまでは書いていない。だが、植木ら四人が被選人の資格を得た事情は、「財産」作りを抜きにしては説明できない。

ただ、高知県はもともと民権派の勢力が強いところであり、そのようなことがあっても不思議ではないとされるかもしれない。また、中江と植木ら数人は、「衆議院議員＝ほとんど地主」という公式の「ほとんど」ではない部分とすれば、別に通説を変更する必要もないかもしれない。

しかし、そのように見てしまうと、彼らは、特例として歴史の外側に置かれてしまう。じつは、総選挙のための「財産」作りが行われたのは、先に見た中江や、この植木たち高知県の自由派だけに限られたわけではなかったのである。以下、それらについての事例を、具体的に見ていくことにしよう。

4　民権家たちのさまざまな「財産」作り

(1)　村松愛蔵の場合

右に見た中江兆民と高知県の三人（林有造・片岡健吉・植木枝盛）は士族である。彼らに限らず、第一回総選挙の当選人の中には士族が非常に多く、三〇〇人の中で一一一人に達し、全体の三七％を占める（表1・2で、士族を一一〇人としているのは、前述のように「衆議院議員名簿　明治二十三年」が、補欠選挙による当選人を載せており、広島県第九区では、総選挙の当選人である三浦義建〔士族〕ではなく、井上角五郎〔平民〕としているためである）。

士族たちは、明治維新による改革で武士身分を失い、秩禄処分により、かつての俸禄の数分の一の金禄公債証書を受け取ることになったが、生活のためにその証書をすぐに売ってしまった者も少なくなかった。したがって、国税一五円以上を納めることのできる士族の比率は、平民よりもかなり少なかったはずである。それにもかかわらず、一一一人もの者が、国会議員になることができたのは、どうしてなのであろうか。

しかも、右の一一一人というのは、当選人だけの数である。このほか、落選した有力候補者の中にも、かなりの士族がいたはずである。政戦記録史刊行会編『大日本政戦記録史』（一九三〇年）所収の「第一回総選挙」には、全国二五七選挙区の当選人・落選人を合わせて九三七人の氏名と得票数が出ている。

そこには族籍は書かれていないが、仮にその中の士族の比率を、実際の当選人の場合よりも少なくして、全体の三分の一であったとしても、約三〇〇人に達する。しかも、これはかなりの票を得た者たちだけである。ここには名前が出ていないが、それなりの票を集めた者はいたはずである。選挙後の七月九日の『郵便報知新聞』の社説「捲土重来亦難からず」では、「三百の議員数に対し其の候補者たりしもの無慮千四五百名」としている。これもまた、有効票を得た者のすべてではないが、やはりその三割が士族であったとすれば、四〇〇人以上になる。

彼らの納入した国税の多くは地租であったと思われるが、彼らがもし本当に被選人に必要な資産をもっていたとするならば、秩禄処分から以後一〇余年間だけで、相当数の士族がかなりの規模の土地を取得したということである。そして、それが事実であれば、従来の近代日本地主制史研究や秩禄処分研究は、大幅に書き換えねばならないであろう。

しかし、その必要はない。それよりも、実際には国税一五円以上を納めていなかったのに、被選人の資格を得ていた者がいたという事実を正しくおさえることの方が大切なのである。ここでは、飯田事件の被告人であった村松愛蔵の場合を挙げておこう。

村松は、民権運動の早くからの活動家であり、彼の作成した「憲法草案」[*8]は、議院が一院制であり、国税を納める女性の戸主にも選挙権を与えるなどの点で、評価の高いものである。しかし、村松は、その後、飯田事件の被告人として入獄する。だが、憲法発布に伴う大赦で出獄したことから、翌年の総選挙には、愛知県第十一区の候補者になるつもりであった。ただし、彼は士族であり（父は旧田原藩の家老）、被選人となるだけの国税を納入してはいなかった。

しかしながら、鈴木清節編『三河憲政史料』（三河憲政史料刊行会、一九四一年）の二〇五ページには、次のような一文がある。

村松は野田村の富豪林彦衛門の好意に依り納税資格を作つて居たのであるが、風水害の為め其土地が免訴となつたため資格を喪失してゐたのは、地方有志を挙げて千秋の恨事とする処であつた。

わずか二行たらずの文章であるが、ここには重要なことが書かれている。つまり、野田村の林彦衛門が、村松の「財産」を作っておいてくれたのだが、風水害によって、その土地の地租が免除になり、納税が不要となったことから、村松は被選人の資格が得られなかったというのである。そのために、本人のみならず、地元の有志もこぞって残念がったという記述には、実感がこもっている。渥美半島は、台風の襲撃が多いところであり、杉浦明平の『台風十三号始末記』（岩波新書、一九五五年）や、それを元にした山本薩夫監督の映画「台風騒動記」（一九五六年）は、よく知られている。

ともかく村松の被選人資格は、その土地が風水害で免除になったために失われたのである。ここでは、村松の「財産」作りをしたのは林彦衛門だけのようである。しかし、その資格を失ったことには「地方有志を挙げて千秋の恨事」とあるので、村松を自分たちの代表にしたいと思う者は多数いたが、彼らは林による「財産」があれば、それだけで十分であろうと判断していたのであろう。

これは、〝Win-Win 型の「財産」作り〟の失敗例である。だが、この悲喜劇からは、「財産」作りが、当選人や主要な落選者のみならず、風水害により、それを失った者の場合でも、行われていたことが分かるのである。そして、この事実は、中江兆民や植木枝盛たちの「財産」作りを、あくまでも例外にすぎないとして、歴史の外側に追いやることが誤りであると告げているのである。

(2) 河野広中の場合――〝勝手連型の「財産」作り〟の典型――

「財産」作りは、士族に限ったことではなく、平民でも行われていた。平民の中の当選人や落選人の中にも、支持者たちによる「財産」作りによって、被選人の資格を得ていた者は、少なからずいたのである。

しかし、「財産」作りについては、記録がほとんど残っていない。一五円以上の国税を納められるはずのない者が、あたかも税金を納めていたかのような書類上の作為をしたという事実は、正史ではなく、裏面史、さらには秘史に属することだからである。したがって、総選挙で当選したり、有力候補者になったことのある者の自伝や伝記類をめくっていっても、「財産」作りについての記述を目にする機会は、ほとんどないのである。

そのような中にあって、中山義助『河野磐州伝 下巻』(河野磐州伝刊行会、一九二三年)は、きわめて珍しい例である。

河野家は、郷士の家柄であり、普通の百姓ではないが、属籍は平民である。河野広中はいうまでもなく、福島自由党の領袖であった。そのために自由党の撲滅をめざす三島通庸県令によって、内乱陰謀をくわだてた国事犯の中心人物に仕立て上げられ、長らく獄中生活を余儀なくされたのである。

河野ら福島自由党の六人は、一八八二年八月一日、福島自由党本部の無名館で、五条の「盟約書」を作った。当初、その「第一」は、「吾党は自由の公敵たる専制政府を改良して公議政体を建立するを以て任と為す」としていた。しかし、花香恭次郎という若者が、「改良」ではなく「顛覆」に直した方がいいと主張した。河野らは実力で政府を倒すことは考えていなかったのでそれに反対したが、あくまでも文字だけのことなので、特に強い異義は唱えずに、「顛覆」にすることにしたのである。

だが、それが後に絶好の口実となる。無名館の「小使」（事務員）であった田村暁雲は、三島のスパイとなっていたので、「盟約書」のことを三島に密告したのである。そして、その後、会津の喜多方で農民たちが三島の道路拡張工事に反対する事件が起こると、三島はこの「盟約書」をそれと強引に結びつけて、河野たちが内乱陰謀をくわだてたとして、「盟約書」署名人を国事犯に仕立て上げ、東京の高等法院に送った。三島は何度も高等法院に来て、リーダーの河野を死刑にするよう裁判に圧力をかけたが、河野の判決は、予想よりも軽い軽禁獄七年となった。しかし、河野たちは長い獄中生活を余儀なくされ、出獄したのは一八八九年二月の憲法発布による大赦によってであった。

このように河野は、三島の奸計と花香の軽口とにより、「専制政府顛覆」を計画した国事犯の中心人者とさせられて、獄中で過ごすことになった。辛酸をなめた獄中生活の中で、河野は自らの過去をふりかえり、出獄後は、政治とのかかわりをいっさい絶つことを決意した。『河野磐州伝　下巻』四ページには、出獄後は「断然政治上の関係を裁断し、其の方嚮《ほうこう》を一転し、別に人生の進路を開拓せん」と決意したと書かれている。河野は、多くの若者を自分の行動に巻き込み、いろいろ悲惨な目にあわせたことに、強い責任を感じていたのである。

このようなことから、河野は憲法発布の大赦で出獄しても、何らの行動を起こさなかった。『河野磐

州伝　下巻』九ページには、「第一回衆議院議員の総選挙が、近く明春を以て挙行せられんとするにも拘らず、磐州は何等の準備をも為さず、選挙人の資格さへもたうとも仕《し》なかつた。郷党の同志は、磐州が被選挙権者の資格を欠いて居るので、交々《こもごも》来つて其の資格を造ることを勧めたが、磐州は一切之を拒絶した。」とある。つまり、総選挙への出馬はまったく考えていなかったのである。

しかし、周囲の者は、彼に被選人の資格をもたせようとして、いろいろな試みをした。その間の事情について、同書・九～一一ページには、深沢宮治による次のような挿話が入っている。少し長いが、「財産」作りに関する第一級の史料なので、そのまま引用しておく。

先生は無事に出獄したが、明春は第一期の衆議院議員選挙が行はるゝと云ふので、勿論先生を候補に推薦しなければならない。ところが、当時被選挙権者も、選挙権者も共に、直接国税十五円以上を納付する者たるを要したので、先生を候補者に推すとすれば、其の資格を作らなければならない。其の資格は若干の土地を先生の名義に移転すれば出来るのだから何の面倒もないやうであるが、土地の移転を為すには、先生の署名捺印を必要とする。そこで此の事を先生に相談に及んだところが先生は『予は深く感ずるところがあり、俗世間と絶ち、精神生活に入ることに、決心して居るのだから、無論、政治上に活動することは出来ない。故に衆議院議員の候補者に推さうとして、被選挙資格を作るのは無益である。然様《さよう》な心配は無用にして貰いたい』と云はれる。一同も先生の話を聴いて喫驚《きつきよう》して了《しま》つた。併し斯くて已むべくもないから『精神生活も可《よ》いか知らぬが、政治を止《や》めて貰つては困る』と言つて頻りに頼んだのですが、肯《き》かれない。爾来入替《いれかわ》り立更《たちかわ》り先生に其の考へを飜《ひるがえ》して貰ふような理屈を案出して、迫つて行くが、何時《いつ》も先生の議論に負け、『精神生活に入る方が可い』と云ふ結論に達して、帰つて来る。それでも諦めが付かず、何んとしても被選挙資格だけは作つて置かねばならぬと云ふので、先生の印を偽造し、土地の移転を済まさうとまで内議が一決した。無論、事が露顕に及び、問題を起しても構はぬと云ふ、覚悟でした。併し縦令《たと》ひ印を偽造するにしても、多少似たものでなければならない。それには先生の印を知るの必要があるので、何か捺印したものでもと思ふて、それとはなしに、舟田のお媼《ばあ》さん（磐州の姉）に遇ふて見た。併し別に要領を得ないので、愈々《いよいよ》印の偽造に取か丶つたのですが、舟田のお媼さんは、早くも我々の心事を看破されたものと見せ、先生の所から、三輪正治始め同志一同が招集せられた。何事ならんやと一同、先生宅に馳《はせ》参ずると、先生は『皆さんは、予の印形の事で、大層心配なさつて居るとのことだが、予は先日も話した通り、俗世間と絶つ者であるから、印形の如きは、予に取つて全く無用のものである。無用のものを持つて居ても致方《いたしかた》がないから、之を諸君に預けます』と言はる丶のです。斯くて同志中の三輪正治に向つて、先生は『それでは、あなたに御預けします』と言つて、手づから実印を渡して下さつた。

一同は大喜びで、直ちに土地移転の手続きを了《りよう》した。勿論、先生には何も知らせないで、総選挙の準備を整へて居たのでした（傍点は稲田）。

この深沢宮治の挿話からは、「財産」作りとはどういうことなのかが、きわめて具体的に知ることができる。まず河野は、衆議院議員になる意思をまったくもっていなかったし、国税一五円以上の納入者ではなかったということが前提である。しかし、彼の支持者たちは、どうしても河野を第一回総選挙の候補者にしたかった。そして彼らは、「若干の土地を先生の名義に移転すれば出来るのだから何の面倒もない」と考えたのであるが、土地の移転をするには、河野の署名と捺印が必要であった。しかし、河野はどうしてもそれに応じようとしなかった。そこで、彼らは、印鑑を偽造しようとしたが、印字の形が似ているものにするために、河野の姉の舟田のおばあさんに、捺印したものが欲しいというようなことをいった。それが河野の気づくところとなり、一同が呼ばれて、彼のところに行くと、河野は最後の傍点にあるように、**〝自分は俗世間との関係を絶った者であるから、「印形」を持っていてもしようがないので、諸君に預けます〟といって、実印を渡してくれた**というのである。

最後の部分は、少し出来すぎた話である。しかし、ここには、土地の名義人を変更することによって、河野の「財産」が増えて、被選人資格者になったことが、きわめてビビッドに描かれているのである。

ところで、河野はその後、一八八九年三月、後藤象二郎の要請に応じて上京し、再び政治活動を始める。したがって、右は憲法発布の大赦での出獄後、約一か月間に起こったことである。しかし、名義人の書き換えは無事に済んで、翌九〇年四月に作成された選挙人名簿に、河野の名前が載ることができたのである。

このように、周囲の支持者たちは、河野本人の意思に反して、印鑑を偽造してまで、河野の「財産」を作ろうとしたのである。これは、**〝勝手連型の「財産」作り〟の典型的な事例**ということができよう。

「衆議院議員名簿　明治二十三年」によれば、河野の国税納入額は、地租二〇・七三八円であり、三〇〇人の昇順で七二位である。河野を何としても衆議院議員にしたいという支持者たちの熱意が、これだけの土地の上積みとなったのである。右の挿話からは、この「財産」作りに参加した人数やその規模は分からない。しかし、河野の本来の地租と合わせても二〇円余であるから、勝手連により加えられた「財産」はそれほどには多くなかったと思われる。また、勝手連の中に、国税一五円以上を納めていた選挙人がいたのかどうかは不明である。

ともかく、このようにして、支持者たちの河野に対する熱い期待が「財産」作りとなり、河野は被選人の資格を得たのである。そして、総選挙では、圧倒的得票で当選するのである。福島県第三区（定員二人）の当選人は河野の一五二六票、鈴木万次郎の六四〇票であり、次点は吉田正雄の四三八票である。もっとも河野も、中江や植木と同じく著名な民権活動家であり、特例とすべきであるという見方があるかもしれない。そこで、さらに他の事例を挙げておこう。

(3) 高田早苗の場合——各地の勝手連の働きかけ——

高田《たかた》早苗は、一八八一年二月に結成された鷗渡会の中心的な一員であった。鷗渡会というのは、小野梓が中心となり、高田や岡山兼吉・市島謙吉・天野為之など七人の東京大学の学生たちによって作られた学術研究団体である。同会の会員は、一八八二年四月に結党される立憲改進党の有力グループとなる。高田は、一八八二年七月、東京大学を卒業する。そして、同年十月、東京専門学校が開校すると、政治経済学科講師となった。その後、高田は終世、同校と歩みを共にする。そして同校は一九〇二年、早稲田大学となるが、〇七年には学長に就任することになる。

また高田は、一八八七年には、『読売新聞』主筆にもなっている（社長は子安峻）。同紙はそれまでは、俗世間の興味深い出来事を報じる小《こ》新聞であった。しかし、高田が主筆になって以降は、政論をも掲載するようになり、大《おお》新聞としての性格をもつようになった。たとえば大隈外相の時期に、同紙は条約改正断行論を展開している。同紙のこのような方針転換は高田によるといえる。

高田は改進党の創立期からの有力な活動家であったが、衆議院議員になる意思はもっていなかった。しかし、衆選法の公布の後、いくつかの地方から、その選挙区の候補者になるように依頼を受けて、最終的には、埼玉県入間郡川越町の有力者たちの強い要請で、同県第二区の候補者となるのである。ただし、高田もまた、もともとは衆議院議員選挙の被選人資格はなかった。彼は一八六〇(安政七)年に、江戸深川の伊予橋通りで、通船問屋高田家の三男として生まれた。しかし、一八七三年十月に共立学校に入学して英学を学び、さらに東京英語学校、東京開成学校(七六年東京大学に昇格)へと進んだので、生家の家業とはまったく無関係であった。

衆選法が出された当時、高田は『読売新聞』主筆および東京専門学校の教員であったが、学校の教員や新聞の主筆の収入は高がしれており、国税一五円以上を納めるのには遠いものであった。したがって、高田に衆議院議員になって欲しいと依頼した者たちは、当然ながら、高田のために「財産」作りをすることになる。その間の経緯が、高田の自伝『半峰昔ばなし』(早稲田大学出版部、一九二七年)の二〇一~〇五ページに、かなり具体的に書かれている。

憲法発布後間もなく、そろそろ選挙の準備にかゝる人があちらこちらに現はれたのであつたが、私は昔も今も政治といふ事には然《そ》う深い趣味を有たない性質で、どちらかといふと、むしろ学校に関係して居る方が自分の性格に合ふ様に思つて居た。従つて議会が開けるからと言つて衆議院議員にならうといふ考は、当初は余り持つて居なかつたのである。（中略）

私は本来江戸生れであるから、何処の地方にも自然的縁故はないのであつた。従つて候補者にならうとしても地方の自然的地盤はない訳であるに拘らず、前に述べた様に学術演説に廻つた地方の有志に馴染が出来、且つ府県に依つては相当の校友が少々居るといふ様な次第で、私が予期もしない各地方から候補者になつてくれといふ勧誘を受けたのである。其時分の選挙法では、候補者になるのは其地方に幾らかの地面を有たなければならなかつた。それで地方の有志者中には、「自分の所有地の一部を名前丈け貴下の物に書き替へるから、愈々といふ場合、果して候補に立つか立たぬかは兎も角として、其手続きをする事に同意してもらひたい」といふ様な申込みが其方此方から現われた。

其の第一番の申込みは、神奈川県の高座、愛甲、津久井の三郡が一選挙区になつて居る神奈川県第二区と称する所の加藤松之助君（今小田原に居住する吉田義之君）といふ校友から来た。此人の仲介で土地の主なる有志者の懇望を容れ、私は候補者たる資格を作つたのである。其後も諸方から申込があり、必ずしも競争をすると定めなくとも宜しいから兎に角といふ事で、私は止むなく資格を作ることに同意した場所が五六ヶ処出来た。

（中略）

然るに最後になつて、埼玉県の第二区即ち入間、高麗、比企、横見の四郡を一選挙区として二人の代議士を出す処の都会たる川越町の有志二人が私を読売社へ訪ねて来て、是非自分の方へも資格

> を作つてもらひたいと熱心な申込があつた。（中略）
> さて、右の中井、黒須の二君は私を訪問して、例の資格を作る事を熱心に勧めたのであつた。（中略）兎も角私は少しも乗り気がしなかつたのである。第一私はさう多くの府県に資格が出来ても困ると考へて断然謝絶したのであつたが、両君は中々聴入れないで、最後には「若し先生がお聴き入れないならば、已むを得ないから日日新聞へ行き、福地源一郎さんを頼んで資格を作るつもりですが如何です」といふ事であつた。然《そ》う言はれると妙なもので、福地君は少くとも其時分は天下第一流の名士であり、又私より遥か先輩であるけれども、我輩の反対党と見る処の帝政党の首脳者であるから、其人が其処に地盤を造るといふ事が、何となく面白くないので、遂に兜を脱いで被選資格を作つてもらふ事に同意したのである（傍点は稲田）。

ここに書かれていることは、一八八九年二月中旬から三月末までの出来事と思われるが、以下、それらを時系列的にまとめておこう。

①自分は、東京専門学校の教員を続けるつもりであったので、衆議院議員になろうという考えはもっていなかった。

②しかし、学術演説で廻った地方の有志や、東京専門学校の校友などから、その地方の候補者になって欲しいという勧誘を受けた。それは、有志者の所有地の名義人を高田に書き換えるというものであり、候補者になっても、ならなくてもいいから、その手続きをすることには同意してもらいたいというものであった。

③その最初は、神奈川県第二区に住む東京専門学校の校友からのものであり、彼の仲介で、その地方の有志者たちの懇望を入れて、候補者の資格を作った。
④その後も、各地から候補者になって欲しいという申し込みがあり、必ずしも選挙に出なくてもいいから、とにかく資格だけは作って欲しいというものであった。そのためにやむをえず同意したところが、五、六か所になった。
⑤最後に、埼玉県川越町の有志二人が読売新聞社に訪ねて来て、同県第二区で、被選人の資格を作ってもらいたいという熱心な申し込みをされた。これ以上、多くの府県で資格ができても困ると思って断ったが、二人はそれを聞き入れなかった。そして最後に、〝もし依頼を聞いてくれないならば、福地源一郎に頼んで資格を作るつもりだがどうか〟というようなことをいわれた。福地は帝政党の首脳であり、彼がそこに地盤を作るのは面白くないので、ついにかぶとを脱いで、被選人資格を作ることに同意した。

高田は結局、埼玉県第二区の候補者となるのだが、その理由が⑤のように、帝政党の福地源一郎が候補者になるのは面白くなかったからというのは興味ぶかい。しかし、そのことよりも、全国各地から、必ずしも選挙には出なくてもいいから資格だけは作っておいて欲しいという依頼があり、合わせて六、七か所で被選人の資格を作ることに同意したというのには驚かざるをえない。

つまり、高田の勝手連が各地にできたのである。高田は、改進党の中心的な活動家であり、演説会で各地を回ることがあった。文中に「学術演説」とあるのは、集会条例によって「政談演説」が事実上禁止されたので、名称を変えたものであり、内容は政治にかかわるものであった。実際に、改進党が条約改正断行運動を進めた際には、高田は田中正造とともに各地を遊説して回っている。したがって、それらの地域の中には、高田の勝手連が生まれたところもあったのであろう。また、東京専門学校の校友会の者たちが、母校の教師である高田を推したことも、納得のできる経緯である。このようにして、**高田の勝手連が各地にできて、彼らの要求で、必ずしも選挙には出なくてもいいからということで、高田の「財産」が、それらの地域で作られた**のである。

もちろん、『半峰昔ばなし』には、多少の自慢話もあるかもしれない。しかし、高田は政治家であるとともに、何よりも学者・教育者であり、大言壮語するような人物ではなかった。したがって、やむをえず同意したところが、六、七か所もあったというのを少し差し引いたとしても、被選人の資格を数か所に作ったことは本当であろうし、本来、土地をもっていなかった埼玉県第二区の候補者となったことは、まぎれもない事実である。「衆議院議員名簿　明治二十三年」によれば、高田の国税納入額は、地租のみで一六・〇四六円と少ない。この額は国税額の三〇〇人中の昇順では二二位であり、地租のみの昇順では四七位である。また、高田の職業は「東京専門学校教員」となっている。

第一回総選挙において埼玉県第二区は、多くの有力候補者がひしめく激戦区であった。改進党の候補者だけでも、高田のほかに、桐原捨三・福田久松・片岡勇三郎・野口本之助・上田岱弁の五人がいた。このうち桐原以外の四人は県会議員であり、一定の地盤をもっていた。また、自由党系候補者では、再興自由党の清水宗徳と県会議員の自由党の鈴木善恭・田中万次郎の合計三人が選挙活動を行っている。さらに仏教家の大内青巒も還俗して地元の本庄町で候補者となった。

結局、この区の主要候補者は一三人に達するが、そのことが、よそ者である高田にとっては有利に働いた。同区の選挙人は三九九五人と多かったが、票が割れたことにより、高田は一二二〇票でも第一位で当選したのである。なお、第二位は清水宗徳の九九六票であった。改進党や自由党の県会議員たちは、それぞれの地元の票を奪いあったが、川越町には、逆に有力な候補者がいなかったために、高田でまとまったのかもしれない。

さて、「財産」作りという点から見れば、右の『半峰昔ばなし』の回想は非常に貴重なものである。なぜならば、功なり名を遂げた人物にとって、「財産」作りは、いわば裏面史であり秘史なので、彼らの伝記や自伝などに、その事実が書かれていることはほとんどないからである。管見の限りでは、選挙人名簿の作成のために「財産」作りが行われたことを、『半峰昔ばなし』ほど明けすけに書いているものは見当たらない。しかし、この高田の自伝のおかげで、衆選法が出されてから三月末までの一か月半余の間に、このような「財産」作りが確実に、かつ大規模に行われていたことを知りうるのである。

つまり、自分たちの信頼する者を、自分たちの代表として総選挙の候補者にしようとする勝手連による「財産」作りが、全国各地でくり広げられたと推察するに余りあるのである。しかも、この時期には、実際には候補者にならなくても資格だけ確保しておこうとする動きが、いわばフィーバーのように行われていたようにすら思われる。特に、自分たちの地元に有力者のいないところでは、著名な人物に、その地域の候補者になって欲しいと依頼することは珍しくなかったのかもしれない。高田も、そのような形で、埼玉県第二区の候補者となり、そして川越町の支持者たちの熱気を受けて、本来の県民であった候補者たちを抑えて当選したのである。

このようなことを踏まえれば、先に見た中江兆民や河野広中の「財産」作りは、けっして著名な民権活動家であるが故の特例ではなかったといえよう。

(4) イギリスに行っていた尾崎行雄

すでに書いたように、被選人資格者は、毎年四月に作られる選挙人名簿に、その名前が載っていることになっていた。そして、そのためには、その時までに、国税一五円以上を、地租ならば一年以上、また所得税ならば三年以上、払っていなければならなかった。

最初の選挙人名簿の作成は、一八九〇年四月に行われたが、そこに名前が載るためには、地租の場合は、前年の八九年三月末日までに、その土地の所有者になっている必要があった。しかし、衆選法が出されたのは、憲法発布と同じく一八八九年二月十一日であり、翌年の選挙人名簿の作成に間に合うように、「財産」作りをするための期間は一月半余しかなかった。

ところが、第一回総選挙の当選者三〇〇人の中には、被選人の資格を得る上で大切なその時期に、実際には日本にいなかった者が数人いた。改進党のリーダー格の尾崎行雄と島田三郎の二人はともに、その頃イギリスに行っており、不在であったのである。

改進党は、一八八四年十月頃、党員名簿を廃止すべきか否かをめぐって意見の対立が起こったが、それに反対するグループが地租軽減の建白書を元老院に提出しようとしたことにより、それがさらに深まった。そして、十二月に党員名簿廃止論者たちは、ついに脱党したのである。副総理の河野敏鎌や牟田口元学・前島密・小野梓たちであり、総理の大隈重信もそれに同調した。

党に残った者たちは、沼間守一・島田三郎・尾崎行雄・中野武営・藤田茂吉・箕浦勝人・肥塚龍の七人を事務委員として集団指導体制をとった。ただし、この分裂によって、改進党が弱体化したことはいうまでもない。

その後、民権派の大同団結の動きが起こったが、改進党からの参加者は島田や尾崎などわずかであった。その尾崎は、一八八七年十二月二十日過ぎのある夜、後藤象二郎邸で開かれた会合で、酒がまわったこともあり、冗談に〝三、四十人で石油缶に火をつければ、東京が火の海になり、あわてて参内する大臣たちを殺してもいいし、大蔵省の金庫を破って軍用金を手にすることもできる〟というような話をした。しかし、それが会場にまぎれ込んでいたスパイに聞かれたことから、その数日後の同月二十五日に出された保安条例により、最も重い三年間の皇居外三里以上追放の処分を受けたのである。

そこで、尾崎は、その間にイギリスに行き、本場の立憲政治のあり方を知ることができた。尾崎のイギリス滞在は一年八か月に及び、帰国を決意したのは、外相の大隈重信の遭難の電報に接した時であり、横浜港に着いたのは、総選挙のわずかに半年余前の一八八九年十二月二十四日であった。つまり、翌年の選挙人名簿の作成にそなえて、土地の登記をきちんと済ませておかなければならない時期には、日本にいなかったのである。

それにもかかわらず、尾崎は総選挙で、三重県第五区（度会郡など五郡、定員二人）の候補者となり、一七七二票を獲得してトップ当選する。そして、以後、第二次世界大戦後の一九五二年の第二十五回総選挙まで連続当選し、六二年という長い議員生活を送ることになるのである。

尾崎のその時の国税納入額は、「衆議院議員名簿　明治二十三年」によれば、三三・八三一円（地租三〇・八〇一円、所得税三・〇三〇円）であり、昇順の一四二位である。しかしはたして、尾崎はこれだけの国税を払うほどの資産をもっていたのであろうか。彼のそれまでの経歴を簡単に記しておこう。[*9]

尾崎は一八五八（安政五）年十一月二十日に相模国津久井郡又野村（のち中野村、中野町、津久井町。現在の相模原市緑区又野）に生まれた。尾崎家は名主を務めるほどの旧家であったが、父行正は幕末期に家を出て、勤王浪士に加わり、「官軍」の会津攻撃の際には、甲州の断金隊の一員として、板垣退助の指揮の下で参加した。その後、新政府の弾正台に勤めて下級官吏となり、土佐藩出身の安岡良亮に仕えた。尾崎の族籍が、平民ではなく士族であるのは、父行正の幕末維新期の活躍が認められて、変わったからであると思われる。

行雄は、一八六九年に母に連れられて東京に出て、父と暮らすようになった。しかし、父は上司の安岡良亮の勤務地が変わるたびごとに、それに従ったので、家族も高崎、さらには度会県山田へと同行した。山田に住み始めたのは一八七二年であるが、行雄はそこで、できたばかりの宮崎語学校で英語を学んだ。[*10]そして、二年後の七四年に上京して、慶応義塾に入学する。

度会県は一八七六年四月に三重県に編入されて三重県度会郡となるが、父行正は退職後も同地が気に入り、山田の郊外に居を構えた。行雄も慶応義塾の在学中、休暇の際にはそこで過ごすことがあった。「衆議院議員名簿　明治二十三年」に書かれた尾崎の住所は「度会郡城田村」、職業は「農」である。城田村（現・伊勢市の北西部。宮川の下流左岸）は、地・中須・川端の三村が、一八八九年の町村制の施行でできた新村であり、父の住んでいたのはそのどこかであろう。

「衆議院議員名簿　明治二十三年」による限り、尾崎は父の隠棲する城田村を拠点にして、三重県内に地租三〇・八〇一円を納入する規模の土地を所有し、同時に所得税三・〇三〇円を納入するほどの営業をしていたということになる。つまり、中地主にして事業家である。

だが、それが事実でないことは明らかである。尾崎は、一八八一年の「明治十四年の政変」の前の二か月半ほど、矢野文雄の推薦で統計院権少書記官になったことがあるが、その前は『新潟新聞』の主筆であり、その後も『郵便報知新聞』『朝野新聞』の記者であったので、資産はほとんどなかった。前述のように一八八七年十二月に、東京追放になりイギリスに行くことにしたが、その外遊の費用がなかったので、友人の実業家・朝吹英二の支援を得たのである。

尾崎の生活はみじめなほど困窮していた。『咢堂自伝』ではその様子を次のように書いている。「その頃私の家庭生活は、実に貧困を極めてをつた。私の収入は、朝野新聞から得る僅の月給にすぎなかつたが、それで妻子を養ひ、書生を二、三人も置いてゐた上に、私は家を顧みず政治に奔走して居たから、私の妻などは随分辛い思ひをしたやうだ。／或る時は、除夜を守つて夜更しをすると、ラムプの石油がなくなり、書物を売つて石油を買つたこともあつた（中略）殊に明治廿年の元旦であつたと思ふが、妻や弟や書生等が、カルタを取りたいと云ふ。カルタがない。買ひにやれと命じたが、其の金がなかつた。僅か五十銭か一円であらうが、其金が無かつた。私はその時ほど、些細の事で、強い哀愁を感じた事はない。」（八四ページ）

『咢堂自伝』では、その後の金欠生活についても書かれているが、ここまでにしておこう。ともかく、尾崎はそれほどお金とは無縁だったのである（なお、右の文中の「カルタ」とは絵カルタ、つまり百人一首のことである）。

にもかかわらず、尾崎が三三・八三一円もの国税を納めていたということは、彼のための「財産」作りが行われていたということを抜きにしては説明がつかない。尾崎自身が、「財産」作りにどれほどかかわっていたのか、またどれほど知っていたかは分からない。しかし実際には、彼がまだイギリスにいた一八八九年二〜三月に、彼を候補者とするために相当に周到な準備がなされており、それが遅滞なく進んでいたとするべきであろう。**尾崎本人が国会議員になる意思をもっていたので、それは明らかに"Win-Win型の「財産」作り"であった。**

尾崎は、日本近代立憲政治の発展のために大きく寄与した政治家の一人である。たとえば、第四議会の一八九三年二月に「和協ノ詔勅」とその後の三か条の「公約」が出されて、議会は実質的に予算の審議権を獲得することになるが、その際に最も尽力した人物の一人である。

さらに尾崎は、第二次世界大戦の時にも、吹き荒れるファシズムの嵐の中で、孤高を貫き通した数少ない立憲政治家であった。たとえば、一九四〇年九月の日独伊三国同盟に反対した。そのため、四一年二月、議長に質問主意書を提出したが、議員たちの反対多数によって登壇を拒否された。さらに、四二年四月の翼賛選挙では、激しい干渉を受けながらも当選し、その後も無所属であり続けた。この時の選挙で、尾崎と同じく非推薦ながら当選した斎藤隆夫ですらも、苦渋の選択を迫られ、結局は翼賛政治会への参加を余儀なくされていく中にあって、無所属であり続けたのである。尾崎は、長い議員生活の中で、小会派に属することが少なくなかったが、圧倒的多数の者が、権力になびいていく時にあって、その流れに属さないでいるということは、強固な信念に支えられていない限りは不可能なことであった。しかし尾崎は、民権運動の頃や大正デモクラシー期に掲げた立憲政治の理念を守り通して、軍部の政治への介入に一貫して反対したのである。つまり、ファシズムによって潰されてしまった政党政治を守るために無所属であり続けたのである。

それらのことは、まさに「憲政の神様」にふさわしい言動であった。そして、敗戦後になって、さらにいっそう高い評価を受けることになったのである。

尾崎には、『尾崎行雄全集』全一〇巻（一九二六〜七年）以外にも多数の著作があるが、中でも『咢堂自伝』や『尾崎行雄伝』は、尾崎の六〇年前後にわたる議会活動を中心に書かれたものであり、後者は一三七〇ページに達する大著である。しかしながら、「財産」作りのことはどこにも出ていない。さすがに、「神様」の衆議院議員の出発点が、「財産」作りであったことを入れるのはできなかったのであろう。「財産」作りは、やはり正史ではなく、あくまでも裏面史、さらには秘史に属することなのである。

(5) やはりイギリスに行っていた島田三郎

尾崎と同じことは、島田三郎にもいえる。島田も立憲改進党の活動家であるが、一八八四年十二月に大隈重信や河野敏鎌などが脱党した後の七人の事務委員の一人に選ばれていた。しかし八八年三月から翌八九年八月までイギリスに行っており、やはり不在であったのである。

島田は、一八五二（嘉永五）年に幕府の御家人の鈴木智英の三男として生まれた。御家人は、幕臣の中でも下位であり、俸禄が少ないことから、鈴木家の生活は非常に苦しく、三郎は幼い頃から何度も他家の養子になった。島田という姓は、彼が『横浜毎日新聞』の社員として、外事新聞からの翻訳係をしていた一八七四年に、同紙の社員総代の島田豊寛の養子になったからである（その前は、武藤三郎であった）。この養子縁組によって、彼の属籍も士族から平民に変わった。

島田は、少年期に沼津兵学校に学んでいた頃に英学に目覚めて、その後も大蔵省附属英学校や、さらには横浜のブラウン塾で本格的に就学したので、英語は堪能であった。やがて、一八七五年七月に元老院大書記生となり法律調査局に属して翻訳に従事し、いくつかの訳本を出している。その後、元老院副議長の河野敏鎌が一八八〇年二月に文部卿になると、島田も文部省に移り、調査局長兼編集局長となる。しかし、翌八一年十月の「明治十四年の政変」で、河野が下野すると、島田も行動を共にする。その頃、かつての『横浜毎日新聞』は東京に進出して、紙名も『東京横浜毎日新聞』と変わっていたが、島田は同紙の記者に戻る。それ以後は一貫して『東京横浜毎日新聞』の記者であった。

島田は改進党の結成以来の中心的な活動家の一人であったが、さらに馬場辰猪や沼間守一らと並ぶ雄弁家としても知られていた。彼の演説を聞いた者の中には、卓越した話しぶりに感銘を受けて、支持者となる者も少なくなかった。

島田は、自分の能力が国会議員になることにより発揮されると思っていたことから、国会の開設が三年後に迫ってきた一八八七年の末、イギリスに行って議会政治のあり方を自分で確かめることにした。そして、八八年三月十四日に横浜港を出発し、アメリカ経由でイギリスに渡った。島田は、自由党のグラッドストーン党首を尊敬していたので、ロンドンに着くとすぐに、彼を社長とする「ナショナルリベラルクラブ」の臨時会員となった。また、二大政党制について詳しく知るため、毎日午前中に自由党系と保守党系の新聞を読むことを日課とした。さらに、バーミンガムで開かれた自由党大会の様子を見るために、やはりロンドンに来ていた尾崎行雄とともに、出かけて行った。

島田が、帰国の途につくのは翌一八八九年七月であり、神戸港に着いたのは八月二十二日であった。

島田もまた、尾崎行雄と同様に、「財産」作りの時期の八九年二月中旬から三月末までの間には不在であったのである。

それでも、島田はきちんと被選人の資格を得ていた。彼の支持者たちが手続きを済ましており、必要な「財産」を作っていたのである。そして、一八九〇年七月の総選挙で、神奈川県第一区（横浜市）の候補者となり当選する。「衆議院議員名簿　明治二十三年」によると、島田の地租納入額は一五・一一七円である。まさに被選人資格のギリギリの額であり、三〇〇人の当選人の中では、昇順で七番目である。

島田は、一貫して『東京横浜毎日新聞』の記者であったが、その寡少な給料以外には、特別に収入はなかった。しかし、イギリスから帰国した時には、地租を年間一五円余も納める「小地主」になっていたのである。だが、それを事実として論証することは、もちろん不可能である。やはり、支持者たちによる「財産」作りの結果とするほかには、説明がつかないのである。

島田の場合もまた、本人が当初より国会議員になる意思を強くもっていたので、やはり〝Win-Win型の「財産」作り〟である。

島田は、議会開設の初期より、その雄弁ぶりによって、「島三《しまさぶ》」という親しみを込めたあだ名がつけられた。そして、「井ノ角」（井上角五郎）、「高哲」（高梨哲四郎）とともに「能弁の三幅対」と呼ばれるようになる。さらに、島田の演説はあまりにも流暢であり、一分間に五五〇語ほども話すほどの早口であったので、速記者泣かせとしても知られていた。そのこともあって、島田には、「三郎」をもじった「しゃべろう」というあだ名もついた（その名づけ親は田口卯吉のようである）。

もし、島田に「財産」作りが行われなかったとすれば、議会での雄弁ぶりやさまざまな活躍を示す機会はなかったであろう。

5　高官たちの「財産」作り――陸奥宗光の場合――

三〇〇人の当選人の中には、官僚であった者も少なからずいる。ただし、ここでは、府県の吏員や郡長は除き、高級官僚である勅任官（官位一～四位）と奏任官（官位五・六位）だけを取り上げる。

郡長は内務省所属の官僚であり、奏任官扱いであるが、府県の行政をスムーズに進めるために、その府県に在住の者（府県の吏員や府県会議員）を任命することが多かった。郡長については、第三章1(3)Bで詳しく取り上げるが、三〇〇人の中でも、その経験者は六三人を確認することができる。

表3は、第一回総選挙の直前、あるいは少し前まで勅任官・奏任官であった者である（ただし、陸奥宗光は現職の農商務大臣のままである）。このほか、神鞭《こうむち》知常（京都府第六区）のように、数年前までその職にあった者もいるが、表3には入れていない。

「衆議院議員＝ほとんど地主」という見方を貫こうとすれば、政府高官は多額の俸給を得ていたので、それによって土地を買い集めて、小中の地主となり、被選人の資格を得ていたという説明ができるかもしれない。しかし、彼らの所有地がすべて、のちに候補者となる府県にあるのはどうしてなのであろうか。

この問題も、「地租納入者＝土地所有者」という固定観念に囚われている限りは明らかにできない。以下、陸奥宗光の場合を具体的に見ることにしよう。[*11]

表3　官僚の当選人

氏名	族籍	選挙区	所属	地租	所得税	合計	党派・会派
磯部　四郎	士族	富山1	司法省	15.008	0	15.008	立憲自由党
杉浦　重剛	平民	滋賀1	文部省	15.420	0	15.420	大成会
松延　玹	士族	茨城1	外務省	15.847	0	15.847	無所属
陸奥　宗光	平民	和歌山1	農商務省	16.932	0	16.932	無所属
末松　三郎	平民	山口1	司法省	17.290	0	17.29	無所属
宮城　浩蔵	士族	山形1	司法省	19.122	0	19.122	無所属
末松　謙澄	平民	福岡8	内務省	20.407	0	20.407	大成会
松本　鼎	士族	和歌山3	元老院	24.180	0	24.18	無所属
堀江　芳介	士族	山口4	元老院	25.411	0	25.411	無所属
蒲生　仙	士族	鹿児島6	法制局	47.147	0	47.147	立憲自由党
井上　正一	士族	山口2	司法省	94.616	0	94.616	無所属
津田　真道	士族	東京8	元老院	38.580	85.830	124.41	大成会

（注）「衆議院議員名簿　明治二十三年」より作成.「党派・会派」は議会召集時の所属.

陸奥は、もともとは和歌山藩士であったが、脱藩して坂本龍馬の海援隊に入った。そして、その後も土佐藩士として活動した。さらに、一八六八（慶応四）年正月、伊藤博文・井上馨らとともに新政府の外国事務局御用掛となり、その際に伊藤との関係を深めた。その後、いくつか職位を経て、一八七一年には神奈川県令となり、七五年四月には元老院議官になった。

しかし、一八七七年に南戦争が起こった際に、土佐の立志社の一部が、それに呼応して決起する計画を立てたが、それが発覚して多数の者が捕えられた（「立志社の獄」）。それは大江卓・林有造・竹内綱たちなど、主として高知以外で活動していた者たちであったが、陸奥も、翌七八年六月、その関連を疑われて拘引され、元老院議官は諭旨免官となる。そして、八月に禁獄五年に処せられ、さらに士籍を奪われて平民となった。

一八八二年十二月、特赦により出獄するが、土佐人との関係が深かったことから、自由党への入党を奨められたが断った。そして、伊藤博文の慫慂《しょうよう》により、翌一八八三年四月から一八八六年一月まで、欧米に行っていた。主にロンドンに留まり、イギリスの憲政史と責任内閣制（政党政治）などについて学び、その間、ケンブリッジ大学のワカラーの個人指導を約三週間受けている。また、ベルリンを経てウィーンに至り、伊藤と同じくシュタインからも個人指導を受けた。

帰国後は外務省に入り、一八八六年十月には弁理公使に、八七年四月には特命全権公使に任ぜられる。そして、八八年二月にはワシントン在勤を命じられて、同年六月着任した。十一月には、日墨修好通商条約に調印している。

日本は幕末維新期に欧米十数か国と不平等条約を結んでいたが、メキシコはその改正に応じてくれた最初の国であった。一八八九年二月には、アメリカとの改正交渉にも成功した。しかし、その後、四月にイギリスとの交渉内容が『ロンドン・タイムズ』に載ったことから、同年の後半には改正反対運動が高まり、それまで改正に合意していた国ぐにとの新条約もすべて破棄せざるをえなくなる。ただし、それはここでの本題ではない。ともかく、陸奥はメキシコとアメリカとの条約改正交渉で、大きな成果をあげたのである。

ところが、大隈外相が遭難して、条約改正交渉が中止されると、一八八九年十一月末、陸奥は帰国すべしとの電報に接した。その理由は、条約改正が失敗して黒田内閣が総辞職し、山県有朋が首相に就くことになったが、山県は、やがて開設する国会で民権派が多数を占めた場合を想定して、その対策に土佐派と関係深い陸奥を閣僚に入れて、農商務大臣に起用するつもりだったからである。しかし、それは天皇の承認が得られなかったという。その理由として、前田蓮山『歴代内閣物語　上』（時事通信社、一九六一年）は、陸奥がかつて反政府謀議に加わったことを挙げている。そして、農商務大臣には岩村通俊が就いた。
一八九〇年一月に帰国した陸奥の驚きと不満は、いかばかりであったであろうか。最終的には、伊藤博文たちが動いて、五月十七日に内閣改造を行うことになり、四人の閣僚を変えたが、その際に、農商務大臣の岩村通俊を宮中顧問官にし、新たに陸奥を就任させて、一件落着となった。このことについて、陸奥は自ら書いた『小伝』（前出・注＊11）で、「余が米国より御用帰朝を命ぜられたるは、当時山県伯新たに内閣総理大臣の職に就き、余を以て内閣の一員とせんが為めに帰朝を命じたるものなりしに、廟議中変し余が帰港中、其事止みたるなり。故に余は帰朝後何の為す所も無く暫く時勢を観察し居たるに、遂に此命あるに至りたり。」（同書・二〇ページ。句読点は稲田）と記している。最後の「此命」とは、いうまでもなく、農商務大臣を拝命したことである。

右の文中には、「余は帰朝後何の為す所も無く暫く時勢を観察し居たるに、……」とは、期待していた大臣のポストに他人が就いていることを知ったあとの無聊を書いたものである。しかし陸奥は、その後間もなく行われる第一回総選挙の候補者となることにしたのである。右の『小伝』で、それに続く「同年七月和歌山県第一区議員当選」という小見出しのところには、次のような一文がある。「第一期の国会に当り、余が和歌山県第一区選出の議員たらんことは、和歌山県多数有志者の企望として余が米国在勤中より勧告し来りたるものなり。此当選は即ち其の結果なり。」（傍点は稲田）

この文章は、第一回総選挙の際に、「財産」作りによって被選人になったことを自分で書いているめずらしい例である。少し詳しく見ておこう。

陸奥は、将来いつかは政治家となる意思をもっていたが、特命全権公使としてアメリカに在任中には、外交官をやめることなどまったく考えてはいなかった。しかし本国から、大臣にするから帰国せよという命を受けたのである。そこで、急きょ戻ったのだが、彼の座るべき大臣の席はなかったのである。

そのような時に、第一回総選挙のための選挙人名簿の作成が始まり、郷里の和歌山の支持者たちより、和歌山県第一区（和歌山市、名草・海部・有田郡、定員二人）の候補者とするという連絡を、改めて受けたのである。実は、右の『小伝』に「和歌山県多数有志者の企望として余が米国在勤中より勧告し来りたるものなり」とあるように、和歌山県の多くの有志者たちは、それを強く望んでいたのである。「企望」という語には、単なる希望だけではなく、「企画」とか「企図」といったさらに強い意味を含んでいる。つまり、和歌山県の有志者たちは、陸奥がアメリカに在勤中に、ぜひ自分たちの代表として議員になって欲しいという願いをもち、すでに被選人の準備をしているということを、伝えていたのである。つまり、陸奥の「財産」は、先の尾崎行雄や島田三郎と同じく、本人が不在中にもかかわらず、支持者たちによってすでに作られていたのである。

これは先に見た中江兆民や高田早苗の場合と同じく、〝勝手連型の「財産」作り〟である。つまり、支持者たちは陸奥本人の意思とは関係なしに、陸奥を自分たちの代表として国会議員にしたいと考えて、彼の被選人の資格を作って、準備していたのである。ただし陸奥は、河野広中のように、それをかたくなに拒否することはなく、一応、彼らの願いを聞きいれた。

ところが、突然、非職同然となった陸奥にとって、それは救いの道になった。国会議員になる道が開かれたからである。もし、和歌山県の勝手連が、彼の「財産」を作っておかなかったならば、それは不可能であったはずである。

しかし、陸奥が総選挙の候補者になるということは、政府をあわてさせた。特に、伊藤博文は、陸奥が衆議院議員となって、その深い知識と優れた才能が、土佐派のために使われることを危惧したのである。そのために、五月十七日、急きょ内閣改造を行って、陸奥を農商務大臣に就けたものと思われる。ただし、陸奥が農商務大臣に就任した五月中旬には、すでに選挙戦が始まっており、和歌山県第一区の支持者たちは、陸奥のための運動を展開していた。今さら、引き返すことはできないのである。一方、陸奥は、念願の大臣に就任したことにより、もはや衆議院議員になる必要はなくなった。したがって、陸奥は選挙運動には、まったくかかわらなかった。しかし、投票結果は、陸奥が一三五一票であり、トップ当選する。このようにして、陸奥は現職の大臣でありながら、総選挙でも当選して衆議院議員になったのである。

なお、陸奥の支持者たちは、陸奥が当選を辞退するのではないかと大いに心配したが、陸奥から当選の決まった後に、「和歌山県第一撰挙区撰挙人御中」という感謝の書面に接し[*12]、大いに安心したようである。

ところで、陸奥の『小伝』の「余が和歌山県第一区選出の議員たらんことは、和歌山県多数有志者の企望として余が米国在勤中より勧告し来りたるものなり。此当選は即ち其の結果なり」という一文は、**勝手連による「財産」作りが、政府の高官に対しても行われていたことを、当事者本人が自ら書いている貴重な史料である。**ただし、その前提として、選挙人名簿の作成や「財産」作りに関することを踏まえていなければ、そこに込められた事実を読み取ることなく、見過ごしてしまうかもしれない。

これまで見てきた「財産」作りの事例は、すべて民権派のものであった。民権派の場合は、その活動を通じて、不特定多数の者に接する機会が多く、したがって彼らを信頼する支持者を作りやすかったのである。しかし、この陸奥の『小伝』からは、それが行われたのがけっして民権派のみにとどまるものではなかったことを知りうる。勅任官・奏任官の高官にまで昇進した者は、その出身地の者にとって、自分たちの郷土の誇るべき立志伝中の人物であり、そのような者を、自分たちの地域の代表として国会に送り出そうとすることは、当時の人びとからすれば、ごく当然のことであったであろう。

しかし、表3の一二人についてかなり調べてみても、陸奥以外には「財産」作りの事実を確認することはできない。「財産」作りは、やはり功なり名を遂げた者にとっては、裏面史あり秘史であるので、それらに関する事実は残っていないのである。その意味でも、陸奥の『小伝』は、非常に貴重なものである。

もちろん、この一二人のすべてが、「財産」作りによって被選人の資格を得たものではなく、実際に土地を所有し、地租を納めていた者がいたかもしれない。しかし、表3の一二人の者の半数は、地租納入額が二〇円以下であり、全体として、支持者たちによる「財産」作りの恩恵に浴していたものとみなした方がいいであろう。ただし、津田真道だけは、選挙区が東京なので、支持者には営業税を納める者が多かったものと思われる。

また一二人中で八人が士族である。さらに陸奥は「立志社の獄」により平民となったのであり、もとからの平民は三人にすぎない。もし、「財産」作りを否定するならば、彼らが高官としての政治活動のかたわらで、いかにして土地を集積して、小中地主になったかの、その事実を明らかにする必要がある。

なお、表3はあくまでも当選人だけのものである。落選者をも含めれば、「財産」作りを行っていた政府高官は、ほかにもいたものと思われる。

なお、この一一人のうちで、選挙後に、「吏党」と呼ばれた大成会に参加する者は三人しかおらず、無所属が多数派である。そして、立憲自由党への参加者が二人いることも付記しておきたい。

6 国税納入額一八円未満の者の多さ

以上に見てきたような「財産」作りは、その当時、どの程度、行われていたのであろうか。結論的にいえば、相当な規模で行われていたというべきである。というのは、「財産」作りを抜きにしては説明できない事実、すなわち「財産」作りがあったことを踏まえて、やっと理解できることが多いからである。

たとえば前述のように、当選人の中に士族が多いということである。三〇〇人中の一一一人だっただけでなく、ほかにもかつては武士であったが士籍を失った者や、平民に転籍した者もおり、それらを含めれば一二〇人以上となり、四割を超えるのである。しかし、それはあくまでも当選人に限ったことであり、有力な落選者も合わせれば、少なくても四〇〇人はいたはずである。秩禄処分から十数年で、これだけ多くの士族たちが、土地を買い集めて、かなりの規模の土地所有者となるということは、実際にはありえない。

ただし、「財産」作りが行われたのは、けっして士族のみではなかった。そもそも前述の竹内綱や河野広中や高田早苗は平民であった。以下、属籍にはとらわれずに、全体を見直してみよう。先の表1からも分かるように、当選人のうちで、国税納入額が二〇円以下の者が六五人と多く、全体のうちで約二一・七%に達する。しかし、その中をさらに詳しく見てみると、一五円台が二一人、一六円台が二二人、一七円台が一一人、一八円台が一人、一九円台が九人、二〇円が一人である。つまり、一八円未満の者だけでも合計五四人であり、実に当選人三〇〇人の六人に一人強に達する。このように国税納入額一八円未満の者がきわめて多いのである。

表4は、国税納入額一八円未満の五四人を挙げたものである。ここではまず、前出の島田三郎・高田早苗・中江兆民・植木枝盛のみならず、小林樟雄・石阪昌孝・栗原亮一・箕浦勝人・井上角五郎・犬養毅・加藤平四郎・末広重恭・山際七司・中島信行など民権運動で活躍していた者が入っていることが目につく。また、先の表3に挙げた政府高官も、陸奥宗光をはじめ磯部四郎・杉浦重剛・松延玹・末松三郎の五人いる。これらの民権家や官僚には東京や大阪で活躍していた者が多く、小地主というイメージに結びつけることは困難である。しかし、彼らは候補者となる府県に地租を納入して、そこの選挙人名簿に名前が載っていたのである。

被選人の資格である国税納入額一五円をわずかに超えているにすぎない者が、これほどたくさんいたのである。特に、最初の数人は、一五円ちょうどか、ぎりぎりで超えているだけである。石阪昌孝は「井戸塀」のためかもしれないが、全体として見れば、かなり露骨な「財産」作りの結果と見るのが自然である。このような額では、先に見た村松愛蔵のように、支持者の好意で土地の名義人となったのに、風水害が起こって、その土地が免訴となり、被選人の資格を失うような可能性があったのではないかとすら思える。

表4　国税納入額18円未満の当選人

（単位：円）

氏名	選挙区	族籍	地租	所得税	合計	氏名	選挙区	族籍	地租	所得税	合計
小林　樟雄	岡山 1	士族	15.000	0	15.000	犬養　毅	岡山 3	平民	16.237	0	16.237
坪田　繁	岡山 1	平民	15.000	0	15.000	赤川　霊巌	広島 4	平民	16.393	0	16.393
磯部　四郎	富山 1	士族	15.008	0	15.008	植木　枝盛	高知 3	士族	16.448	0	16.448
小林雄七郎	新潟 5	平民	15.035	0	15.035	川越　進	宮崎 1	士族	9.259	7.250	16.509
石阪　昌孝	神奈川 3	平民	15.046	0	15.046	中島　信行	神奈川 5	士族	16.565	0	16.565
島田　三郎	神奈川 1	平民	15.117	0	15.117	中江　篤介	大阪 4	士族	16.635	0	16.635
長屋　忠明	愛媛 1	士族	15.157	0	15.157	加藤平四郎	岡山 7	士族	16.686	0	16.686
端山忠左衛門	愛知 7	平民	15.223	0	15.223	山田　武甫	熊本 5	士族	16.715	0	16.715
宇都宮平一	鹿児島 4	士族	15.273	0	15.273	末広　重恭	愛媛 6	士族	16.740	0	16.740
遠藤　秀景	石川 1	士族	15.275	0	15.275	香月　恕経	福岡 2	平民	16.806	0	16.806
山田　泰造	神奈川 2	平民	15.351	0	15.351	下飯坂権三郎	岩手 4	平民	16.812	0	16.812
杉浦　重剛	滋賀 1	平民	15.423	0	15.423	天野　為之	佐賀 2	士族	16.871	0	16.871
相川久太郎	石川 2	平民	15.476	0	15.476	瀬戸山為一郎	神奈川 3	平民	16.92	0	16.920
五十嵐力助	山形 2	士族	15.485	0	15.485	陸奥　宗光	和歌山 1	平民	16.932	0	16.932
菅　了法	島根 4	平民	15.591	0	15.591	美濃部貞亮	愛知 11	平民	9.245	7.690	16.935
栗原　亮一	三重 1	平民	15.653	0	15.653	江原　素六	静岡 7	平民	13.548	3.450	16.998
相良 正樹	長崎 6	士族	15.700	0	15.700						
佐竹　義和	広島 7	平民	15.728	0	15.728	青木　匡	兵庫 9	士族	17.000	0	17.000
箕浦　勝人	大分 2	平民	15.837	0	15.837	山際　七司	新潟 1	平民	17.016	0	17.016
松延　玹	茨城 1	士族	15.847	0	15.847	末松　三郎	山口 1	平民	17.290	0	17.290
伊藤　大八	長野 7	平民	15.851	0	15.851	神鞭　知常	京都 6	平民	17.293	0	17.293
						鈴木万次郎	福島 3	平民	14.403	3.000	17.403
高田　早苗	埼玉 2	平民	16.046	0	16.046	中村　弥六	長野 6	平民	17.525	0	17.525
金尾　稜厳	広島 3	平民	16.048	0	16.048	山中隣之助	埼玉 5	平民	17.695	0	17.695
小里　頼永	長野 4	士族	16.052	0	16.052	松山　守善	熊本 6	士族	8.086	9.650	17.736
吉岡倭文麿	島根 6	平民	16.070	0	16.070	佐々木正蔵	福岡 4	士族	12.476	5.340	17.816
安田　愉逸	宮崎 2	士族	16.225	0	16.225	西　毅一	岡山 2	士族	13.936	3.890	17.826
井上角五郎	広島 9	平民	16.234	0	16.234	鹿島　秀磨	兵庫 1	士族	17.968	0	17.968

（注）「衆議院議員名簿　明治二十三年」より作成.

この表4には、岡山県の者が五人も入っている。小林樟雄と坪田繁はちょうど一五円である。岡山県の選挙区は全七区であり、第一区だけが定員二人区であるが、他はすべて一人区であったので合計八人である。ただし、当選人の党派は、自由党系・改進党・保守系といろいろであり、これは偶然かもしれない。

このように、被選人の資格である国税納入額の一五円、あるいはそれをわずかに超えたにすぎない者が、これほど多かったのである。しかし、詳しくは第三章の表11に経歴をゆずるが、それらをつぶさに見ていけば、彼らをもって「ほとんど地主」とすることは、とうていできない。ましてや寄生地主とすることは不可能である。**彼らの多くは、**実際の大土地所有者であったのではなく、**支持者が一五円を少し超えるだけの「財産」作りをして、被選人の資格を得た者**と考えるべきである。

7　府県会議員選挙における「財産」作り

すでに何度も触れたように、「財産」作りは、衆選法が出された一八八九年二月十一日から三月三十一日の間に行われた。それはきわめて短い期間であったので、種々の間違いやトラブルがあったのではないかとも推量できる。そして、そのようなことが起こっていれば、新聞に出ているのではないかとも思われる。

しかし、当時の主要な中央紙やいくつかの地方紙を見てみても、その種の事件どころか、「財産」作りそのものに関する記事が、なかなか見当たらないのである。もしかして、「財産」作りやそれに関連した事件は、当時にあっては、「人が犬を噛んだ」ような珍しいことではなく、あえて記事として取り上げるほどのものではなかったのかもしれない。

このような観点から、日本の選挙史を改めて見直してみると、衆議院議員選挙の前史として、府県会議員選挙が行われていたという事実が注目される。府県会議員の基本的な被選人の資格は、先に見たように、府県会規則第十三条で「満二十五歳以上ノ男子ニシテ其府県内ニ本籍ヲ定メ満三年以上住居シ其府県内ニ於テ地租十円以上ヲ納ムル者」となっていた。つまり、衆議院議員の被選人に比べて、年齢は五歳若く、地租額も五円少ないが、形式としては非常に似ている。さらに、府県会議員選挙では、選挙人名簿のみならず、被選人名簿も作られることになっていた。

府県会は一八七九年の前半のうちに全国で開設された。その基本的な任務は、地方税によって支弁すべき経費とその徴収方法、つまり府県の予算案を「議定」することであった。すなわち、地方税（地租割・営業税並雑種税・戸数割など）の徴収方法と、それによって支弁される費目（河川道路堤防橋梁修繕費・警察費・学校費など）について、府知事・県令の出した案件を審議することである。しかし、府県会がそれを否決した場合でも、府知事・県令は、それに従う必要はなく、そのことを内務卿（内務大臣）に具状して、その指揮を仰げばよいことになっていた。つまり、府県会には、議案の決定権がなかったのである。

また、府県会の会期は三〇日以内とされた。しかし、議員には俸給はなく、会期中の滞在費（日当）と往復の費用を支給されるだけであった。府県会議員は、地域の代表の名誉職なので、必要な経費は自己負担とされたのである。

それらのこともあって、初期には、議員に当選しても、無断で欠席したり、すぐに辞任してしまう者も少なくなかった。当時は交通事情も悪かったので、県庁所在地まで行くことだけでも多くの時間がかかった上に、そこに一か月近くも滞在することは、大きな負担であった。したがって、欠席したり、辞任したりする議員が出たのも無理からぬことであったともいえる。たとえば埼玉県第一回県会は、一八七九年六月二十三日から開かれたが、ちょうど蚕種製造が忙しい時期であったことから、三分の一の議員たちが欠席したという。[*13]

それらのことから、当時の府県会ではしばしば欠員が生じて、ひんぱんに補欠選挙が行われた。栃木県安蘇郡の田中正造が県会議員になったのも、一八八〇年三月の補欠選挙によってであったが、それは前年の第一回県会議員選挙で当選した同郡の四人の議員のうち、三人が辞任したことから行われたのである。

このような事情もあり、多くの府県会では、開設された当初、それを制度として確立させることが急務であり、それを優先した。したがって、選挙人名簿や被選人名簿がどの程度正確に作られていたのか、さらに議員の資格をどれだけきちんと調べていたのかについては、少なからず疑問である。また、一度議員に選ばれてしまえば、次の改選の際には、詳しく審査することもなく被選人となることが多かったものと思われる。

府県会議員を経験した者の伝記や自伝には、〝満二十五歳に達したので、議員になることにした〟というような記述を見ることがあるが、地租納入資格のことに触れているものは見当たらない。つまり、府県によって多少の違いがあっても、初期の府県会議員選挙においては、総じて被選人の資格の有無が必ずしも厳密に問われることはなかったものと思われる。

しかし、一八八二年の後半から、府県会の性格はかなり変わっていくことになる。それは民権運動の展開と関連のあることである。

一八八一年十月には自由党が、また八二年三月には改進党が結成された。そのことから政府は、八二年六月に集会条例を改正・追加して、演説会などの集会に規制を加えるとともに、政治結社が支社を設置することや、他社と連絡をとることを禁止した。そのために、政党は支部を置くことができなくなった。

だが、同年後半の新聞には、各地の○○自由党や○○改進党の動向が出ている。○○というのはそれぞれの地名である。政党の支部が解散を余儀なくされたのに、これはどうしたことなのであろうか。

実は、これらの○○自由党や○○改進党には規約はなかったし、役員もいなかった。それらをもつ独自の組織を作ってしまうと、集会条例に基づき政社としての届け出をしなければならないし、他の組織との連絡もできなくなってしまうからである。したがって、○○自由党や○○改進党といっても、明確な組織としての実態はなく、あくまでもその地域の党員たちの総称なのである。そして、彼らが会合をもつ場合に、その連絡機関としてその名称を使ったのである。

『栃木新聞』の一八八二年九、十月の記事にも、下野自由党（あるいは栃木自由党）や栃木改進党ということばが出てくる。大町雅美は、それらをもって、栃木自由党と栃木改進党が「結成」されたとして強調している。[*14] しかし、「結成」というのはかなりオーバーな表現である。地方の自由党や改進党の党員たちは、集会条例の改正以後も依然として、中央の自由党や改進党に所属していた。そして、党員たちが会合をもつ場合に、栃木自由党とか栃木改進党というような名称を用いたのである。ただし、地方の政党の中には、集会条例の改正・追加により政党支部が置けなくなった後も、旧支部の建物や住所をそのまま使っているところもあったことはいうまでもない。もっとも、それが実態のある存在として誤解されることになる。

ただし、この頃の各地の党員たちには府県会議員が多かったし、彼らが○○自由党や○○改進党の会合での中心であることも少なくなかった。県会議員は、地域の代表として選ばれた者たちであるから、それは当然なことである。

県会議員たちは、地域の代表として、県令の出した予算案に反対したり、否決することもあった（その場合、県令は内務卿の指示により処置した）。さらに、多くの県会では、「郡長公選ノ建議」や「戸長公選ノ建議」を可決して、県令に提出している。さらに少し後のことであるが、「遊郭廃止ノ建議」を可決した県会も少なくない。これらの過程を通じて、地域の自由党や改進党は、単なる党員の連絡機関ではなく、結集の拠点となっていくのである。

しかし、府県会が民権派によって占められることは政府にとっては好ましいことではなかった。そのことから、右大臣岩倉具視は一八八二年十二月十四日に、府県会の中止を求める意見書を提出している。それは、福島県で三島通庸県令の進めた三方道路開鑿工事に反対する会津の人たちによる喜多方事件が起こった後のことである。三島は、この事件の背後には、「専制政府顚覆」をもくろむ自由党の県会議員である河野広中たちがいるとして、福島自由党の壊滅をめざしていたことはよく知られている。

府県会の多数派を民権派が占めることは、かなりの県会で見られたことである。たとえば栃木自由党と栃木改進党が「結成」された後の栃木県会では、のちの表19（第四章）のように、一八八四年六月の第三回半数改選の後の議員数は、改進党が一六人、自由党が一一人、中立が一〇人であったが、一八八八年三月の第五回半数改選の後には、改進党が一九人、自由党が一六人、中立が三となり、一八九〇年三月の第六回半数改選の後の議員数は、改進党が一三人、自由党が二四人、中立が一人となるのである。つまり、栃木県会では、中立派の議員は次第に減り続けて、やがて一人だけになり、ほかはすべてが民権派になるのである。当然ながら、議長・副議長・常置委員の全員が両党の議員であった。

通説では、一八八四年十月に自由党が解党し、同年十二月に改進党も総理大隈重信と副総理河野敏鎌が脱党して党の体制が弱まり、それ以降、民権運動は終焉に向かうとされてきた。しかし、地方においては、自由党も改進党も、なお健在であったのである。もっとも、それが明確な規約をもち、役員を置いた組織ではないことは、前述の通りである。ただし、多くの場合、その中心となったのは県会議員であった。このようなことから、内務省は種々の手段を使って、府県会内の民権派の力を弱めようとしたのである。

その第一の手段は、府県会内の自由党・改進党のリーダー格の議員を抜てきして、郡長に任命することである。郡長は郡役所の長であるが、内務官僚（奏任官扱い）であるとともに、年俸は六〇〇円という高額であった。県会議員は無給であるから、任命された者は名誉と高給が得られることになる。それは、府県会の民権派を弱めるために用意された、あからさまな一本釣りであった。

もちろん、郡長への就任を断った者もいるが、受諾した者もいた。栃木県の初期の民権運動の指導者の一人であり、栃木県会の二人目の議長であった横堀三子《さんし》は、芳賀郡長になるのである。また、茨城県の早期の民権結社絹水社の創設者であり、県会創設期からの議員であった赤松新右衛門も、結城・豊田・岡田三郡の郡長に就いた。

しかし、一本釣りになった者は、民権派からすれば、明かに裏切り者である。そのために、横堀が第一回総選挙の時に芳賀郡の候補者になった際には、詳しくはのちに第四章2(3)で述べるが、県内の自由党の全面的な支援を受けた愛国公党の中山丹治郎から、その無節操ぶりを激しく攻撃されることになる。

そして、内務省の第二の手段が、被選人の資格を規則通りに厳格にしたことであり、府県を通じて、町村戸長に被選人名簿の再調整を命じたのである。

当時の府県会では、自由党、改進党、中立および県令・知事支持派（あるいは帝政党系）の三〜四派が、しのぎをけずることが繰り返されていた。このような中にあって、それぞれの各派が、有能な者を議員として県会に送り込もうとすることは、ごく自然なことであった。特に、自由党や改進党のリーダー的な人物には、県会議員になることが求められたのである。また、民権派でなくても、名望家にとっては、地域の支持を得て議員になるということが、ステータス・シンボルになっていた。実は、「代議士」という言葉は、今日では、もっぱら衆議院議員を意味するが、すでに一八九〇年の国会開設以前も使われており、それは府県会議員を意味していたのである。

その際に、新しく議員になろうとする者にとっては、府県会規則第十三条の納税資格は、資産のない者にとっては厳しいハードルであった。しかしそれは、府県会議員をめざす者にとっては、越えなければならないものであった。そして、そのために行われたのが、「財産」作りであったのである。

ただし、府県会議員選挙において、「財産」作りが行われていたことが書かれている史料・文献を見つけることは、総選挙の際の「財産」作りの事実を見つけ出す以上に困難なことである。

それでも、それが確実に行われていたことを知るうる史料がある。それは、愛媛県警察部が作成した「政党沿革史　明治三十年七月」というもので、同県の警察署長会議の際に配布された文書の一つである。ただし、それが発見されたのは七三年後の一九七〇年であり、『愛媛県警察史』を編さんしている過程でのことであるという。しかし、今では『愛媛県史　資料編近代2』（一九八四年）に所収されているので、その全文を読むことができる。

この「政党沿革史」には、一八七五年から九〇年十二月までの愛媛県の民権派の動向が、かなり克明に記されている。それを読むと、警察がいかに詳しく民権派の動向を探っていたのかが分かる。ここでは、その「（明治）十九年三月日不詳」で始まる部分を引いておくことにする。

藤野政高温泉郡県会議員ニ、岩本新造下浮穴郡県会議員ニ当撰ス、

先是県会議員半数改撰ノ挙アルニ際シ藤野政高温泉郡県撰出ノ議員タランコトヲ欲シタルモ資格ノ為メ目的ヲ達セス、然ルニ同郡藤原村吉田唯光ハ財産家且ツ藤野トハ親密ノ間柄ナルヲ以テ政高ハ一夕吉田ノ居宅ヲ叩キ乞フ、曰ク余県会ニ志アリ今ヤ半数改撰ノ挙アル実ニ遭フ可カラサルノ時機ト云フ可キモ如何セン地所ヲ有セサルヲ、願クハ君余カ為メニ臂ヲ添ヘ目的ヲ達セシメヨト、唯光ハ初メヨリ政高ノ人トナリヲ愛シ、且ツ平素崇拝シ居ルカ故ニ、直チニ之ヲ諾シテ曰ク、君憂フル勿レ万事余ノ胸中ニ在リト、終ニ地租金拾円ニ相当スル地所ヲ貸与シ之レカ資格ヲ得セシメ且ツ政高ノ為ニ奔走セリ、政高欣然措ク所ヲ知ラス、夫レヨリ政高ハ其資格アルコトヲ海南新聞ニ広告ス

ル等陰ニ陽ニ百方手段ヲ施シ終ニ目的ヲ達セリ、岩本新造ハ山口県人ニシテ当時松山千船町ニ寄留中ナルカ故ニ下浮穴郡西野村ニ転籍シ同村宮脇信好（前県会議員当時同郡高井村外六ヶ村戸長）ノ地所ヲ借リ受ケ百方奔走終ニ目的ヲ達セリ、

（カッコ内は二行分かち書きの部分。傍点は稲田）

このように、一八八六年三月に行われた愛媛県会議員半数改選で、二人の者が、支持者が「地所ヲ貸与」したことにより資格を得て、当選したということが書かれているのである。ただし、当時の土地の貸借関係において、単なる貸与では、地租の納入者は依然として貸主のままであるので、ここでいう「貸与」というのは、その土地の名義人をも形式的に借主のものと変えたものと思われる。そうしない限りは被選人の資格が得られないからである。したがって、吉田唯光の藤野政高への「地所ヲ貸与」したことや、岩本新造が宮脇信好から「地所ヲ借リ受ケ」たというのも、名義人の変更を含むものと考えるべきである。以下、それを「地所の貸与」と呼ぶことにする。

ともかく、温泉郡の藤野政高は、同郡藤原村の財産家である吉田唯光が、以前から藤野の人格を愛し、彼を崇拝していたので、藤野の依頼に応じて、議員となる資格に必要な地租一〇円に相当する「地所ヲ貸与シ」たのみならず、藤野が被選人資格者であることを、『海南新聞』に載せて、広く知らせるなど、その当選に尽力したという。また岩本新造は、山口県人であり、松山千船町に寄留中であったが、やはりこの選挙のために下浮穴郡西野村に転籍し、同村宮脇信好の「地所ヲ借リ受ケ」て、当選したのだという。

警察の文書をすべて事実とすることはできないが、ともかく藤野が士族であり、一八八六年三月の半数改選の以前は県会議員になっておらず、この時にはじめて当選したことは、『愛媛県議会史 第一巻』（一九七五年）の「七　第五回県会議員選挙」からも明らかである。藤野が愛媛県の自由党系の運動ではリーダーであったにもかかわらず、それまでは県会議員になっていなかったのは、やはり被選人の資格が原因であったとしても間違いないであろう。

藤野政高は、早い時期から愛媛県での自由民権運動に加わり、公共社→松山自由党→海南協同会という愛媛県の自由党系の組織の中心人物であった。藤野は、代言人としても活躍し、松山代言人組合会長に推されるほどの人望があった。しかし、海南協同会のリーダーとしては、やはり県会議員になる必要があったし、また自分でもその意思が強かった。しかし、旧松山藩士である藤野には、一〇円以上という納税資格がなかった。そこで、財産家の吉田唯光にそれを依頼し、快諾を受けて選挙で無事に当選したのである。右の文中の「唯光ハ初メヨリ政高ノ人トナリヲ愛シ、且ツ平素崇拝シ居ルカ故ニ、直チニ之ヲ諾シテ曰ク、君憂フル勿レ万事余ノ胸中ニ在リト」という個所は、活動家と支持者との強い信頼関係を示すものであり、きわめて感動的なものである。**このような資格の取得の仕方は、のちの〝Win-Win型の「財産」作り〟と同じといってよい。**

もう一人の岩本新造の経歴は分からないが、おそらくやはり海南協同会に属していた者と思われる。岩本の場合は、山口県人で松山に寄留中であったが、下浮穴郡西野村に転籍して同村宮脇信好から「地所ヲ借リ受ケ」て、そのまま県会議員の半数改選に臨んだようである。[*15]

ともかく、一八八六年の愛媛県会議員半数改選選挙では、このような支持者が「地所ヲ貸与シ」たり、選挙に出ようと思う者が「地所ヲ借リ受ケ」たりすること、つまり「地所の貸与」による「財産」作りが行われていたのである。

その後、藤野は、一八八九年一月に「予讃分離」（愛媛県から旧讃岐国が分離して香川県となったこと）後の新しい愛媛県会議員選挙（総改選）が行われた際にも再び当選する。そして、翌九〇年には、県会常置委員に選ばれ、さらには県会議長になっていくのである。もっとも、藤野は海南協同会、さらには愛媛県の大同団結運動のリーダーであったから、それは当然であったともいえる。

さらに藤野は、第一回総選挙で第一区（定員二人）の候補者となり、一六七九票を獲得して第一位で当選する。県会議員選挙においてすら「地所の貸与」を受けていたのであるから、総選挙でももちろん「財産」作りがなされたものと思われる。「衆議院議員名簿　明治二十三年」によれば、藤野の国税納入額は、地租一四・五七八円、所得税五・〇〇〇円、合計一九・五九七円である。国税納入額では昇順の六三位にあるが、地租のみでは昇順で一五位とかなり低い。

さて、府県会議員選挙に戻ると、ともかく愛媛県警察部の「政党沿革史　明治三十年七月」に記載されている二人は、「地所の貸与」によって愛媛県会議員になることができたのである。つまり、「財産」作りと実質的には同じことがすでに行われていたことを確認できるのである。

第一回総選挙での当選人のうちで、府県会議員の経験者は、二〇〇人に達する。そのうち、士族は六四人である。だが、府県会議員になるには、地租一〇円以上を納めていなければならなかった。しかし、これだけの数の士族が、それだけの土地を所有していたとすることは不可能である。つまり、彼らのすべてがそうではないにしても、府県会議員になる際に、やはり「財産」作りを経験していたとしても、けっし間違いではないであろう。というよりも、もしそれを否定するならば、やはり士族である彼らがどのようにして地租一〇円以上を納めるだけの土地を所有したのか、別の証拠を示さねばならない。

しかし、府県会議員の被選人資格者に対する厳格さの度合いは、時期と府県により違いがあり一様ではない。[*16] ただ、議員の中の民権派が増えるようになってから以降、厳しくなったところが多いことは事実である。そして、そのようになると、「財産」作りが必要になり、右の愛媛県での「地所の貸与」のようなことが行われたものと思われる。

衆議院と府県会とでは、その権限において、天地の差があった。また、衆議院議員の歳費は八〇〇円であったが、府県会議員はあくまでも名誉職であり、給料はなかった。しかしながら、被選人の資格においては、ともに一五円あるいは一〇円という納税資格が必要であったことでは共通している。そして、それは資産のない者には、かなりのハードルであった。それでも、議員になる必要がある場合には、支持者たちの支援を得て、その「財産」を作ったのである。

つまり、総選挙の一年前に、かなり、全国的に「財産」作りが行われたとしても、それは特に目新しいことではなかったのである。この節の初めの方で、当時の新聞には、「財産」作りに関する記事がなかなか見当たらないということを述べた。だが、その理由は、そのことを踏まえれば納得がいく。つまり、かなりの規模で「財産」作りが行われようとも、**それは当時の人にとってはすでに見たことのある風景であり**、そこで多少の間違いやトラブルがあったとしても、それはせ**いぜい「犬が人を噛んだ」程度のことにすぎなかった**のである。

まとめ――「財産」作りの歴史的役割――

ここで、「財産」作りについてまとめておくことにしよう。

「財産」作りは、支持者たちが、自分たちの代表として衆議院議員になって欲しいと思う者のために行ったものである。

ところで、こうした行為は違法ではなかったのであろうか。この点に関して、最もかかわりがありそうな法律は、衆選法「第十三章　罰則」の第八十九条「納税額年齢住所及其他選挙資格ニ必要ナル事項ヲ詐称シ選挙人名簿ニ記載セラレタル者ハ、四円以上四十円以下ノ罰金ニ処ス」である。「財産」作りは、この「納税額」の「詐称」に当たらないかどうかということである。

しかし、この条文は、あくまでも詐称を対象としたものであり、事実と違うことが選挙人名簿に記載されていた場合の罰則である。たとえば、納税額が一五円未満であるのに一五円以上となっていたり、年齢が三十歳未満であるのに、生年月日を偽ったことにより三十歳以上となっていたような場合である。

しかし、「財産」作りは土地の名義人の変更であり、当事者同士が同意の上で署名・捺印をして登記をしたものであり、けっして詐称ではない。したがって、法律上は特に問題はないのである。

ただし、支持者たちの好意によって土地の所有者となった者が居直り、その所有権を主張した場合には、それを法的にとがめることは不可能である。しかし、そのような事例を見つけることはできない。「財産」作りは、支持者と被選人になる者との相互信頼に基づくものであり、所有者として居直ることは、その信頼を破るだけでなく、自らの人格を否定することである。したがって、それは可能性としてはありえても、実際に起こったことが確認できないのである。

支持者たちは、そのようなことは起こりえないと信じていたし、万一そのような事態になったとしても、それには何らかの事情によるものであり、それでもよいという気持ちをもっていたものと思われる。これが「財産」作りの前提である。「財産」作りは土地の所有権の異動を含むものであり、その点では、現代の普通選挙制度の下での勝手連よりも、はるかに強い信頼関係の上に成り立つものであったといえる。[*17]

そのような信頼関係の上に、中江兆民は支持者たちから「失礼ながら財産等の事は如何様共致すべければ……」と告げられたのである。また、河野広中の支持者たちは、印鑑の偽造をしてまで、彼を被選人にしたかったのである。

それは、〝Win-Win型〟でも同じであり、高知県の自由派の者たちは、植木枝盛ら四人が、民権活動家として実績のある者であることを周知していたからこそ、県内の自由派を挙げての応援態勢を組んだのである。

改めて強調しておくと、「財産」作りは、支持者たちの信頼を前提にして行われたものである。表現を変えるならば、「財産」を作られた者は、被選人になるのに必要な財産はなかったが、**支持者たちの信頼という「人格的財産」をもっていた**のである。そして、彼らはその「人格的財産」によって、候補者となり、総選挙で当選したのである。

彼らの中には、もし「財産」作りが行われなかったとすれば、衆議院議員になることができなかった者も少なからずいた。このことからいえば、**「財産」作りは、野に埋もれたままに終わったかもしれない有能な人士を、国政の場に送り出す方法であった**ともいえる。つまり、彼らは、支持者たちから「人格的財産」を有する人物であると認められたことにより、衆議院議員となり、その優れた能力を、国会という場で発揮する機会をもつことができたのである。ここに、「財産」作りが果たした大きな意義がある。

また、「財産」作りには、一五円以上の地租を納めるほどの土地をもっていない者でも加わることができたことも忘れてはならない。土地所有の規模にかかわらず、その意思さえあれば、その一員になりえたのである。つまり、**「財産」作りは、選挙人の資格のない者でも選挙に参加できる方法でもあったのである。**

さらにそのほか、資産らきしものがほとんどない者でも、候補者たちの演説会に参加し、支持する者の演説に対しては「ヒヤヒヤ」と叫び、支持しない者の演説に対しては「ノーノー」と発したことはいうまでもない。それは、民権期の演説会と同じである。しかし、これもまた、当時の人びとの総選挙への参加のあり方であった。

このように、当時に総選挙には、選挙人資格のない小土地所有者たちも、さらに土地すらない者でも、それなりの方法で、参加していたのである。この点からいえば、総選挙は民権運動から断絶したものではなく、その延長線上のものでもあったといえる。したがって、〝初期の総選挙では、選ぶ者も、また選ばれる者も、ほとんどが地主であり、それ以外の国民は、総選挙とはまったく無縁であった〟とする見方は、あまりにも一面的であり、国民の約一・一四パーセントにすぎない選挙人以外の人びとの動きに目をとざすものである。

もちろん、陸奥宗光のように立身出世を遂げて政府高官になり、地域の誇るべき人物となった者に対しても、「財産」作りが行われたことは、前述の通りである。しかし、現在の時点から、「財産」作りが明確に確認できる者のほとんどは、民権運動で活躍した者である。彼らは演説会や懇親会などで多くの人に接する機会があり、人びともそれらを通じて、彼らの言動を具体的に理解したり、活動の実績を知ることができたので、信頼を寄せるに十分な人物であると納得したのである。民権運動は、活動家と人びとの間に、そうした関係を作り上げたのである。

最後に、「財産」作りが果たしたさらに大きな歴史的役割についても触れておきたい。ここでは、「財産」作りがなければ衆議院議員になることのなかった河野広中・尾崎行雄・島田三郎の三人の行ったことを取り上げる。

憲法第五条を引いて、国会は天皇の立法権を「協賛」する機関でしかなく、天皇制の装飾品にすぎないとするのは、「序章」で挙げた後藤靖などの講座派の見解である。しかし、実際には、「民党」（自由党・改進党）の議員たちは、議会開設の初期から、日本の国会を西欧の議会のあり方に近いものにしようとして闘っていたのである。よく知られているように、初期議会では毎年、次年度の予算案の審議権をめぐり、「民党」は超然主義をとる山県・松方内閣との間で激しい攻防を展開した。そして、その際に最も積極的に活躍した者がこの三人である。

政府は、憲法第六十七条を盾にして、天皇大権に基づくものなどの三つに関する費目については、議会が「廃除」「削減」することはできないという対応をかたくなに取り続けていたが、そのような中で、第二・第四議会において軍艦製造費など海軍予算の縮小を迫ったのは島田三郎であった。また第四議会において、予算委員長として、自由・改進の野党連合を堅持して、予算案の削減を実現するために尽力したのは河野広中であったし、そこで渡辺国武蔵相との間で「一銭一厘問答」[*18]を展開したのは尾崎行雄であった。

彼らの活躍によって、第四議会の一八九三年二月、「和協ノ詔勅」とその後の「公約」が出され、それ以後、国会で予算案の審議すること自体を拒否する超然主義的な態度をとる首相・閣僚はいなくなり、やがて予算案の審議は通常議会の最大の議題となっていくのである。

さらに、二十世紀になってからの彼らの活躍もよく知られている。たとえば、一九一二年十二月、「二個師団増設問題」で第二次西園寺内閣が総辞職を余儀なくされて第三次桂内閣ができると、憲政擁護運動が展開される。その最中の二月五日に、尾崎行雄が行った桂首相不信任決議案の賛成演説は、日本の演説史の残る名演説である。そこには「新帝ヲ擁シテ、天下ニ号令セントスルガ如キ位置ヲ取ツタガタメニ、……常ニ玉座ノ蔭ニ隠レテ、政敵ヲ狙撃スルガ如キ挙動ヲ執ツテ居ルノデアル、彼等ハ玉座ヲ以テ胸壁トナシ、詔勅ヲ以テ弾丸ニ代ヘテ政敵ヲ倒サントスルモノデハナイカ」という一節がある。この直後、詔勅により、議会は五日間の停会となるが、再会後の十一日、桂内閣はわずか五三日間で総辞職するのである。

また、シーメンス事件における島田三郎の活躍も大きかった。というより、この事件は、一九一四年一月二十三日の衆議院予算員会における島田の質問から始まったのである。そして、二月十日の島田の衆議院本会議での山本内閣弾劾決議案に対する賛成演説もまた、近代日本の演説史に残る名演説である。[*19]その直後から、高官の拘引が相次ぎ、結局、この時の議会では、次年度予算案が不成立となり、三月二十四日、山本内閣は総辞職を余儀なくされる。

この時は「島田が舌で政府を倒した」とまでいわれた。詳細な資料に基づき、理詰めで追及する島田の卓越した弁舌の力が政府を倒したのである。島田は、議会が予算の審議権を獲得する際に大きな役割を果たしたが、ここではその権限を最大限に使って政府を追い詰め、内閣総辞職にまで追い込んだのである。

右の島田・河野・尾崎の三人は、みな「財産」作りによって議員となった者たちである。もし、彼らがいなかったとすれば、はたして初期議会のうちに、議会が予算案の審議権を獲得していたかどうかは分からない。また、第一次護憲運動がどうなっていたか、さらにシーメンス事件が起こっていたかどうかも不明である。[*20]

彼らのいない議会は、まさに講座派のいうような「衆議院議員=ほとんど地主」の状態となり、国会は「天皇制絶対主義の飾り物」になっていたかもしれない。しかし、実際には、けっしてそうではなかった。この三人をはじめ、「財産」作りによって衆議院議員になった者を含めて、国会をできるだけ西欧近代国家の立法機関に近いものにしようとする議員たちの闘いによって、議会は法案の審議権のみならず、予算案の審議権、さらには条約の承認権をも慣例として獲得し、やがては政党内閣をも実現していくのである。

『帝国議会衆議院議事速記録』を読んでいくと、**それらの闘いの中で活躍した議員たちが、日本の国家と国民について、いかに真剣に議論していたかを知りうる。時には、その理想の高さや意気の強さに感動を覚えることもある。しかし、そのような議員たちの少なからざる者は、「財産」作りによって代**

議士になった者たちであるということもまた、忘れてはならない。

少し極端になるかもしれないが、**「財産」作りが行われたがゆえに、日本の立憲政治は発展したとすらいえるのである。**そして、タテマエの国税納入額に何の疑問もいだかずに、それを実際の納入額として、「衆議院議員＝ほとんど地主」と規定し、「初期議会＝地主議会」と決めつけてきた旧来の研究は、ほぼ全面的に書き換えられねばならない。

世の中には、「人格」という金額では表すことができないものがあり、それが歴史を動かすこともあるのである。「財産」作りは、まさにそのことを物語っている。

注

＊1　以下、衆選法から引用は、『法令全書　明治二十二年　一』による。なお、原文には、句読点やルビはないが、必要最低限に限り付しておくことにする。

＊2　国立国会図書館の「近代日本デジタル・ライブラリー」からのダウンロードによる。

＊3　「国会議員は御断り申す」（『日本』一八八九年二月二十日。『中江兆民全集』別巻〈岩波書店、一九八六年〉四二ページ）。

＊4　『中江兆民全集』別巻（岩波書店、一九八六年）四三ページ。

＊5　「兆民先生」（『幸徳秋水全集』第八巻、明治文献、一九七二年）四〇ページ。

＊6　西成郡役所に届け出られた国税額について、松永は「所得税額等」と書いているが、これは誤りであり、正しくは地租額である。

＊7　高知県の帝政党系の組織は、総選挙の時には、「国民党」を名乗っていたようである（『片岡健吉先生伝』〈湖北社、一九三九年、一九七八年覆刻版〉五八七ページ）。しかし、ここでは、帝政党で統一しておく。

＊8　これは『愛岐日報』一八八一年九月二十九日・三十日に掲載されたものである（家永三郎・松永昌三・江村栄一編『新編 明治前期の憲法構想』〔福村出版、二〇〇五年〕四〇八〜四一一ページに所収）。ただし、全七章のうち、第一・二章文は未発見である。

＊9　以下の尾崎の略歴は基本的には、伊佐秀雄『尾崎行雄伝』（尾崎行雄伝刊行会、一九五一年）による。なお、尾崎に関する伝記や研究は、彼を評価し顕彰するものがほとんどであるが、そのような中で、奈良岡聰智「「憲政の神様」から見た憲政史」（尾崎行雄『民権闘争七十年　咢堂回想録』〔講談社文庫、二〇一六年〕の「解説」）は、尾崎の生涯を近代日本政治史の中に位置づけた好論である。

＊10　尾崎の自伝や伝記では、「英学校」となっているが、当時の度会県には英学校はない。ただしくは、宮崎語学校である。この点に関しては、西田善男『明治初期における三重県の外語学校』（三重県郷土資料刊行会、一九七二年）の「第一章　度会県の外語学校」が詳しい。

＊11　陸奥については、基本的に陸奥宗光伯七十周年記念会編『陸奥宗光伯小伝・年譜・付録文集（『小伝』と略すこともある）』（霞関会、一九六六年、非売品）による。また、伝記としては、渡辺幾治郎『陸奥宗光伝』（改造文庫、一九四一年〔初版は、改造社出版、一九三四年〕）、岡崎久彦『陸奥宗光とその時代』（PHP研究所、一九九九年）などを参照にした。なお、萩原延寿「陸奥宗光紀行」（『日本の名著35　陸奥宗光』〔中央公論社、一九七三〕所収）は密度の高い作品である。

＊12　篠田正作『明治新立志編』（鐘美堂〔大阪〕、一八九一年）一八三〜一八四ページに全文が所収されている。また、前出の渡辺幾治郎『陸奥宗光伝』（改造文庫）一九七ページにも所収。

＊13　『新編埼玉県史　通史編5　近代1』（一九八八年）三一〇ページ。

＊14　『自由民権運動と地方自治　栃木県明治前期政治史』（随想社、二〇〇二年）八五ページ。

＊15　『愛媛県議会史 第一巻』（前出）一二〇七〜〇八ページには、一八八六年三月に行われた第五回県会議員選挙の当選者として、温泉郡のところに藤野政高の名は出ているが、岩本の名はない。ただし、一二二八〜一二二九ページの「〈表1〉明治一九年一〇月臨時県会議員議席番号並姓名表」の「四二番」には「下浮穴郡　岩本新蔵」とあるので、

岩本が当選したのは、この時の選挙ではなく、その後に行われた臨時県会議員選挙であると思われる。

＊16　被選人の資格については、都市部では必ずしも厳密ではなかったようである。たとえば、実は島田三郎は、「明治十四年の政変」で下野して間もなく、一八八二年三月の神奈川県会議員選挙で、横浜区選出の議員となり、さらに議長にもなっていたのである。おそらく、この時期には、被選人の資格はあまり問題にならなかったのではないだろうか。

さらにまた、先に見たように極貧をきわめた尾崎行雄も、一八八五年に日本橋区選出の東京府会議員になっている。かなり遅い時期であるが、東京府のような都市部では、府県会規則第十三条の「地租十円以上ヲ納」める者という規定を厳密に適用すると、被選人資格者が限られてしまうので、黙過されたのかもしれない。ただし、この点は、断定することがむずかしい。しかし、尾崎は総選挙の時には、父親の隠棲地である三重県第五区を選挙区とした。それは、東京府県会議員の時の選挙区であった日本橋区の支持者たちによる「財産」作りが、行われなかったためとも見ることができる。つまり、尾崎が東京府会議員になった際には、被選人資格者はそれほどには厳格ではなかったことの反映といえるかもしれない。

＊17　「財産」作りという方法が生み出された歴史的背景を探り当てることはなかなか難しい。ただし、近世の土地貸借における「金子有合次第請戻」慣行が、その一つといえなくもない。

近世において、農民同士の土地売買は、領主的土地所有をくずしかねないものであったので、土地永代売買禁止を大原則としていた。しかし、商品経済の発展につれて、次第に質地や、さらには流地も増えていった。とはいえ、年季が過ぎて流れた土地でも、返済すべき金額をそろえて、貸し主にもって行けば、いつでも土地の請戻しが可能であった。これが「金子有合次第請戻」である。実際に、年季を三〇年、さらには五〇年を過ぎてからの請戻しも行われていたようである。しかしやがて、幕府は期限のない請戻しを認めないことにして、一七一八（享保三）年に、年季の期限を一〇年とし、それ以後は請戻しを認めないとした。とはいえ関東などの東日本では、その慣行が近代に入っても続いていた。

しかし、明治政府は、土地売買の自由を解禁するとともに、近代法の整備を急いだ。そして、一八七三年一月十七日に「地所質入書入規則」を出して、土地の質入年季の限度を三年とし、ついで同年三月二十七日に「司法省布達第四十六号」を出して、流地と年季明け後の請戻しをいっさい禁止した。そして、年季が過ぎても債務を返済できない場合には、裁判所が担保地の糶売《せりうり》(=競売)を行い、それによって債務を決済することにした。

しかし、糶売による決済では、貸金の元本と利子の全額に満たない場合もあり、私的所有権の保護という近代法の精神からは不十分なものであった。そこで、一八七四年五月十二日、「地所質入書入規則」第十条・第十二条を改正して、そのような場合には、他の不動産・動産の限りを売り尽くして返済するという身代限処分が明記された。

このことから、松方デフレ期には、多くの身代限処分者が生まれることになった。この時期には、土地の価格も大きく下落したことから、担保地の糶売だけでは負債の決済ができずに、その他の土地やさらには動産をも失う者が多数輩出したのである。そして、困民党などの負債農民騒擾が起こることになった。負債民たちは、旧来の土地貸借慣行に基づき、借金の据置きと永年賦返済を求めたのであるが、所有権の保護を目的とする近代法が施行され、それに基づく新しい負債の決済方法が適用された時期においては、「温情」ある債主の裁量による場合以外では、その要求が容れられることは少なかった(以上に関しては、拙著『日本近代社会成立期の民衆運動　困民党研究序説』〔筑摩書房、一九九〇年〕第四~六章を参照されたい)。

このような「金子有合次第請戻」という土地貸借慣行が、「財産」作りの歴史的背景の一つにあったとすることができるかもしれない。しかし、この慣行はあくまでも借主が年季内に借金を返済できなかった場合のことである。さらに貸主がそれを認めない場合には、負債農民騒擾となることもあった。

それに対して、「財産」作りは、あくまでも合意の上での土地の名義人の形式的変更であり、借金とは関係がない。そもそも「財産」作りは、相互の信頼関係の上に行われるものであり、その点では、「金子有合次第請戻」慣行とはまったく逆である。さらに、西日本では、「金子有合次第請戻」慣行は、江戸時代の初期から見られなくなっており、松方デフレ期にも負債農民騒擾もほとんど起こっていない。それに対して、「財産」作りは西日本を含めて全国的に見られたことである。

このように、両者にはそれほどの関連はないといえる。ただし、あえてそこに何らかの関係を見つけようとすれば、「財産」作りが行われ始めたのが、府県会議員選挙における被選人資格が厳格になった時期であり、それが松方デフレ期と重なるということである。ただし、そこから積極的な関係を引き出すには、やはり具体的な事例を挙げる必要があり、ここでは軽々な議論は控えたい。

＊18 一八九三年一月二十六日の衆議院での質疑で、尾崎行雄が「一銭一厘タリトモ政府提出ノ原案ト違テハ、行政機関ノ運転ヲ滑カニシ、法律上ノ責務ヲ尽スコトカ出来ヌト言フノテアリマスカ」と質問したのに対して、渡辺国武大蔵大臣が「其ノ通リテアリマス」と答弁し、衆議院が休会となる原因となったもので、日本の議会史上で有名な問答の一つである。

＊19 この演説は、街頭社編輯部編『帝国議会舌戦史 附・憲政獲得史』（街頭社、一九三二年）の第四編一「大正政変（第三十・三十一議会）」に所収され、「武人銭を愛す」という表題が付けられている。

＊20 一九〇〇年三月二十九日の衆選法の改正により、被選人の財産資格はなくなり、満三十歳以上の男子で欠格者でない者は、被選人となりうることになる。しかし、「財産」作りが認められなかったとすれば、島田・河野・尾崎のみならず、少なからざる者は、それまでの全六回の総選挙の候補者となることはできなかったはずである。したがって、その間に、彼らは違った人生を送っていたはずであり、衆選法が改正されたからといって、必ずしも衆議院議員となっていたということはできない。

第二章　第一回総選挙はどのように行われたか

第一回総選挙の投票は、一八九〇年七月一日の朝七時から夕方六時まで、全国の市・区役所や町村役場などに設置された投票所で行われた。ごく一部の地域で、交通事情や不手際のために遅れたところもあったが、[*1]四五府県（沖縄と北海道を除く）のほぼ全域で、この日に実施されたのである。

この総選挙の時の選挙人数は四五万三六五人であり、投票者数は四二万二七二九人であったので、投票率は約九三・九％であり、[*2]これは、現在までの総選挙の中で最高である。

「まえがき」にも書いたように、全国で四〇万人を超える多数の者が、特定の一日に、同じ政治的行動をとったということは、それまでの日本の歴史上では空前のことであり、この点で一八九〇年七月一日という日は、特別な日であったといえる。

本章では、この総選挙がどのように行われたのか、その概要を見ておくことにする。

総選挙に関する法令としては、次の四つが出されていた。

①衆議院議員選挙法　全十四章百十一条および附録（一八八九年二月十一日、「法律第三号」）
②衆議院議員選挙法施行規則　全三十条（一八九〇年一月九日、「勅令第三号」）
③衆議院議員選挙事務取扱方　全十六条（一八九〇年一月十七日、「内務省訓令第二号」）

④衆議院議員選挙法罰則補足　全四条（一八九〇年五月二十九日、「法律第四十号」）

①は憲法の発布と同時に出されたものである。憲法の第三章「帝国議会」の第三十五条に「衆議院ハ選挙法ノ定ムル所ニ依リ公選セラレタル議員ヲ以テ組織ス」とあり、その選挙法がこの衆議院議員選挙法である。これは、総選挙に関して最も重要な法律であり、全十四章百十一条および附録（選挙区割）からなる長文のものである。[*3]この法律は、本書では、しばしば出てくるので、以下「衆選法」と略記することにする。

なお、この衆選法が出されてから間もなく、同年四月一日に「市制」が公布され、翌九〇年四月までに全国で四〇の市が誕生する。そのために、この衆選法の中には、それを踏まえて、すでに「市長」や「市役所」という名称が使われている条文もある。しかし、それは必ずしも一貫してはおらず、その点では、不完全な法律といえる。

②は、第一回総選挙の半年前に出されたものであり、全三十条からなる。内容は、衆選法と重複するものも少なくないが、選挙人・被選人の資格をより明確にするとともに、投票の手続きについて、詳しく規定したものである。

投票の手続きについては、選挙管理者である区長・市長・町村長を通じて選挙人・被選人資格者に知らされたが、七月一日の投票日が近づくにつれて、新聞でも詳細に報じられた。

③は、府県に対して出されたものであり、投票所や投票用紙など、選挙事務に関して規定したものである。

④は全四条の短いものであるが、選挙運動が全国的に白熱化していくにつれて、種々の問題が起こっ

てきたので、それに合わせて衆選法第十三章「罰則」の一部をより詳しくしたものである。

これらの法令に基づく総選挙は、第一回から第六回（一八九八年八月十日）まで行われた。その後、一九〇〇年三月二十九日に改正された衆選法が公布されて、選挙人資格が直接国税一〇円以上に引き下げられるとともに、被選人資格が廃止されたほかに、小選挙区制が大選挙区制になり、さらに三万人以上の市は独立選挙区になるなど、選挙制度が大きく変わることになる。

この章で見るのは、最初の衆選法の下でのいくつかの制度である。具体的には、制限選挙、小選挙区制（原則）、非立候補制、記名投票制、二人区の投票での完全連記制、七月一日投票日制である。これらの中には、その後の衆選法の改正によって廃止され、この時期だけのものもあるので、それらについては、詳しく見ておくことにする。

1　制限選挙

(1)　選挙人および被選人の資格

当時の選挙が納税額に基づく厳格な制限選挙であったことは、第一章でも触れた。重要なことなので選挙人および被選人の資格の大要を、衆選法の原文により改めて確認しておくことにする。[*4]
同法の第二章「選挙人ノ資格」の第六条は、次のようになっている。

第六条　選挙人ハ左ノ資格ヲ備フルコトヲ要ス
第一　日本臣民ノ男子ニシテ、満年齢二十五歳以上ノ者

第二　選挙人名簿調整ノ期日ヨリ前満一年以上、其ノ府県内ニ於テ本籍ヲ定メ住居シ、仍《なお》引続キ住居スル者

第三　選挙人名簿調整ノ期日ヨリ前満一年以上、其ノ府県内ニ於テ直接国税十五円以上ヲ納メ、仍引続キ納ムル者　但シ所得税ニ付テハ、人名簿調整ノ期日ヨリ前満三年以上之ヲ納メ、仍引続キ納ムル者ニ限ル

このように、選挙人の基本的資格は、①満二十五歳以上の男子、②満一年以上、その府県に本籍を定め、さらに居住している者、③直接国税一五円以上を満一年以上（所得税は満三年以上）、その府県に納めている者の三つである。

第六条の第二・第三の冒頭に出ている「選挙人名簿」というのは、全国の区長・市長・町村長が、毎年四月一日現在、その管内で選挙人資格のある者を調べて作る名簿であり、四月二十日までに調整して、各選挙区の選挙長（区長・市長・郡長の中から知事が任命した一人）に提出することになっていた。

また、第三に出ている「直接国税」には、地租と所得税の二つがあるが、選挙人資格に必要な納入期間は、地租は満一年以上、所得税は満三年以上である。

次に、第三章「被選人ノ資格」の第八条は次のようになっている。

第八条　被選人タルコトヲ得ル者ハ日本臣民ノ男子満三十歳以上ニシテ選挙人名簿調整ノ期日ヨリ前満一年以上、其ノ選挙府県内ニ於テ直接国税十五円以上ヲ納メ、仍引続キ納ムル者タルヘシ

但シ所得税ニ付テハ、人名簿調整ノ期日ヨリ前満三年以上之ヲ納メ、仍引続キ納ムル者ニ限

ル

被選人の基本的資格は、①三十歳以上の男子、②国税一五円以上を満一年以上（所得税は満三年以上）、その府県に納めている者の二つである。年齢が選挙人に比べて五歳高くなっているが、国税一五円以上の納入者という点では、選挙人と同じである。

ただし、被選人には、本籍や住居の規定がなく、その府県で国税一五円以上を納めていれば、その府県に居住していなくてもよいのである。この点では、選挙人と違っていた。このことから、第一回総選挙では、実際には東京などに住んでいた新聞記者や官吏であった者などが、自分の郷里や関係の深い選挙区の候補者となることになる。

次に、第九条〜第十二条では、被選人になれない者が規定されている。多くは官吏であるが、具体的に書いておこう。

・宮内官、裁判官、会計検査官、収税官、警察官（第九条）
・府県および郡の官吏（第十条「府県及ヒ郡ノ官吏ハ其ノ管轄区域内ニ於テ被選人タルコトヲ得ス」）
・市町村の吏員（第十一条「選挙ノ管理ニ関係スル市町村ノ吏員ハ其ノ選挙区ニ於テ被選人タルコトヲ得ス」）
・神官、諸宗の僧侶・教師（第十二条）

さらに、第十四条〜第十七条では、選挙人と被選人の両方になれない者が挙げられている。つまり、欠格者の規定である。

第十四条　左ノ項ノ一ニ触ルヽ者ハ選挙人及被選人タルコトヲ得ス

一　瘋癲白痴ノ者
二　身代限ノ処分ヲ受ケ、負債ノ義務ヲ免レサル者
三　公権ヲ剥奪セラレタル者、又ハ停止中ノ者
四　禁錮ノ刑ニ処セラレ満期ノ後又ハ赦免ノ後、満三年ヲ経サル者
五　旧法ニ依リ一年以上ノ懲役若（もしく）ハ国事犯禁獄ノ刑ニ処セラレ、満期ノ後又ハ赦免ノ後、満三年ヲ経サル者
六　賭博犯ニ由リ処刑ヲ受ケ、満期ノ後又ハ赦免ノ後満三年ヲ経サル者
七　選挙ニ関ル犯罪ニ由リ選挙権及被選権ノ停止中ノ者

また、第十五条以下には、次のような者が挙げられている。

・現役および休職停職中の陸海軍人（第十五条）
・華族の当主（第十六条）
・刑事犯として拘留または保釈中の者（第十七条）

政党関係者で第十六条に抵触する例としては、大隈重信と板垣退助を挙げることができる。二人は伯爵であったので、被選人資格はなく、衆議院議員になることはできなかったのである。一部の研究書では、隈板内閣（第一次大隈内閣、一八九八年六月三十日成立）を政党内閣としている。確かに、この内閣の閣僚は、陸・海軍大臣を除けば、憲政党員である。しかし、首相の大隈は、板垣内相とともに伯爵であり、衆議院議員ではなかった。のちの第四次伊藤内閣（一九〇〇年十月十九日成立）と第一次西園寺内閣（一九〇六年一月七日成立）は、ともに政友会総裁を首相とする内閣ではあるが、二人の首相は

在職時には侯爵であったので、やはり政党内閣とは呼ばれない。政党内閣という言葉は、首相が民選というフィルターを経た衆議院議員である場合にのみ使うべきであろう。したがって、通説のように原敬内閣（一九一八年九月二十九日成立）以降とするのが妥当である。

第一回総選挙での第十七条の「四」の該当者には、星亨や大井憲太郎などがいる。彼らは、出版条例違反や外患予備罪などの国事犯で入獄していたが、憲法発布に伴う大赦により釈放された。しかし、彼らの罪刑の中には、それらの国事犯のほかに、罪人隠匿罪などの常事犯の禁錮刑も入っており、大赦は適用されなかった。それらの刑期は入獄中に終わっていたが、満期後からまだ満三年を経ていなかったので、被選人の資格がないとされたのである。

以上が衆選法第二〜第四章に規定されている選挙人および被選人の資格に関する概要である。なお、衆選法の選挙人および被選人の年齢・納税資格の規定は、府県会規則（一八七八年七月二十二日公布）に準拠して作られたものであるが、同時に衆議院議員と府県会議員との差別化をはかったものである。そのことは、同規則の次の二つの条文からも明らかである。

第十三条　府県ノ議員タルコトヲ得ヘキ者ハ満二十五歳以上ノ男子ニシテ其府県内ニ本籍ヲ定メ満三年以上住居シ其府県内ニ於テ地租十円以上ヲ納ムル者ニ限ル（以下略）

第十四条　議員ヲ選挙スルヲ得ヘキ者ハ満二十歳以上ノ男子ニシテ其郡区内ニ本籍ヲ定メ其府県内ニ於テ地租五円以上ヲ納ムル者ニ限ルヘシ（以下略）

また、引用は省くが、欠格条項も類似している。

衆選法には、このほかにも、「選挙人」「被選人」「当選人」「選挙人名簿」「選挙会」などの用語のみならず、条文の文体にも、府県会規則で使われていたものが、少なくない。

(2) 「国民の約一・一四%」という偽数

第一回総選挙の選挙人が国民の約「一・一%」あるいは「一・一四%」であったことは、ほとんどの高校日本史の教科書、通史・概説書のみならず、専門書でも書かれている。その時の選挙人は全国で約四五万人であるので、国民の約一・一四%であることには間違いない。

しかしながら、いかなる選挙においても、有権者が国民の一〇〇%になることはない。現在、世界で普通選挙を実施している多くの国の選挙権資格の年齢は十八歳以上である。しかし、有権者数はせいぜい国民の八〇%であろう。十七歳以下の者には、選挙権がないからである。**総人口は、そのような資格のない者を含むものであるから、それを母数にして出した比率は無意味《ナンセンス》である。この数字は、制限選挙がごく一部の者のものであって、国民全体とは関係ないものであることを強調するために用いられたトリックである。**そのような比率は、基本的人権の立場から、制限選挙を批判しているように見えても、実際には数字上の細工であり、欺数といってもいいものである。それを分かりやすくするために示したものが図1である。

男子普通選挙	$\frac{m}{m+f}$
男女普通選挙	$\frac{m+f}{m+f}$
偽　数	$\frac{m'}{m+f+m_0+f_0}$

m'：選挙人資格者
m：男子年齢資格者
f：女子年齢資格者
m_0：男子年齢未資格者
f_0：女子年齢未資格者

図1　偽数

現住人口に対する有権者の比率を出すという方法は、欧米でも長らくとられてきたものであり、十九世紀前半にイギリスでは、それによって腐敗選挙区の実態を明らかにし、「地主議会」を批判したようである。しかし、日本では、初期の総選挙が、国民の大多数とは無縁な制限選挙であり、初期議会が「地主議会」であったことを位置づける道具に使われているのである。[*5]

日本では、一九二五年の衆議院議員選挙法の改正により、[*6]二十五歳以上の男子に選挙権が与えられることになる。年齢は少し高いものの、欧米の多くの国ぐにと同じように男子普通選挙制になるのである。しかし、同法に基づいて最初に行われた第十六回総選挙（一九二八年二月）の際の有権者数は約一二四一万人であり、総人口約六二〇七万人の二〇％未満であった。つまり、国民の五人に一人にも満たなかったのである。日本の人口は明治の中期以降、かなり増えたことを考慮すると、それより三九年前の一八九〇年の二十五歳以上の男子の比率は、さらに低かったであろう。したがって、日本の総選挙が最初から男子普通選挙で行われたとしても、国民全体の比率では十数％にすぎなかったと思われる。

さらに、当時の世界の選挙制度のことも考慮に入れる必要がある。つまり、一八九〇年という時期に、男子普通選挙を実施していた国は、フランス・ドイツ・スイスの三か国しかなかったのである。民主主義の先進国であるイギリス、さらにはオランダや北欧の国ぐにでも制限選挙制をとっており、総人口に占める有権者の割合からいえば、日本とそれほど質的に違いがあったわけではない。

いや、フランス・ドイツ・スイスの三か国でも、選挙権のあったのは男子だけであった。フランスでは、一七八九年に大革命が始まり「人権宣言」が出された。しかし、男子普通選挙が定着したのは大革命から八〇年以上たった第三共和政になってからである。ただし、選挙権はあくまでも男子だけのものであった。女性に選挙権が認められるのは、やっと一九四四年であり、実際にそれが行使されたのは、戦後の翌四五年である。「人権宣言」の「人」の中には、女性は入っていなかったのである。ちなみに、世界で最初に女性参政権が認められたのはニュージーランドで一八九三年であり、アメリカでは一九二〇年、イギリスでは一九二八年である。

つまり、西欧の先進国でも、長い間、制限選挙だったのである。民権期に出された私擬憲法草案を見ても、普通選挙について規定した条文が入っているものは皆無である。いちばん普通選挙に近いのが、小田為綱文書の「憲法草稿評林 一」の第四編第三章第一条の下段の説明の個所に「撰挙権ハ公権人権ヲ有シ一家ノ戸主タル男女ニ皆之ヲ有ス」というものであるが、それでも「一家ノ戸主」という限定が付いている。[*7]また、「公権人権」とは何かについての規定はないが、少なくとも租税を納めていない者は、それに含まれてはいなかったであろう。

そのことは、植木枝盛の「日本国々憲桉」からも、読み取ることができる。植木案の第百四十三条は「現ニ租税ヲ納メサル者現ニ法律ノ罪ニ服シ居ル者政府ノ官吏ハ議員ヲ撰挙スルヲ得ス」としており、租税を納めている者、犯罪人でない者、官吏でない者は選挙権を有することが明記されている。つまり、ここから推定して、「憲法草稿評林 一」の「公権人権ヲ有」する者というのは、この植木案と同じく、租税を納めており、犯罪人でない者と見なしてもよいであろう。

一方、代表的な民権派の憲法草案とされる共存同衆「私擬憲法意見」と嚶鳴社「憲法草案」の両案にも選挙人についての規定はなく、下院議員の選挙に関して「日本人民ニシテ政権民権ヲ有スル二十五歳以上ノ男子ニシテ定格《ママ》ノ財産ヲ有スルモノハ選挙法ニ遵ヒテ議員ニ選挙セラルヽヲ得」としている。

選挙人について、きわめて具体的に書いているのは、交詢社の「私考憲法草案」であり、その第五章右院第四十条では「郡村ハ地租五円以上ヲ納ムヘキ土地ヲ所有シ若シクハ価直金二百円以上ノ所有家屋ニ居住シ人口三千人以上ノ都市ハ地税金三円以上ヲ納ムヘキ土地ヲ所有シ若シクハ価直金四百円以上ノ所有家屋ヲ既ニ十二ケ月借住シテ其年齢二十一歳ニ達シタル男子」と規定している。

さらに、千葉卓三郎らによる「日本帝国憲法」（いわゆる「五日市憲法」）は、第三篇立法権第一章民撰議院の（八〇）で、代民議員について、「満三十歳以上ノ男子ニシテ定額ノ財産ヲ所有シ私有地ヨリ生スル歳入アル事ヲ証明シ撰挙法ニ定メタル金額ノ直税ヲ納ル、文武ノ常識ヲ帯ヒサ《ママ》ル者ハ撰挙法ニ遵ヒテ議員ニ撰挙セラル、ヲ得」（文中「サ《ママ》」は「タ」の誤記）と規定している。またこの案にも、共存同衆案や嚶鳴社案と同じく、選挙人については特に書かれていない。

なお、選挙人の年齢について規定のある草案の多くは、二十歳あるいは二十一歳としているが、村松愛蔵の「憲法草案」は「満十八歳以上ノ男子若クハ女戸主」としており、最も若いものである。

以上、民権派の主要な憲法草案を見たが、それらは、明治政府が将来、制定する憲法に先んじて、自らの理想とする国家像を提起したものであり、当然ながら国民の権利を重視したものであった。だが、それらにおいても、普通選挙を規定したものはなく、ほとんどは納税額に基づく制限選挙であった。ただし、選挙人資格の税額が書かれている場合は、衆選法の規定よりも少額であった。しかし、女性については、わずかの草案では戸主の場合のみ認めているものの、大半の草案では考慮に入っていない。

だが、これらのことは、けっして民権派の限界であったのではない。彼らも、当時の世界の選挙権のあり方を踏まえていたのであり、そこには男女同権という視点はなかったのである。

その後に出された民権派の諸論稿においても、男女普通選挙について述べているものは、中江兆民の「国会論」（『東雲新聞』一八八八年一月二十二〜二十四日）が、ほぼ唯一と思われる。兆民は、選挙権については「急進旨義」と「漸進旨義」があるとして、その前者で紹介しているものであるが、兆民もそれがすぐに実現するものとは考えてはいなかったようである。

衆選法における選挙人・被選人の財産と年齢に関する規定は、民権派の理想よりも厳しいものではあったが、それを批判した文章には、なかなか見当たらない。民権派といえども、たとえ財産と年齢に多少厳しい制限のある選挙ではあっても、民選の議院が開かれることは歓迎すべきことであった。また、衆選法は憲法とは別の法律として出されたものなので、将来において、変更可能であると考えていたと思われる。さらに、衆選法が出されるとすぐに、衆議院議員をめざす者やその支持者たちは、それを踏まえて、翌年の四月に作られる「選挙人名簿」に向けての準備が忙しくなり、批判どころではなかったというのが、実情かもしれない。

基本的人権に基づく現在の普通選挙を絶対的な尺度として、当時の制限選挙を批判することは、歴史への「ないものねだり」である。それよりも、旧来の藩閥専制政府の下では、立法と行政が形式的には分かれていたものの、実質的には一体であったことに比べれば、いかに制限選挙であったにせよ、〝民選〟による議員が国政に参画する機会ができたということは、国策の決定過程に天地の違いがあるのであり、その事実を正しく捉えるべきであろう。*8

前述のように、加えるべきではない数字を母数に入れた百分比は偽数である。しかし、研究者たちは、なぜ長い間、「約一・一%」あるいは「約一・一四%」という数字に惑わされてきたのであろうか。「一・一四」という数字の初出は、おそらく末松謙澄の「二十三年ノ総選挙」（『国家学会雑誌』第四巻第四四・四五号、一八九〇年十・十一月）の「丁表」であると思われる。国家学会は、東京帝国大学法学部の教授・卒業生・学生のうち、国家学を専門とする者たちによる学会である。

末松は、この論文で、同年七月に行われた第一回総選挙をいろいろな側面から分析している。「丁表」（第四四号所収）は、全四五府県ごとの現住人員、選挙人数、選挙人割合（「人口百人ニ付テノ選挙人数」）、現住人割合（「選挙人一人ニ付テノ人口ノ割合」）を表にまとめたものである。そして、この表の最後の行に総計があり、現住人員三九三八万二二〇〇、選挙人々員四五万三六五、選挙人割合一・一四となっているのである（傍点は稲田）。なお、「備考」には、「毛以下ハ四捨五入法ヲ用ユ」とある。

この論文が知られるようになったのは、それが指原安三編『明治政史　下篇』（一八九三年）に収められ、さらに吉野作造を代表とする明治文化研究会が、『明治文化全集　正史篇』上・下巻（一九二九年）の中に、『明治政史』上・下篇を所収したためであろう。そのことから、この数字は多くの人の目にとまるようになり、やがてそれが次第に独り歩きしていったものと思われる。

この末松の論文は、第一回総選挙に関する数量的分析としてしては、非常に優れたものである。ただし、第一回総選挙に関しての四五府県のいろいろな数字を掲げており、「一・一四」という数字だけを示したのではない。最初の「甲表」には、各府県の現住人口と議員定数が出ている。これは、衆議院議員の総数三〇〇を、できるだけ均等に各府県に振り分けたことを示している。それによれば、議員一人当たりの現住人口約一三万一〇〇〇人強である。当時、現住人口が最も多かったのは新潟県の一六六万五三七八人であり、議員定数は一三人であった。また最少は宮崎県の四〇万七八二七人で、議員定数は三人であった。

「丁表」も、こうした一連の表の中の一つであり、「選挙人割合一・一四」という数字だけを取り出して論じられることは、末松の本意ではないであろう。

末松謙澄は、一八七九年からケンブリッジ大学で学び、文学士・法学士の学位を得て、一八八六年に帰国後、文部省参事官・内務省参事官・内務省県治局長となった。伊藤博文は彼の才能を認めていたことから、一八八九年に長女を末松と結婚させている。

末松は、第一回総選挙では、自ら福岡県第八区の候補者となり当選する。もっとも、彼が議員になったのは、衆議院の様子を伊藤に報告するためであった可能性が大きい。伯爵である伊藤は、閣僚になった時以外には、衆議院には出席できなかったので、その具体的な状況を知るために、末松をレポ役にしたものと思われる。

2 小選挙区制（原則）

(1) 小選挙区制の区割

第一回総選挙における選挙区は、衆選法の附録で規定されている。議員総数は三〇〇人であり、**小選挙区制を原則としたが、実際には定員一人区が二一四、二人区が四三であり、選挙区合計は二五七となっている。なお、北海道と沖縄県は、まだその中には入っていない。**

衆選法が、大選挙区連記制ではなく、小選挙区制を採用したことについて、同法の作成に携わった林田亀太郎（当時は法制局二等属）は『明治大正 政界側面史 上』（大日本雄弁会、一九二六年）の中で、次のように書いている。「当時維新を距《へだた》ること遠からず三百年間諸侯割拠の遺風厳存し、民俗風習は地方に依りて大に異同あるのみならず其利害関係に於て互に相容れざるものがあつたから、真に民意を代表するに（は）、何うしても小選挙区に限る。で我輩は主義として小選挙区制を採つた。」（一七二ページ）。つまり、この頃は、廃藩置県からかなり年月がたってはいたものの、まだ藩制時代のなごりが強かったことから、「民俗風習」や「利害関係」が大きく異なることのない地域を一つの区にするのがいちばん良いとして、小選挙区制を採用したというのである。そして、当時にあって、「民俗風習」「利害関係」が大きく異なることのない地域といえば郡である。したがって、林田は、これに続けて、選挙区は郡を単位として設定したと書いている。

しかし、その当時、全国の郡の数は七一〇もあり、さらに区の数も三四あったことから[*9]、それを議員総数の三〇〇に分けることは、かなり困難であった。

そこで、まず議員総数三〇〇を、四五府県の現住人口に基づいて振り分け、府県の定員を決めた。そして、その後に、改めて各府県内をいくつかの選挙区に分けたのである。その際に、一選挙区の標準を人口一二万人とし、一つの郡だけでそれに満たない場合は数郡をまとめて一区とし、さらに一区が一八万人を越えた場合には、定員二人区にしたという。その結果、一人区が二一四、二人区が四三となったのである。つまり、原則として小選挙区制としながらも、二人区が四三区も生じることになったのである。

表5は、府県別の選挙区とその定数および選挙人数・現住人口とその割合を見たものである。これは末松謙澄「二十三年ノ総選挙」(前出)の「丁表」によるものであるが、この表の定員と現住人員を見れば、ほぼ均等であることが分かるであろう。[*10] つまり、議員一人についての現住人口は一三万一二七四人であり、府県により多少の差はあるものの、それほど大きな違いではない。長崎県は一〇万七四八六人で極端に少ないが、それは五島列島や対馬を単独の選挙区としたためである。

衆選法が出されて以後、一八八九年四月一日から市制が施行されたことにより、九〇年三月二十五日までの間に、全国で四〇市が誕生した。そのために、衆選法では、区となっていたところや、郡となっていた一部が、市となった。[*11] したがって、第一回総選挙は、衆選法附録の地名ではなく、市制実施後の新しい地名の下で実施されることになる。

ともかく、全国四五府県が、二一四の一人区と、四三の二人区に分けられたのである。林田の文章を読むと、選挙区画の設定、つまり選挙区割はきわめて合理的にスムーズに進められたように思える。しかしながら、最初に府県の定員を決めて、それに基づいて府県内で選挙区を画定していったことから、一区の中に多くの小さな郡が押し込められることになったことも事実である。

東京市や大阪市ですら、一つの区がそのまま一つの選挙区とならずに、複数の区からなっているところがある。具体的には、東京第一区(麹町区・麻布区・赤坂区)、同五区(本所区・深川区)、同八区(下谷区・本郷区)、同九区(小石川区・牛込区・四谷区)、大阪第一区(東区・北区)である。

一つの市が単独の選挙区となったのは、全四〇市の中で横浜・神戸・名古屋の三市のみである。また、一つの郡が単独の選挙区となったのも二二郡しかない。これ以外の選挙区は、二~五の市・郡からなる

表5　第一回総選挙選挙区・定員・選挙人数・現住人口・選挙人割合

府県	1人区	2人区	定員	選挙人数	現住人員	選挙人割合
東京	12	-	12	5,715	1,558,454	0.37
京都	5	1	7	7,515	875,084	0.86
大阪	8	1	10	15,699	1,281,150	1.23
神奈川	5	1	7	8,521	947,766	0.90
兵庫	8	2	12	22,233	1,521,817	1.46
長崎	5	1	7	3,663	752,402	0.49
新潟	5	4	13	17,748	1,665,378	1.07
埼玉	2	3	8	18,078	1,054,483	1.71
群馬	5	-	5	8,580	718,215	1.19
千葉	7	1	9	16,647	1,172,138	1.42
茨城	4	2	8	15,543	998,976	1.56
栃木	3	1	5	10,486	684,341	1.53
奈良	2	1	4	7,321	496,431	1.47
三重	5	1	7	17,337	909,702	1.91
愛知	11	-	11	18,762	1,444,011	1.30
静岡	6	1	8	11,648	1,058,226	1.10
山梨	3	-	3	3,805	445,182	0.85
滋賀	3	1	5	15,456	667,563	2.32
岐阜	7	-	7	10,113	909,226	1.11
長野	6	1	8	10,602	1,111,946	0.95
宮城	5	-	5	7,867	736,628	1.07
福島	3	2	7	13,132	913,459	1.44
岩手	5	-	5	4,670	656,047	0.71
青森	2	1	4	4,974	530,292	0.94
山形	2	2	6	10,937	741,896	1.47
秋田	3	1	5	7,836	682,928	1.15

府県	1人区	2人区	定員	選挙人数	現住人員	選挙人割合
福井	4	-	4	8,628	596,704	1.45
石川	2	2	6	9,664	745,110	1.30
富山	3	1	5	10,683	738,445	1.45
鳥取	3	-	3	3,777	394,333	0.96
島根	6	-	6	7,108	692,101	1.03
岡山	6	1	8	14,419	1,062,155	1.36
広島	8	1	10	12,306	1,289,109	0.95
山口	3	2	7	5,806	914,083	0.64
和歌山	1	2	5	5,769	623,842	0.92
徳島	5	-	5	5,791	676,154	0.86
香川	5	-	5	5,600	660,484	0.85
愛媛	5	1	7	7,205	906,414	0.79
高知	2	1	4	5,542	569,844	0.97
福岡	7	1	9	16,832	1,209,295	1.39
大分	6	-	6	5,940	781,554	0.76
佐賀	2	1	4	9,562	553,423	1.73
熊本	4	2	8	12,616	1,042,281	1.21
宮崎	3	-	3	3,304	407,827	0.81
鹿児島	7	-	7	4,926	985,271	0.41
合計	214	43	300	450,365	39,382,200	1.14

（注）　末松謙澄「二十三年ノ総選挙」（『国家学会雑誌』第4巻第44号）の「丁表」より作成．現住人口は1888年12月31日調べの「戸口表」によるという．「選挙人割合」とは，それが現住人口に占める比率（%）である．

ものであった。そして、六郡からなる選挙区が六区、七市郡からなる選挙区が三区、八郡からなる選挙区が四区もあり、最多の大阪府第十区は一〇郡からなっていた。これら六〜一〇市郡からなる選挙区の合計は一四区あり、そのうちの九区は定員一人区である。

このように、一つの選挙区の中に、多数の小さな郡が収められたことから、一人区の基準を現住人口一二万人、二人区の基準を現住人口一八万人としながらも、それを上回る選挙区が少なからず生じることになった。そして、「民俗風習」「利害関係」を必ずしも同じとはいえない地域も、一選挙区の中に押し込められたのである。その一方で、島嶼や半島や山間部などは、現住人口が一人区の基準を大きく下回っていても、当時の交通事情から、単独の選挙区とせざるをえなかった。これらのことから、各区の現住人口には、かなりの差を生じることになった。ただし、右のような一部の地域を例外とすれば、選挙区の現住人口には、さほど極端な違いはなかったといえる。

(2) 選挙人数の少ない選挙区

人びとの収入は、職業や生活形態に基づくものであるから、住んでいる地域によって大きく異なることはいうまでもない。したがって、選挙区によって、直接国税一五円以上の納入者数に違いが生じたのも当然である。つまり、各区の選挙人数には、かなりの違いが生じたのである。

以下、それらの実態を具体的に見ていくことにする。なお、本章で使用する全選挙区の選挙人数および当選人についての基本的なデータは、『政戦記録史』（「凡例」２b）によるものである。[*12] この本は、第一回総選挙から第十六回総選挙（一九二八年二月二十日）までに関する投票記録としては、最も詳細

表6　選挙人数の分布

選挙人数	1人区	2人区
500人以下	25	1
501～1000人	38	3
1001～1500人	47	1
1501～2000人	46	5
2001～2500人	29	9
2501～3000人	16	7
3001～3500人	8	4
3501～4000人	2	7
4001～4500人	3	2
4501～5000人		1
5001以上		3
区数合計	214	43

（注）『大日本政戦記録史』（1930年）の「第一回総選挙」より作成.

なものと思われる。この記録には、全国二五七区の当選人・次点・主要候補者の得票数のみならず、選挙人数・棄権者数・無効票数がすべて記されているのである。

表6は、右の『政戦記録史』に基づいて選挙人数の選挙区ごとの度数分布を見たものである。ここからは、選挙区の選挙人数には、かなりの差があることが明らかとなる。つまり、選挙人数が一〇〇〇人以下の一人区が合計六三もあり、全選挙区の約二五％を占めているのである。その反対に、選挙人数が三〇〇〇人以上に達する一人区が一三ある。選挙人数の平均は、一人区が一五四二・二人であり、少ない方に偏差がある。また、二人区の平均は、二八一八・二人であるが、やはり少ない方に傾いている。

このように、選挙区ごとの選挙人数はきわめて不均等なのである。

表7は、選挙人数の少ない二六の一人区とその当選人・得票数・昇順位である（表の数字を少ない順に並べる場合を「昇順」とし、多い順に並べる場合を「降順」とする）。ここには、もともと選挙人数が五〇〇人未満の選挙区のみを挙げることにしていたが、愛知県第一区が五〇九人であり、その次に少ない新潟県第九区の五三六人とはかなりの差があるので、愛知県第一区をこの表に含めている。

さて、この表7の上の方には島嶼が多い。つまり、島根県第六区は隠岐島四郡、鹿児島県第七区は奄美諸島、長崎県第六区は対馬、長崎県第五区は五島列島である。これらの島嶼は、現住人口が基準値の

表7　選挙人数の少ない1人区と当選人の得票数・昇順位

選挙区	選挙人数	区・市・郡	当選人	得票数	昇順
島根6	51	周吉・穏地・海士・知夫郡	吉岡倭文麿	23	1
鹿児島7	52	大島郡	基　俊良	23	1
長崎6	55	上県・下県郡	相良　正樹	35	4
京都1	112	上京区	浜岡　光哲	27	3
長崎5	145	南松浦郡	宮崎　栄治	72	9
東京9	182	小石川・牛込・四谷区	芳野　世経	58	8
岩手2	189	東閉伊・中閉伊・北閉伊・南九戸・北九戸郡	伊藤　圭介	50	6
東京2	203	芝区	谷元　道之	77	10
京都2	208	下京区	中村　栄助	47	5
東京1	233	麹町・麻布・赤坂区	楠本　正隆	106	11
東京8	246	下谷・本郷区	津田　真道	125	12
大阪3	278	南区	浮田　桂造	186	21
東京7	279	神田区	大谷木備一郎	126	13
東京5	281	本所・深川区	太田　実	156	18
神奈川1	287	横浜市	島田　三郎	146	16
東京3	311	京橋区	風間　信吉	56	7
東京6	315	浅草区	高梨哲四郎	130	15
鹿児島1	385	鹿児島市、鹿児島・谿山・北大隅・熊毛・馭謨郡	樺山　資美	268	34
大阪1	405	西区	粟屋　品三	128	14
鹿児島2	422	給黍・揖宿・頴娃・川辺郡	折田　兼至	324	48
兵庫1	437	神戸市	鹿島　秀麿	168	20
奈良3	440	宇智・吉野郡	桜井徳太郎	210	22
愛媛3	471	喜多・上浮穴郡	有久　正親	238	29
山口5	482	玖珂郡	吉川　務	281	38
徳島5	490	美馬・三好郡	阿部　興人	224	24
愛知1	509	名古屋市	堀部勝四郎	235	28

《参考》選挙人数が1000人未満の2人区と当選人の得票・昇順位

長崎1	427	長崎市、西彼杵郡	家永　芳彦	214	23
			富永　隼太	231	27
山口4	836	都濃・熊毛・大島郡	野村　恒造	318	46
			堀江　芳介	319	47
和歌山3	970	日高・西牟婁・東牟婁郡	関　直彦	713	130
			松本　鼎	717	133
広島1	993	広島市・安芸郡	渡辺又三郎	472	72
			豊田　実穎	567	97

（注）『大日本政戦記録史』（1930年）の「第一回総選挙」より作成.

一二万人よりもかなり少ないが、当時の交通事情（＝航海技術）からして、単独の選挙区とせざるをえなかったのであろう。したがって、例外的な選挙区と見なした方がいい。

この**島嶼の四区を別にすると、選挙人数の少ないのは、第一に市街地の多い都市部の選挙区である**。具体的には、まず三府内の市である。東京府第一区〜第三区、第五区〜第九区であるが、この八区はすべて東京市である。ついで、京都府第一区・第二区（ともに京都市）、大阪府第一区・第三区（ともに大阪市）である。三府のほかでは、神奈川県第一区（横浜市）、兵庫県第一区（神戸市）、愛知県第一区（名古屋市）である。これらの都市部では、現住人口は多いが、もとより地租一年一五円以上の納入者が少ない上に、所得税三年一五円以上の納入者もけっして多くはないのである。

なお、東京市全九区の中で第四区（日本橋区）が唯一、この表に入っていない。しかし、同区の選挙人数は六〇四人で、昇順で三四位であり、けっして多いわけではない。また、同じく表には出ていない大阪府第二区（東区・北区）の選挙人数も七〇一人であり、昇順で三八位である。

以上のように、東京市の九、大阪市の三、京都市の二、神戸市・横浜市・名古屋市の各一の合計一七の選挙区の選挙人数は、おしなべて少ないのである。

ただし、東京府では、郡部でも選挙人数はそれほど多くない。表には出ていないが、第十区（東多摩・南豊島・北豊島郡）は七九八人、第十二区（荏原郡、伊豆七島）は五九七人である。これらは、市部に準ずる選挙区と見なしてよいであろう。もっとも、第十一区（南足立郡・南葛飾郡）だけは一六六六人で、東京府の中で唯一、全国平均を少し上回っているが、この区の二郡には水田をはじめ農耕地が多かったためである。なお、三多摩は当時、神奈川県に属しており、東京府に管轄換えになるのは、一八九三年四月である。したがって、その頃の東京府下の郡部は、すべて現在の東京都の二三区である。

一方、大阪府の第四～第九区は、第九区の一部に堺市を含んでいるものの、すべて郡部であり、どの区の選挙人数も全国平均より多い。また、京都府も第三区～第五区は全国平均よりも多い。全国平均よりもやや少ないのは、第六区（加佐・与謝・中・竹野・熊野郡）の一四一三人だけである。このように大阪府と京都府のほとんど郡部では、選挙人数が全国平均よりも多い。その地域には、耕地がたくさんあるからである。したがって、表7には入っていない。

さて、選挙人数が少ない選挙区では、当然ながら、わずかな得票数でも当選人になることができた。たとえば**京都府第一区の選挙人数は一一二人であり、**島嶼を除けば、全国で選挙人数が最も少ない選挙区であるが、**その当選人となった浜岡光哲の得票はわずかに二七票であった。**この区の投票では、棄権者が三六人と多く出た上に、次点の坂本則美も二〇票を得たほか、さらに残りの二九票が数人に分散したためもあるが、二七票というわずかな得票でも当選人となったのである。また、京都府第二区の当選人の中村栄助の得票も四七票である。この区でもやはり、選挙人二〇八人のうち棄権者が六一人、無効が五票であった上に、次点の山崎恵純が四三票、第三位の能川登が三四票と票が割れたために、四七票の中村が当選人となったのである。

都市部の次に選挙人数が少ないのは、山間部である。表7では、上から七番目の岩手県第二区と、下の方の奈良県第三区・愛媛県第三区・徳島県第五区、および《参考》の和歌山県第三区がそれに当たる。

《参考》に掲げた四つの選挙区は、二人区の中で選挙人数が一〇〇〇人以下の区である。先述したように、二人区での投票は二名連記制であり、一人の選挙人が、二人の被選人の名前を書いて投票することになっていた。したがって、得票を一人区と比べる場合には、その半数と見るべきである。二人区は、定住人口が一八万人以上であることが原則であるが、この《参考》からも分かるように、必ずしも選挙人数が多いとは限らないのである。

都市部や山間部に次いで、選挙人数が少ないのは海浜部である。表7の下から三番目の山口県第五区（玖珂郡）は、瀬戸内海に面した地域で、ほとんどが漁村であり、その典型的なところである。また、平地であっても、耕作には適さない荒蕪地の多い地域でも、選挙人数は少ない。たとえば鹿児島県は、全体としてそのようなところといえる。

表7の《参考》に挙げた四つの定員二人区のうち、和歌山県第三区は前述のように山間部であるが、他の三区は、市街地、半島、海浜部を合わせた地域である。つまり、長崎県第一区は都市部の長崎市と西彼杵郡（西彼杵半島）であり、山口県第四区は海浜部の都濃・熊毛郡と大島郡（屋代島）であるし、さらに広島県第一区も都市部の広島市と海浜部の安芸郡である。

選挙人数が一〇〇〇人以下の二人区の多くも、以上のような地域である。そして、これらの選挙区では、必ずしも多くない得票で、当選人となることができた。また、《参考》に挙げた和歌山県第三区の二人の当選人の得票は七〇〇票を超えているが、前述したように、二人区の得票は、一人区の半分と見なさなければならないので、かなり少ないといえる。

同一選挙区内に有力候補者が複数いる場合には、得票が割れるので、得票が少なくても、必ずしも選挙人数が少ないわけではない。しかし、**一般的には、選挙人数の少ない選挙区では、わずかな得票でも当選できた**のである。表7の選挙区の当選者たちは、《参考》も含めて、ほとんどが全当選人（三〇〇人）の中で、得票数が少ない方であったという事実がそれを歴然と物語っている。

以上のように、島嶼を例外とすれば、**選挙人数の少ない選挙区は、都市部・山間部・海浜部およびそれらに準ずる地域ということができる。**

⑶　選挙人数の多い選挙区

右のように、選挙人数が少なく、少ない得票で当選人になった選挙区のある一方で、選挙人数が多いために、かなりの得票を得ながらも落選する者の出た選挙区もある。表8は、**選挙人数が三〇〇一人を超えた一三の選挙区と、その当選人および次点を挙げたものである。当然ながら、当選人はかなりの得票を集めているが、一〇〇一票以上を得ながらも次点となった者も七人いる。**

《参考1》は、二〇〇一票以上を獲得した上位三人の選挙区ある。ただし、これらの三区では、当選人以外には他に有力候補者がいなかったことから、彼らはこれほど多数の票の獲得したのである。このうち最多の杉田定一の二四二七票は、二人区も合わせた当選人三〇〇人の中でも、降順で八位である。同じく第二位の二位景暢の二二九五票は一一位であり、第三位の東尾平太郎の二一五五票も一五位である。

さらに《参考2》は、選挙人数が五〇〇一人を超えた二人区を挙げたものであるが、全部で三区である。このうち、佐賀県第一区の当選人である松田正久と武富時敏は、二人区における最多得票の一位と二位である。また、滋賀県第三区の大東義徹と伊庭貞剛も、三位と四位である。定員二人区の投票が二名連記であることもあり、二人はともに三～四〇〇〇票を獲得したのである。

表 8　選挙人数の多い一人区の当選人と次点

選挙区	選挙人数	郡	当選人・次点	得票数
三重 2	4,500	三重・鈴鹿・庵芸・河曲郡	当　伊東　祐賢	1,116
			次　長井　氏克	945
滋賀 2	4,355	甲賀・野洲・栗太郡	当　山崎　友親	1,350
			次　城多　董	903
福島 5	4,273	菊多・磐前・磐城・楢葉・行方・宇多郡	当　白井　遠平	1184
			次　室原　重福	1135
栃木 1	3,652	河内・芳賀郡	当　横堀　三子	1,839
			次　中山　丹治郎	1,609
富山 4	3,558	砺波郡	当　島田　孝之	1,608
			次　武部　尚志	1,537
兵庫 2	3,407	兵庫・菟原・川辺・有馬郡	当　堀　善証	1,146
			次　砂川　雄俊	786
滋賀 4	3,354	西浅井・東浅井・伊香・阪田郡	当　相馬　永胤	1,755
			次　脇坂　行三	1,276
茨城 5	3,303	筑波・新治郡	当　色川三郎兵衛	796
			次　大久保　端造	791
三重 1	3,303	津市、安濃・一志郡	当　栗原　亮一	1,605
			次　牛場　卓三	1,557
埼玉 1	3,173	北足立・新座郡	当　天野　三郎	844
			次　高橋　安爾	834
奈良 1	3,118	添上・添下・山辺・広瀬・平群郡	当　今村　勤三	1,335
			次　玉田　金三郎	812
福岡 3	3,104	遠賀・鞍手・嘉麻・穂波郡	当　権藤　貫一	1,206
			次　山中　立木	1,051
愛知 8	3,072	碧海・幡豆郡	当　早川　龍介	1,649
			次　内藤　魯一	1,020

《参考 1》当選人が 2,001 票以上の 1 人区の当選人と次点

選挙区	選挙人数	郡	当選人・次点	得票数
福井 2	2,706	吉田・阪井郡	当　杉田　定一	2,427
			次　龍田　利見	7
佐賀 3	2,451	杵島・藤津郡	当　二位　景暢	2,295
			次　綾部　六郎	3
大阪 7	2,923	石川・八上・古市・安宿部・錦部・丹南・志紀・丹北・大県・渋川郡	当　東尾　平太郎	2,155
			次　江間　朝道	332

《参考 2》選挙人数が 5,001 人以上の 2 人区の当選人と次点

選挙区	選挙人数	郡	当選人・次点	得票数
滋賀 3	5,682	犬上・愛知・神崎・蒲生郡	当　大東　義徹	4,101
			当　伊庭　貞剛	3,085
			次　谷　均　他計	2,705
佐賀 1	5,434	佐賀市、佐賀・神埼・小城・基肄・養父・三根郡	当　松田　正久	4,584
			当　武富　時敏	4,310
			次　家永　恭種	973
埼玉 4	5,251	北埼玉・大里・幡羅・榛沢・男衾郡	当　掘越　寛介	2,761
			当　湯本　義憲	2,360
			次　長谷　川敬助	2,000

（注）『大日本政戦記録史』（1930 年）の「第一回総選挙」より作成.

選挙人数の多い選挙区は、平野・盆地・大きな河川の流域など、耕地とりわけ水田の多い農村部である。このようなところでは、当然ながら、年間一五円以上の地租納入者が多数となり、選挙人数も多くなるのである（ただし、水田単作地帯など、一部の巨大地主がいるところは別である）。

この表8と先の表7とを比べてみると、現住人口に基づく選挙区画が、いかに選挙人数のアンバランスを生むことになったかが明らかとなる。その結果として、極端な「一票の格差」が生じたことを具体的に見ておこう。

表7で見たように、一人区で選挙人数の最も少ないのは、島根県第六区（隠岐四郡）の五一人であったが、その反対に、選挙人数の最も多いのは、表8の三重県第二区の四五〇〇人である。その比率は、実に約八八・二四である。それを逆にいうと、三重県第二区の選挙人の一票は、島根県第六区の選挙人の約〇・〇一一三票でしかないということである。

もっとも、この島根県第六区と、鹿児島県第七区、長崎県第六区、同県第五区の四つの選挙区は、島嶼の選挙区（表7）なので例外とした方がいいであろう。ただ、それら以外でも表7の四番目の**京都府第一区の選挙人数は、わずかに一一二人である。それに対して三重県第二区の選挙人数の四五〇〇人は、その四〇・二倍であり、三重県第二区における一票は、京都第一区の約〇・〇二四九票でしかないのである。まさに歴然たる「一票の重み」の違いである。**

二人区でも同じようなことがいえる。表7の《参考》にあるように最少の長崎県第一区は四二七人であり、最多の滋賀県第三区の五六八二人との比率は、一三・三倍である。これも「一票の重み」からいえば、滋賀県第三区における一票は、長崎県第一区の約〇・〇七五票でしかないということになる。

表9　当選人の得票分布

得票	1人区	2人区
〜 100	10	
101 〜 200	11	
201 〜 300	18	2
301 〜 400	11	3
401 〜 500	18	2
501 〜 600	22	1
601 〜 700	20	2
701 〜 800	22	5
801 〜 900	16	4
901 〜 1000	11	6
1001 〜 1100	7	5
1101 〜 1200	11	5
1201 〜 1300	8	5
1301 〜 1400	6	11
1401 〜 1500	2	3
1501 〜 1600	1	3
1601 〜 1700	5	6
1701 〜 1800	2	8
1801 〜 1900	1	2
1901 〜 2000	1	0
2001 〜 2100	0	1
2101 〜 2200	1	1
2201 〜 2300	1	2
2301 〜 2400	0	2
2401 〜 2500	1	0
2501 〜 2600		2
2601 〜 2700		1
3001 〜 3100		1
4101 〜 4200		1
4301 〜 4400		1
4501 〜 4600		1
合計	214	86

（注）『大日本政戦記録史』（1930年）の「第一回総選挙」より作成.

このような選挙人数の極端な違いは、当然ながら当選人の票数にも違いが出ることになる。表9は、当選人の得票の一〇〇票ごとの度数分布である（なお、二人区の二二〇一票以上で、該当者がいない段は省略してある）。同じ当選人といっても、その獲得した得票数に差のあったことはすでに述べてきたが、この表9からは、そのことがより明確となる。

ちなみに、**一人区の当選人の得票の平均は七一八・七一票であり、二人区の当選人の得票の平均は一四三二・〇八票である。**

この表からも分かるように、一〇〇票以下の当選人が一〇人いるだけでなく、五〇〇票以下の当選員も一人区と二人区を合わせて七五人もいる。衆議院の議員総数三〇〇のちょうど四分の一である。この中で、三〇〇票以下で当選人となった者の選挙区のほとんどは、島嶼のほか、都市部・山間部・海浜部である。三〇一票〜五〇〇票の者も、やはりそれらの地域の者が多い。

その反対に、一人区の当選人で二〇〇一票以上を獲得した者が三人いることや、二人区の当選人で四

表10　1001票以上を獲得した次点の出た1人区

選挙区	選挙人数	次点	得票	当選人	得票
栃木1	3,652	中山丹治郎	1,609	横堀　三子	1,839
三重1	3,305	牛場　卓三	1,557	栗原　亮一	1,605
富山4	3,558	武部　尚志	1,537	島田　孝之	1,608
滋賀4	3,354	脇坂　行三	1,276	相馬　永胤	1,755
熊本4	2,891	楠田　一兄	1,228	岡次郎太郎	1,412
福岡5	2,483	中村　彦次	1,224	十時　一郎	1,241
静岡4	2,684	丸尾　文六	1,184	岡田良一郎	1,388
兵庫7	2,609	馬場幸次郎	1,169	内藤　利八	1,264
三重6	2,646	福地　次郎	1,166	立入　奇一	1,250
福岡3	3,104	山中　立木	1,051	権藤　貫一	1,206
茨城3	2,854	浜名　信平	1,028	飯村丈三郎	1,149
愛知8	3,072	内藤　魯一	1,020	早川　龍介	1,694

《参考》1,501票以上を獲得した次点の出た2人区

選挙区	選挙人数	次点	得票	当選人	得票
滋賀3	5,682	谷均　外	2,706	大東　義徹	4,101
				伊庭　貞剛	3,085
埼玉4	5,251	長谷川敬助	2,000	掘越　寛介	2,761
				湯本　義憲	2,360
富山1	3,878	重松覚平	1,870	関野善次郎	2,277
				磯部　四郎	2,202
石川3	3,459	石川舜次	1,618	浅野　順平	1,759
		加藤又八郎外	1,571	神野　良	1,693

（注）『大日本政戦記録史』（1930年）の「第一回総選挙」より作成.

○○一票以上を獲得した者が三人いることは、先の表8の《参考2》で見た通りである。

　また、その一方で、多くの票を集めながらも落選した者もいる。その一部は、表8で見たが、表10は一人区で一○○一票以上を獲得しながらも次点となった一二人を降順に示したものである。右側には、その選挙区の当選人と得票も示してある。

　また、《参考》は、二人区で一五○一票以上を獲得しながらも次点となった者である。ただし、滋賀県第三区に関しては、『政戦記録史』の「第一回総選挙」では「谷均外」として、落選した者の合計が書かれており、次点の谷均だけの得票は分からない。ただ、二人区は二名連記制なので、次点でも

二〇〇一票を超えたとしても不思議ではない。滋賀県第三区ついては、すでに表8の《参考2》でも出しておいたが、選挙人数が五六八二人で全国最多の選挙区であり、当選人となった大東と伊庭の得票数も全国で三位と四位であった。

表10の《参考》の四番目の石川県第三区の落選者も、やはり「加藤又八郎外」となっているので、加藤がはたして一五〇一票以上を獲得したかどうかも不明である。ただ、もしそうであれば、石川県第三区では、一五〇一票以上を獲得しながら落選した者が二人も出たことになる。

小選挙区には死票が出るのは宿命であるが、この表10のように、多数の票を獲得しながら、当選人になれかった候補者もいたのである。この表10の選挙区は、平野部や盆地、さらには大きな河川の流域などでの耕地の多い農村部である。そのために、一年間一五円以上の地租納入者が多いのである。

(4) 制限選挙は地主には有利ではなかった

以上のことをまとめると、**都市部・山間部・海浜部の方が、農村部に比べて圧倒的に「一票の重み」があった**ということができる。これらの地域では、少数の者だけでも当選人を選出することができたからである。前述のように、全国的に見て、三百票以下の当選人が四一人いるが、その選挙区はほとんどが島嶼・山間部・都市部・海浜部である。

それに対して、平野・盆地・大きな河川の流域などの耕地が多く、良田のたくさんある農村部では、年間国税一五円以上の納入者が多数おり、したがって選挙人数も多かった。全国的に見ると、一人区の当選人の平均得票である七一八・七一票以上を獲得した者が九二人、また二人区の当選人の平均得票である一四三二・〇八票以上を獲得した者が三三人いるが、彼らのほぼ全員が農村部の選挙区の当選人である。それを、選挙人の立場から見れば、**農村部の選挙区の一票は非常に軽かった**ということである。

さらに、それらの選挙区では、死票も多かった。表10のいちばん上の**栃木県第一区（河内・芳賀郡）の中山丹治郎は一六〇九票をとりながらも次点となった。一人区の落選者の中では最高得票者である。もっとも、当選人となった横堀三子は一八三九票を獲得している**。この区は、河内郡宇都宮町周辺から芳賀郡益子村・真岡町にかけては、ほとんどが平野であり、水田が多く、したがって高額地租納入者も多いのである。

この区の選挙人数は三六五二人であり、一人区としては全国で四番目の多さである。次点となった中山の一六〇九票は、京都府第一区の当選人となった浜岡光哲の二七票の約五九・六倍である。前述のように小選挙区制では死票の出るのはやむをえないが、農村部の落選人の得票の多さを、都市部の当選人の票数の少なさと対比すると、その異常さが浮かび上がるであろう。

初期議会は、「地主議会」ともいわれる。選挙人のほとんどは地主であり、そのような地主によって選ばれたのは地主の代表であるという意味である。つまり、「衆議院議員＝ほとんど地主」という公式と同じことである。

当時の衆選法の選挙区画は、現住人口に基づいたのであり、その数には多少の違いがあっても、一部の例外を除けば、ほぼフラットであった。しかし、選挙人数は、それとはまったく無関係であった。耕地の多い農村部には、選挙人が多く、その分だけ、彼らの一票は、島嶼・山間部・都市部・海浜部の選挙人の一票に比べて、軽いものとなった。そして、そこに極端な「一票の格差」が生まれた。したがって、たとえ農村部の選挙人には地主が多かったとしても、**国税納入額に基づく制限選挙は、必ずしも地主に有利な選挙ではなかったのである。**

議会制民主主義の祖国イギリスでは、腐敗選挙区によって、地主たちが不当な議席を占めることが問題になったが、日本の初期の総選挙では、その逆に、地主たちの選挙権は軽いものであったのである。もっとも、イギリスと日本とでは、地主の存在形態が異なるので、同じように見ることはできない。

そもそも、表9で見たように、一人区の当選人のうち六八人は得票が五〇〇票以下であり、二人区の当選人のうち二五人は得票が一〇〇〇票以下である。彼らのほとんどは、都市部・山間部・海浜部の選挙区の当選人である。そのような者を、はたして地主の代表と呼ぶことができるのであろうか。

「衆議院議員＝ほとんど地主」という公式や、初期議会を「地主議会」とする見方は、講座派がコミンテルンの一九三二年テーゼの一部をいい換えたものにすぎない。つまり、三二年テーゼでは、天皇制絶対主義の二つの支柱として、資本家階級と地主階級の二つを挙げていたが、当時は資本家階級が未成熟であったことから、もっぱら地主を天皇制の階級的基礎としたのである。つまり、右の公式は、「はじめに結論ありき」であり、実態の分析に基づくものではなかったのである。

3　立候補制ではない選挙

(1)　立候補制ではない選挙

当時の衆選法に基づく選挙制度が、現在の制度と大きく異なっていた点がいくつかある。その第一は制限選挙であったことであるが、第二としては立候補制ではなかったことを挙げることができる。同法第三章「被選人ノ資格」には、今日の立候補制度に当たる条文はまったくない。**満三十歳以上の男子で、選挙人名簿に記載されている三十歳以上の者は、そのまま自動的に候補者であったので、「立つ」必要はなかったのである。それを選挙人の立場からいえば、投票に際して、同一府県内の選挙区の選挙人名簿に記載されている三十歳以上の者ならば、誰に投票してもよいということである。**

　したがって、新聞はいうまでもなく、当時のいろいろな資史料に、「立候補」という文字を見出すことはできない。第一回総選挙の時のみならず、第六回までの初期の総選挙の記録や新聞にも、やはり「立候補」という文字は見当らない。**「立候補」という概念そのものがまだなかった**のであるから当然である。

　しかし、これまでの出された多数の研究書や伝記・評伝には、「立候補」という文字が、さかんに使われている。たとえば、「〇〇は、〇〇県第〇区から立候補した」とか、さらには「〇〇は全立候補者〇〇人中、第〇位であった」というような文章を目にすることが少なくない。自治体史の記述の中には、「〇〇県第〇回第〇区立候補者数」などの表も見られる。また、歴史辞典・人物辞典などにも、初期の総選挙の候補者になった者の項目に「立候補した」と書いているものがしばしば見られる。たとえば明治期の人物辞典としては最も詳しいと自任する宮地正人・佐藤能丸・櫻井良樹編『明治時代史大辞典』（吉川弘文館、二〇一一〜二〇一三年）には、本書で触れている人物に限っても、片岡健吉・高田早苗・竹内綱・津田真道・内藤魯一・中江兆民・村松愛蔵・元田肇・林有造などの記述で、「立候補」という文字が使われている。いうまでもなく、これらは当時の選挙のあり方をふまえたものではなく、すべて誤りである。[*13]

また、川人貞史『日本の政党政治　一八九〇―一九三七年　議会分析と選挙の数量分析』（東京大学出版会、一九九二年）の七六ページには、「第一回総選挙では、三〇〇の定数に対して候補者総数が八八〇名だから、競争率は二・九倍であった。」という文章がある。しかし、当時の選挙制度を踏まえていれば、こうした記述をすることはできないはずである。

『政戦記録史』には、全二五七区の当選人と次点および主要な落選人が計九三四人書かれている。しかし、半数以上の選挙区には、当選人、次点、主要な落選人とその票数の後に、「其他」として票数が書かれており、その合計は約一万三千票に達する。もちろん、これらはすべて有効票であり無効票ではない。「其他」の多い選挙区を挙げると、たとえば秋田県第四区（二人区）では八三五票であるが、その数は次点をはじめ主要落選人六人の誰よりも多い。また、岡山県第一区（二人区）では一四一五票であり、最後の落選人の得票よりも多い。

このように、有効と認められた投票用紙に名前の書かれている者は、だれでもが候補者なのである。全国の候補者数が何人であったのかは、各選挙区の選挙長が有効票を得た者と認めて、知事に報告した名前を合計しない限りは、出すことができないのである。その数は、おそらく数千人に達したであろう。

しかし、自分が衆議院議員になる意思をもち、それなりの選挙運動を展開した主要候補者の数は、それよりもかなり少なかった。『郵便報知新聞』一八九〇年七月九日の社説「捲土重来亦難らず」では、「三百の議員数に対し其の候補者たりしもの無慮千三四百名」とある。それが主要候補者の概数に近かったと思われる。主要候補者については、次項の(2)でも再び触れることにする。

(2) 複数区での候補者

当時の総選挙では、現在ではなかなか想定できないようなことが起こっている。その一つは、**同一人物が複数区でかなり票を獲得したことである。これは、当時の選挙が立候補制ではなかったことから起こったのである。**

具体的な例を挙げておこう。鳩山和夫（一八五六～一九一一）は、帝国大学法科大学教授、法学博士であり、さらに代言人であったが、衆議院議員となる意欲をもち、第一回総選挙では、改進党員たちの支持を得て運動を進めていた。しかし、東京府第九区（小石川・牛込・四谷区）では、五四票をとったものの、五八票の芳野世経に四票差で破れて次点となった。だが鳩山は、東京府第十区（東多摩・南豊島・北豊島郡）でも七三票を得ていたのである。ただし、第十区の選挙人数は七九八人と多く、こちらでも第四位で落選した。鳩山が二つの区でどのような運動を展開したのかは不明であるが、ともかくどちらの区でもかなり票を集めていたのである。

さらに、肥塚龍の場合も挙げておこう。肥塚は、その当時、『東京横浜毎日新聞』の記者であったが、改進党の結成の時からの活動家であり、一八八四年十二月に大隈重信・河野敏鎌らが脱党した後の七人の事務委員の一人となり、同党の幹部であった。肥塚は、神奈川県会議員を三期続けていたことから、第一回総選挙に際しては神奈川県第四区（三浦・鎌倉郡、定員一人）から出馬することにして運動を進めていた。しかし、彼は同時に、郷里の兵庫県第八区（揖東・揖西・赤穂・佐用・宍粟郡、定員二人）でも有力候補者であったのである。こちらは、地元の支持者たちが、かなり積極的に運動を展開したものと思われる。

ただし、選挙結果は、神奈川県第四区では一九六票で第三位であり、兵庫県第八区（定数二人）でも次点であった。後者の区の当選人は、一四三四票の改野耕三と一三五七票の柴原政太郎であり、肥塚は一二一六票で惜敗したのである。先の鳩山が被選人資格を得たのは東京府だけであったと思われるが、肥塚は神奈川県と兵庫県の両方で被選人資格を得ていたのである。

さらに、熊野敏三（一八五五～一八九九、法科大学教授、民法学者）は、山口県第二区、同県第四区、群馬県第二区の三区の候補者となっている。ただし、すべての区で落選した。

これらのことは、立候補制が確立した現在では、想定できないことである。しかし、**当時の衆選法に下では、複数の府県であろうとも、国税一五円以上を納めている三十歳以上の男子で、その府県の選挙人名簿に載っている者は、それらの府県のすべての選挙区の候補者であった**のである。

以上の鳩山・肥塚・熊野の三人は、おそらく「財産」作りにより被選人の資格を得ていたものと思われる。

第一回総選挙の後の七月上旬の地方新聞に載っている開票結果には、当選人・次点はいうまでもなく、わずか一票の者でも書かれている場合もある。さらに、同じ者が複数の選挙区に出ているのを見つけることができる。それらはすべて、各区の選挙会（衆選法第八章に基づく公開の開票会）の選挙長が有効票としたものであり、さらに県知事もそれを認めたものである。

たとえば、『下野新聞』七月四日には、前日の三日に県内の選挙会の様子と、県内全区の開票結果が書かれている。栃木県の第一回総選挙では、自由党の三派（再興自由党・愛国公党・下野倶楽部［大同倶楽部系」）と改進党の候補者が入り乱れて、民権派同士による激しい選挙戦が展開された。その中で、再興自由党のリーダーの一人であり、栃木県会議長の新井章吾は、自らの選挙区の第二区（上都賀・下都賀郡、定員二人）で二五二六票を得てトップ当選するが、第一区でも二票を獲得した。また、長らく栃木自由党の幹部であり、県会副議長を務めたことのある愛国公党の塩田奥造も、第四区（那須・塩原郡）で五四一票を獲得して当選するが、自分の出身地である第二区でも一票を得ていた。新井や塩田は、自分の選挙区以外の候補者となる意思をもっていなかったのであるが、他の選挙区でも得票があり、しかもそれは有効票であったのである。

当時、「候補者」の実態は多様であり、その概念もかなりあいまいであった。それらの中には、多数の支持を得て、広範な運動を展開し、多くの票を集めた者もいれば、周辺の地域の者や親族から数票を得ただけの者もいる。さらに、まったく運動らしきものをしなくても、票を得た者もいる。しかし、彼らはすべて候補者であった。というよりも、広義に解釈すれば、**選挙長が作成して知事に提出した選挙明細書に名前を書かれていた者は全員が候補者なのである**。

しかし、当時にあっても、「候補者」という言葉は、より狭義に使われることが多かった。つまり、〝**議員になろうとする意思をもち、選挙活動をしている者**〟の意味である。厳密には、**彼らは「主要候補者」といった方が正確であろう**。しかし、そのような者を「候補者」と呼ぶことは、当時からも行われていた。新聞には、「候補者」という文字が満ち溢れており、地方紙などでは、それぞれの県内各区の彼らの氏名を出して、選挙戦の様相を紹介していた。さらに、大久保利夫『衆議院議員候補者列伝　一名帝国名士叢伝』第一～三編（六法館［東京］、一八九〇年三月六日～六月十六日。全一一〇三ページ）

などのように、主要候補者を「候補者」として紹介した冊子すらも出版されていたのである。したがって、本書でも、以下、**候補者という場合には、基本的には、主要候補者、つまり狭義の意味の候補者を意味する**ことにしておきたい。

(3) 立候補制の成立──一九二五年の衆議院議員選挙法改正──

立候補が制度となるのは、一九二五年の衆選法の改正（三月二十九日成立、同年五月十二日施行）によってである。この改正により、候補者となる者は自ら届け出るとともに、保証金二〇〇〇円を供託することを義務づけられ、法定得票数（有効投票数を議員定数で割った一〇分の一）に達しない場合には、それが没収されることになった。また、投票用紙に立候補者の届け出をした者以外の名を書いた場合は無効となった。これが立候補制度である。

なお、この時の改正では、旧来の制限選挙から男子普通選挙となったことは、よく知られている。[*14] ただし、**この一九二五年の改正については、教科書はいうまでもなく、概説書、通史、さらには研究書でも、普通選挙法の成立と書いているものが少なくない**。しかし、**「普通選挙法」などという法律は実際には存在しない。法の名称は旧来の「衆議院議員選挙法」のままであり、あくまでもその改正である。**つまり、法律としてはあくまでも「衆議院議員選挙法」（一九二五年改正）なのである。内容に則した書き方をすれば、〃一九二五年の衆議院議員選挙法の改正によって、二十五歳以上の男子に選挙権が与えられた。〃ということである。もちろん、欠格条件は、旧来と同じである。

この制度を導入する理由として、若槻礼次郎内務大臣は、一九二五年二月二十一日の衆議院第一読会で、「所謂泡沫候補者ノ輩出ヲ防止セントスルノ趣意ニ外ナラヌノデアリマス」[15]と説明しているが、無産勢力に支持された者が候補者になりにくくする面のあったことは否定できない。

ただし、この改正の以前から、制度とは別に、「立候補」という言葉が使われていた。そのことは、右の若槻内相の説明で、その少し前の個所に、「本当ニ当選ノ目的ヲ持タズシテ、漫然トシテ立候補ノ声明ヲ為シテ、当選ヲ万一ニ僥倖セントスルヤウナ者ガアッタリ……」と述べていることから確認できる。

しかし、「立候補」という言葉がいつ頃から使われ出したのかは、なかなか確認できない。一九〇〇年の衆選法の改正が、一つの画期かとも思われるが、当時の文献にも、その文字を容易には見出せないのである。この時の改正では、従来の小選挙区制から大選挙区制となったことや、人口三万人以上の市が独立選挙区となったことの以外にも、選挙資格で重要な改正があった。つまり、選挙人の資格が従来の直接国税一五円以上から直接国税一〇円以上となり、五円引き下げられるとともに、被選人の納税資格がなくなったのである。改正された同法第十条は、「帝国臣民タル男子ニシテ年齢三十年以上ノ者ハ被選挙権ヲ有ス」である。次の第十一〜十七条には種々の欠格条件が書かれているものの、被選挙権に関する限り、納税資格による制限はなくなったのである。

この改正は、候補者になろうとする者たちの顔ぶれに変化が起きる一つの転機であった。第七回総選挙（一九〇二年八月十日）は、改正後の最初の選挙であるが、その時には、財産とは無縁であったが木下尚江が、群馬県前橋市の候補者となっている。キリスト教社会主義者の木下は、『毎日新聞』の記者であり、普通選挙運動の推進者であったが、前橋のキリスト教徒・深沢利重たちから推されて、当時の金権選挙を批判する「理想選挙」を実践しようとしたのである。そこには、幸徳秋水・安部磯雄・片山潜・巌本善治なども駆けつけて応援演説している。結果的には惨敗であったが、木下のような者でも候補者になりえたのは、衆選法の改正により、被選人の納税資格がなくなったからである。

当時の『毎日新聞』『万朝報』『上毛教界月報』は、この木下の選挙を積極的に支援し、そのことを報じたが、そこには候補という字はあっても、「立候補」という字は見当たらない。[*16]また、木下自身もそのことを『労働』（一九〇八年）として作品にしているが、やはり「立候補」という字はないのである。ともかく、すでに一九〇〇年の衆選法の改正によって、財産資格は不要となり、欠格のない満三十歳以上は、だれでもが被選人であったのである。そして、一九二五年の衆選法の改正で男子普通選挙が実現したといわれているが、その時の改正はあくまでも、選挙人に関してだけであったことを、改めて確認しておきたい。

(4)　二つの再選挙

A　同一人物の複数区での重複当選

先に(2)項では、一人が複数区の候補者になったことを取り上げたが、ここでは、同一人物が県内の二つの選挙区で当選人になった重複当選を取り上げる。それは愛媛県と大分県で、実際に起こったことである。

両県の二つの区の開票結果を『政戦記録史』（前出）から引いておこう。

愛媛県第一区　定員二人

当選　一六七九票　藤野政高
当選　一三四五票　鈴木重遠
次点　一二八六票　小林信近
一一〇二票　加藤　彰
一七五票　其　他
同第四区　定員一人
当選　五三九票　鈴木重遠
次点　二七七票　高須峯造
二票　尾崎山人
一二票　其　他
大分県第一区　定員一人
当選　四八八票　元田　肇
次点　四七九票　若林永興
一六票　小野吉彦　外
同第五区　定員一人
当選　二七二票　元田　肇
次点　九三票　安東九華
九二票　松木高三郎

九一票　下瀬文蔵
四六票　安藤安吉
三一票　福村権一郎
三票　其　他

このような結果は、立候補制が確立した現在からみれば、かなり異常な事態といえる。しかし、実は衆選法も、このような場合を想定して、第六十二条で、「一人ニシテ数選挙区ノ当選人トナリタル者、当選ノ通知ヲ受ケタルトキハ、何レノ選挙区ノ当選ヲ承諾スル旨ヲ府県知事ニ届出ヘシ」と規定していた。ただし、これも、すでに府県会規則第二十条に「一人ニシテ数郡区ノ選ニ当ルトキハ、其何レノ郡区ニ属スヘキハ当人ノ好ミニ任スヘシ」とあり、この第六十二条はそれに準拠したものといえる。

ともかくこのように、複数区での重複当選の場合は、当選人がどの区の当選人になるかを決めて、その承諾を県知事に届け出れば、他の選挙区の当選人は辞退したことになるのである。そして、衆選法六十四条には、「当選人ニシテ、其ノ当選ヲ辞シ、又ハ期限内ニ其ノ当選ノ承諾ヲ届出サルトキハ、府県知事ハ選挙ノ期日ヲ定メ其ノ選挙長ニ命シ、再ヒ選挙ヲ行ハシムヘシ」とあり、その場合は再選挙を実施することになっていたのである。

ところが、二県で重複当選が明らかになった後、地元では、次点をくり上げ当選にするべきであるとか、内務大臣に報告して指示を待つべきであるというような議論が起こった。それに対して、『郵便報知新聞』七月六日の「同時に両区の於て当選せし議員」と、同紙八日の「大分愛媛の再撰挙」は強く批判して、二県では再選挙を行うべきことを強調している。八日の記事を引いておこう。

大分愛媛の両県に於て一人両区に当選したるに付ては、欠位を生せし区は更に撰挙を行ふへきよしは既に報せしが、今尚ほ聞くに右の選挙は選挙法第六十四条を適用し府県知事に於て選挙の期日を定め其の選挙長に命して行ふべく、故《ことさ》らに内務大臣の命を待つを要せさる訳けなり。尤も期日の定め方に付ては別に明文なけれど、当選者の承諾届出期限後二十日以内に開くべしと云ふ。

この記事の主張は、きわめて的確である。実際にも、次点になった者の繰り上げ当選などではなく、再選挙が実施されたのである。

研究書の中には、同一人物が重複当選した場合に、自分の当選した選挙区を決めた後、他の選挙区では、次点者を繰り上げ当選にしたというような記述が見られる。[*17] しかし、それは誤りである。以下、それらについて見ておこう。

B　愛媛県第一区での再選挙

まず、愛媛県では、第一区（定員二人、温泉・和気・風早・野間・久米・伊予・下浮穴郡）と第四区（新居・宇摩郡）の両方で当選人となった鈴木重遠が、第四区の当選人となることを承諾した。そして、第一区の当選人を辞退したことにより、第一区で再選挙が行われることになったのである。

選挙戦は、大同倶楽部の長老の長屋忠明と、総選挙で次点であった改進党の小林信近との間で繰り広げられた。そして、七月二十五日の投票の結果、[*18] 長屋が一五二九票をとり、小林の一一〇〇票に四百票以上の差をつけて当選した。

長屋は旧松山藩士族であるが、早くから土佐の立志社に呼応した活動をしており、一八七七年七月には、自ら中心となって公共社を作った。これは愛媛県における本格的な民権結社としては最初のものである。長屋は、翌七八年十二月、岩村高俊県令の命を受けて、野間郡長に就任する。しかし、八〇年三月に岩村が内務省戸籍局長として東京に戻った後、新県令関新平が、長屋に対して、郡長でありながら民権結社である公共社員であることに異を唱えたので、長屋は郡長を辞した。翌八一年二月、長屋は公共社の組織を拡大して、政談部・工業部・商業部・教育部の四部構成にした。

同年十月に東京で自由党が結成されると、それをうけて公共社の政談部は独立して松山自由党となった。その後、八三年に松山自由党が解散するが、長屋らは海南共同会を結成した。実質的に公共社と松山自由党を受け継いだものである。長屋は、一八八六年三月の県会議員半数改選で当選して以後、県会議員であった。愛媛県は、もともと民権派が強く、県会でも改進党と旧自由党の大同倶楽部（大同派）の議員が圧倒的な多数を占めていた。ともかく長屋は、愛媛県の旧自由党系の早い時期からの活動家だったのである。

愛媛県の他区の当選人でも、第五区の牧野純蔵と第六区の末広重恭は大同倶楽部であった。また、第一区（二人区）で一位当選した藤野政高は愛国公党に加盟していた。いっぽう第二区の当選人の石原信樹と第三区の当選人の有友正親は、ともに改進党であった。

このように、愛媛県第一区の再選挙では、大同倶楽部の長屋忠明が改進党の小林信近を抑えて当選したのである。これにより、愛媛県の当選人の党派別内訳は、旧自由党系（大同倶楽部三、愛国公党一）

四、改進党二となったが、第一回総選挙において民権派が完勝したことには変わりはなかった。

C　大分県第五区での再選挙

前出のように、元田肇は総選挙において、第一区（大分郡）と第五区（西国東・東国東郡）の二つの区の当選人となった。元田は圧倒的多数を得た第五区を選ぶものと思われていた。しかし、その時に、第一区では次点の改進党の若林永興が、元田の当選に異議を唱えて訴訟を起こした。若林の得票は元田に九票少ないだけであったので、その開票に疑義があるとしたのである。

その裁判は七月十四日に開始されたが、『朝野新聞』七月二十一日には、「元田氏裁判の確定を待つ」という記事があり、そこからは、この訴訟は却下されて元田の当選が確定したことが分かる。だが、元田が自らを第一区の当選人となることを知事に届けたのは、一週間ほど後である。衆選法第六十三条では、当選人は一〇日以内に当選承諾をすればいいことになっていた。

『郵便報知新聞』七月二十九日の雑報「元田氏第五区の当選を辞す」には、「元田肇氏は第一区の方を承諾して第五区の方を辞退したる由なれば、法則に依り第五区に於ては更に日を定めて選挙会を開くなるべし」とある。つまり元田は、圧倒的勝利を収めた第五区ではなく、辛勝はしたが訴訟の起きた第一区を、自分の当選区としたことで、再選挙は第五区で行われることになったのである。

ただし、元田が第一区の当選人にこだわったのは、次点の若林永興から訴訟が起こされたにもかかわらず、勝利が改めて確定したので、その位置を守ろうとしたこともあるが、けっしてそれだけでなかったようである。

改めて、元田肇（一八五八〜一九三八）について見ておこう。彼はまず、杵築藩の儒者元田竹渓の私塾で学び、後に竹渓の子の元田直の養子となった。元田直は代言人であったが、肇も東京大学法学部を出て代言人となり、さらに東京代言人組合の会長になった。その意味では、大分県の立志伝中の人物である。

一八八九年に帰郷して、大同倶楽部の者とともに大隈外相の条約改正案に対する反対運動を進めたり、豊州会を結成したりしたことから、県下で広くその名を知られることになった。元田が大分県の条約改正反対運動の中心人物であり、大同倶楽部の者と行動をともにしたことから、選挙後の大新聞の当選者欄や当選者紹介冊子の中には、彼を大同派としているものもある。しかし、元田は本来、保守派であり、総選挙の後に、当選人たちの紹介本である三好守雄編『衆議院議員実伝』（一八九〇年八月）では所属を「保守中正党」としているし、木戸照陽編述『日本帝国国会議員正伝』（田中宋栄堂［大阪］、一八九〇年八月十八日）も「保守」としている。実際、当選後は大成会に属することになる。

元田はその後、最初の普通選挙である第十六回総選挙（一九二八年二月二十日）まで連続当選を続けるが（第二回のみは補欠選挙）、当初は大成会→中央交渉部という「吏党」に属していた。しかし、その後は、周知のように、対外硬派の国民協会の中心人物となる。だが、一九〇〇年の政友会の結成後は、それに参加する。そして、いくつかの大臣を歴任し、一九二八年の田中義一内閣の時には衆議院議長となる。その間、一貫して、改進党・進歩党・憲政本党・立憲国民党・憲政会・民政党とは反対の立場であったことには変わりはない。

第一回総選挙において、元田が第五区の当選人を辞して、第一区の当選人となったのも、そのような元田の信条の表われであろう。つまり、第一区で僅差で次点となったのは改進党の若林永興であり、もし第一区で再選挙を行えば、若林が当選人となる可能性はかなり高かった。大分県は改進党の強いところであり、元田としては、どうしても若林を当選させたくなかったのである。

それに対して、第五区で次点となった安東九華は、もともと大分県吏であったが、西国東郡長を務めた後は、郷里で余生を送っていた人物である。保守派である元田にすれば、こうした安東が候補者となり、当選することは好ましいことであった。実際、議員になってからの安藤は、大成会→中央交渉部→国民協会という元田とまったく同じ道を歩むことになる。

ともかく、元田は自分では早くから第一区の当選人になることを決めていたようである。しかし、支持者たちの間に意見の違いがあったことなどから、最終的な決定が遅れることになった。ただ、それでも大分県における再選挙は、元田の思惑通りに、第五区で行われたのである。

ところで、大分県では、総選挙の直後には、次点の者を繰り上げ当選とする動きがあったようである。『毎日新聞』七月八日の雑報「衆議院議員の改撰」の後半では、それを次のように明確に批判している。「元田氏は第一区の当選を承諾したれば、第五区にては更に改選を行はざる可ざるに、同地よりは其の次点者安東九華氏が当選したりとの電報ありしが、今聞く所に依れば、其の筋にては二三紙に次点者が当選せし様記載せしに依り、早速電音を以て大分県に事実の有無を問合せたるに、箇様の事は更に之れなしとの返事に接したりと云へば、愛媛県及び大分県に於ては不日改選を行ふとならん」。

主旨は、先に引いた『郵便報知新聞』七月八日の記事とほぼ同じであるが、地元では一時、次点の安東九華を当選人にするような動きのあったことが確認できる。しかし、実際にはそうではなく、再選挙が行われた。ただし、それが実施されたのは、総選挙の結果が判明してから約四〇日たった八月十二日である。その原因は、前述のように、第一区での当選に訴訟が起こり、元田がその却下を待ってから、第一区の当選人となることを決めたためである。

再選挙の結果について、『郵便報知新聞』八月十六日の雑報「安東九華氏当選せり」は次のように報じている。「大分県第五区は初め元田肇氏の当選したる所なり。然るに氏は第一区の当選を承諾したるを以て再選挙を行ひたるに、安東九華氏大多数を以て当選せり。氏は前きに改進党の候補者として推されたる人なるか、此度は改進中立両派の推す所となりしと云ふ。」

この記事は、この再選挙の結果について確認できた唯一の史料である。ただし、安東を改進党の候補者としているのは、明らかな誤りである。

この大分県第五区の再選挙については、旧来より間違った記述がなされることが多かった。その代表は、『大分県史　近代編Ⅱ』（一九八六年）であり、「元田肇は一区と五区で当選し、五区を辞退して次点の安東九華が当選した」（六三ページ）としている。また、野田秋生『大分県政党史の研究――自由民権と党派の軌跡』（山口書店、一九九〇年）も、同じようなことを書いている。

そのような誤りが生じたのは、先述のように、当初、次点の安東九華を繰り上げて当選人にする動きがあったことや、さらに再選挙が大きく遅れたためであろう。そして、事実が見逃されて、第五区では次点の安東九華が当選人になったという虚構ができあがり、後々まで引き継がれたものと思われる。

もっとも、『政戦記録史』は、第一区と第五区の当選人をともに元田としたままであり、その「第一回総選挙後異動」のところでも、この再選挙のことは出ていない。また、指原編『明治政史　第二十三編』と大津『憲政史　第三巻』は、ともに安東九華を第一回総選挙における大分県第五区の当選人として扱っている。これら三冊はすべて、再選挙が行われたという事実を記していないのである。

以上が、愛媛県第一区と大分県第五区での再選挙の実態である。ここで改めて確認としておくと、七月当初の総選挙で確定した当選人の総数は二九八人であり、二人は未定であった。二つの区で、同一人物が重複当選したためである。

そして、**この二区で再選挙が行われたことにより、第一回総選挙における全国二五七選挙区の当選人三〇〇人が、最終的に確定した**のである。ただし、詳しくは後述するが、これ以後も、十一月二十五日の第一議会召集までの間には、このほか四選挙区で補欠選挙が行われたことと、二選挙区で当選更正（裁判になる当落の逆転、第三章2(2)参照）があったことをも、重要な事実であり、忘れてはならない。

(5)　大井憲太郎と内藤魯一の場合

複数区で候補者となる者は、その後、第二回総選挙（一八九二年二月十五日）でも現われる。ここでは、大井憲太郎と内藤魯一の場合を見ておこう。

二人とも、早い時期からの民権運動の活動家であった。しかし、第一回総選挙においては、大井は被選人となる資格がなく候補者となることができなかったし、内藤は愛知県第八区の候補者として落選していた。彼らは、旧自由党の幹部であったという矜持をもち続けており、衆議院議員でないことに甘んずることはできずに、複数区で候補者となるという手段をとったのである。

大井憲太郎は大阪事件の首謀者であったが、憲法発布に伴う大赦により出獄する。しかし、第一回総選挙の際には被選人にはなれなかった。[*19] 大井は、大阪事件において、国事犯である外患予備罪（重懲役九年）のほかに、常事犯である犯人隠避罪（軽禁錮二月罰金五円）や贓物罪《ぞうぶつざい》（重禁錮六月罰金一〇円監視八か月）の数罪倶発を負っていたからである。憲法発布に伴う大赦では、国事犯の多くは、犯罪そのものが消えることになったが、[*20] 常事犯はその対象にはならなかった。もっとも、大井の常事犯罪の刑期は一八八八年三月二十一日までであり、それは名古屋監獄にいる間に過ぎていたので、出獄には何らの問題がなかった。しかし、犯罪歴そのものは消えなかった。先に見たように、衆選法第十四条「選挙人及被選人タルコトヲ得」ない者の「四」は「禁錮ノ刑ニ処セラレ満期ノ後又ハ赦免ノ後満三年ヲ経サル者」となっていたのである。つまり、大井の負った常事犯は禁錮刑なので、一八九一年三月二十二日以後でなければ、選挙人にも被選人になれなかったのである。

しかし、大井は衆議院議員になることに強い意欲をもっていたので、一八九〇年五月の選挙人名簿の縦覧の際に、自分の名前が大阪府第二区（東区・北区）の選挙人名簿に載っていないことを知ると、さっそく同月十七日に、第二区の選挙長の東区長袋井寛貞に異議申立てを行った。しかし、選挙長は二つの理由から大井は選挙人として欠格とした。一つは常事犯の禁錮刑満期後、まだ三年以内であることであり、もう一つは、選挙人名簿調整の時期の一年以上前から、本籍を定め住居してはいなかったことであった。

大井はその回答に不満をもち、大阪始審裁判所に訴えたが却下され、さらに大審院に上告したが、本籍・住居において欠格として棄却された。代言人の大井であれば、衆選法に照らして、自分には選挙人の資格がないことは、当然、分かっていたはずである。にもかかわらず、このような訴訟を起こしたのには理由があった。大井は大同協和会→再興自由党のリーダーであり、総選挙の後には、三派に分かれている旧自由党を、再興自由党を中心にして再編し、自分がその領袖となることに強い意欲をもっていたのである。そのような使命感にとらわれた自負心の強さが、この訴訟にはどう見ても勝ち目のないという冷静な判断をすることをさまたげたといえる。

大井は、その後、一八九一年二月二十一日に中江兆民が辞表を出したことにより、翌月に大阪第四区（西成・東成・住吉郡）で補欠選挙が行われることになった時にも、依然として被選人の資格はなく、候補者にはなれなかった。

しかし、大井が議員になれずにいる間に、自由党は議会政党としての性格を強めていた。一八九一年十月十五日の党大会では「自由党々則」を改正したが、その「党則改正理由書」には、「今日代議政体の世に処して、専制政体の時に起りたる政社の遺風を墨守するは、変に適せさる者なり。（中略）今や我党は大に面目を一新し善美なる立憲政体を確立するに力を尽くすへきの時なり。茲に党則を改正し以て党弊を一掃するに非すんは以て自由民権の主義を拡張するを得さるなり。代議政体に於けるの政党は、宜く代議士を以て中心と為すへし」[*21]とあり、自由党は代議士を中心とした議会政党であることを明確に宣言したのである。それ以後は、当然ながら、院外党員の力が弱くなっていったのである。

大井は、このような自由党のあり方に強い批判をもっていたが、党内での発言力を失っていたことから、その流れを食いとめることはできなかった。彼が再び自由党内でその存在をアピールするためには、総選挙で当選して議員になることが、どうしても必要であったのである。このような焦りを覚えていた大井にとっては、松方正義首相が、第二議会の最中の一八九一年十二月二十五日、次年度予算の大幅削減を求める自由・改進両党との議論を回避して、衆議院を解散したのは、まさに好機到来であった。一八九二年二月十五日に第二回総選挙が行われることになったからである。この時期には、大井はすでに禁錮刑満期後から満三年以上たっており、すでに被選人としての資格をもっていた。

そして、この**第二回総選挙の時に、大井は大阪府の二つの選挙区の候補者となるのである。**その二つの区とは、第六区（茨田・交野・讃良・河内・若江・高安郡）と第八区（堺区、大島・泉郡）である。**二つの区で候補者として選挙運動を展開すれば、どちらかの区では当選すると考えたのであろう。**

しかし、大井の思惑ははずれた。第六区では一三四六票をとった俣野景孝（「近畿団体」所属）が再選されて、大井は一〇六一票で次点であった。また第八区でも八三四票をとった児山陶（「近畿団体」所属）が当選人となり、大井は五九二票でやはり次点であった。つまり、大井は両区で敗れたのである。

二つの選挙区の候補者となることは違法ではないが、それだけ力が分散せざるをえず、配下に多くの壮士をもつ大井ではあっても、大きな負担であった。また、そのように二股をかける者には、選挙人たちも必ずしも信頼は寄せなかったであろう。第一回総選挙の時の愛媛県の鈴木重遠や大分県の元田肇が、二つの区で当選人になったのは、彼らを支持する選挙人が県内に多かったからである。しかし、大井の場合は、自由党内での立場の喪失という自らの危機感から、なりふりかまわずに二つの選挙区の候補者となったのである。

しかし、結果はまさに「二兎を追う者は一兎をも得ず」を地でいったものであり、両区とも次点に終わったのである。大井は、本人としては、大真面目であったのであろうが、結果からみれば、当時の選挙制度の下で「ピエロ」的役割を果たすことになったといえる。

その後、大井は、自由党内には、もはや身の置く場所がなくなったことから、一八九二年六月に自由党を脱党し、旧再興自由党員たちによる関東会を組織した。そして、同年十一月六日、それを東洋自由党とし、結成大会を東京江東の中村楼で開いた。そこには二七八人が参加したが、衆議院議員では、森隆介（第二回総選挙に茨城県第四区で当選）と飯村丈三郎の二人しかいなかった。その後、新井章吾・稲垣示・谷順平も加わったものの、旧再興自由党からの参加者は、予想よりもずっと少なかった。それは、自由党の体質が変わり、党員たちの意識も変化したことの現われであった。

そして、陸奥宗光外相の進めていた条約改正に反対する流れが強まる中で、東洋自由党は、対外硬派の一翼として、国民協会などと大日本協会を結成した。対外硬派の激しい攻勢によって、条約改正交渉が頓挫することを恐れた伊藤首相は、一八九三年十二月一日、衆議院を解散する。かくして、翌九四年三月一日、第三回総選挙が実施されることになった。大井はこの時は、第二回の時とは違って、第八区だけの候補者となった。そして、この時期には「対外硬」の世論が高まっており、選挙人たちも大井がその強硬派の一人であることを知っていたので、一〇二八票を獲得して、自由党の森内房之助の四六七票を大きく引き離して当選する。かくして、大井は念願の衆議院議員となったのである。

第三回総選挙後の第六議会（特別会）は五月十二日に召集された。ただし、東洋自由党は前年の一八九三年十二月に解散して、その短い命を終えていたので、大井は院内では、旧大日本協会派・政務調査所派に属した。この会派は神鞭知常や稲垣示ら九人による小会派であったことから、対外硬派の中で存在感を示すために、きわめて強硬な主張を貫くことになる。

第六議会は、最初から波乱含みであった。この時には、自由党も第四議会の後半とは違って、伊藤内閣への批判の姿勢を強めていた。しかし、対外硬派は、自由党が政党としてのメンツを保つために提出した上奏案（政府は第四議会で約束した行政整理・海軍改革を十分には行っていないとする内容）を巧みに利用して、五月三十一日の衆議院本会議で「臣等閣臣ニ信ヲ置ク能ハサルナリ」という上奏案を可決してしまった。それは、内閣不信任案が可決されたのと同じことを意味した。かくして、伊藤首相は、六月二日、衆議院を解散に踏み切った。このようにして、第六議会の会期は、半月余に過ぎなかったのである。

第四回総選挙は九月一日に行われた。大井は、再び大阪府第八区の候補者となったが、当選したのは一〇一〇票をとった桜井義起（無所属）であり、大井は五八九票で次点となった。そして、この時に落選して以降、大井が再び衆議院議員となることはなかった。[*22] **大井が衆議院議員であったのは、生涯を通じてわずかに半月ほどにすぎなかったのである。**

第二回総選挙については、内藤魯一のことにもふれておかねばならないだろう。**内藤は**、二つの区どころか、**愛知県第二区（愛知郡）**、**第七区（知多郡）**、**第八区（碧海・幡豆郡）と三つの区で候補者となったのである。**

内藤もまた、愛知県のみならず全国的にも、その名を知られた民権家であった。一八八〇年三月の国会期成同盟結成大会では幹事に推され、翌八一年十月に結成された自由党でも幹事となった。また、八二年六月に、集会条例の改正追加により、政治結社が支部を置くことが禁じられて以降も、中央の自由党で活躍し、常議員や常備委員となっている。

その後、一八八九年五月に大同派が分裂し、大同協和会が結成されると、大井憲太郎・新井章吾・石阪昌孝らとともに、一五人の常議員に選ばれた。さらに翌九〇年一月の再興自由党の結成にも参加した。愛知県では、旧自由党三派の中で再興自由党が強かったのは、内藤の力によるところが大きい。

内藤は一方、一八八二年五月～八四年五月と八八年一月以降、郷里の碧海郡選出の愛知県会議員をも務め、九〇年五月には議長に選ばれた。つまり、第一回総選挙の時には、県会議長であったのである。しかし、その総選挙では、愛知県第八区の候補者となり、一〇二〇票をとったものの、一六四九票の早川龍介に敗れたのである。

しかし、内藤は衆議院議員になろうとする意思を強くもっていたので、一八九一年六月に第四区選出の宮田慎一郎が辞任したことに伴う翌月の補欠選挙では再び候補者になった。しかし、この時も元丹羽・葉栗郡長の松山義根（無所属）に敗れた。内藤も、自由党が議会政党化していく中で、かつての党内での立場を回復するためには、どうしても議員になる必要があり、第二回総選挙は、まさに好機であった。この点では大井憲太郎と同じである。ただ、内藤が大井と違うのは、この総選挙で三つの区の候補者となったことである。

しかしながら、**内藤は全区で惨敗した。つまり、第二区では七五九票をとったが、一〇二九票をとった永井松右衛門（再）に敗れ、第七区では五八四票をとったが、一〇五〇票をとった天野伊左衛門（新）の約半数に達しただけであり、さらに地元の第八区でも、前回よりも票を減らして九三一票しか集められず、一六七七票をとった早川龍介（再）に大差をつけられて敗れたのである。**

内藤が三区で全敗したことについて、鈴木清節『三河憲政史料』（三河憲政史料刊行会、一九四一年、復刻版は一九八三年）は、「善戦健闘三区とも相当の票数を得たが、いずれも第一位を占むるに至らず再び敗戦を嘗めた。三区同時に出馬し、力を三分したことは根本より策《ママ》戦を誤まつたもので満全を期したことは反対の結果を見た」と書いている。まさにこの点も、大井と同じであった。

なお、内藤は、その後も六度、出馬するが、落選を繰り返した。しかし、一九〇五年十一月二十七日の補欠選挙で初当選を果たし、さらに続いて第十回総選挙（一九〇八年五月）でも当選する。そして、一九一一年六月、現職議員のまま死去する。享年六十五歳であった。

以上が、旧自由党の実力者たちが、初期の総選挙で示した執念と結果である。

4　その他の制度

ここでは、最初の衆選法の下でのみ行われたその他の制度を見ることにする。これまで取り上げた制限選挙や立候補制ではない選挙は、一九〇〇年の衆選法の改正以降も続いていくものであるし、小選挙区制は現在の総選挙が採用している制度である。

しかし、最初の衆選法による制度の中には、最初の衆選法の改正によって廃止されたものがいくつかある。ここの(2)~(4)で取り上げるものがそれであるが、その前に、(1)では選挙会とその開票作業や、その後の当選人の確定のプロセスについてまとめておくことにする。

⑴ 選挙会と当選人の確定

選挙会は、すでに府県会議員選挙においても存在していたものである。前述したように、総選挙は府県会選挙を引き継いだ点が少なくないのである。

府県会議員選挙の投票や開票に関しては、府県会規則第十五〜第十七条で、次のように規定されている。①郡・区長があらかじめ、選挙人に投票用紙を配布しておく。②選挙人は、それに本人と被選人の住所・姓名・年齢を記入して、郡区長の指定した選挙会の日に、選挙人あるいは代人が提出すること。③投票が終わってから、郡区長が開票する。そして、開票に際しては、「郡区長ハ選挙人名簿ニ就テ投票ノ当否ヲ査シ、又被選人名簿ニテ当選人ノ当否ヲ査ス、若シ法ニ於テ不適当ナル者アルカ、或ハ当選人自ラ其選ヲ辞スルトキハ、順次投票ノ多数ヲ得タル者ヲ取ル」(同第十八条)というものであった。これが、府県会議員選挙における選挙会であるが、その任務は、すべて郡区長に任されていたのである。

これに比べて、衆選法の選挙会ははるかに厳密であり、同法第八章「選挙会」第四十六条〜第五十七条で細かく規定している。その主なものを挙げておこう。

まず、選挙会は、各選挙区の選挙長の在任している郡役所・区役所・市役所で行うものである(第四十六条)。選挙長は、選挙区内の選挙管理の総責任者であり、府県知事が、郡長・区長・市長にそれを任命するが、選挙区が複数の郡・区・市にわたる場合には、その中の一人を選ぶことになっていた。

選挙会は、それを希望する選挙人には参会が許されており(第五十条)、公開であったという点においても、府県会議員選挙における選挙会とは大きく異なっていた。また、そこでの開票作業は、選挙長の指示のもとに、選挙委員が務める。選挙委員は、各投票所から散会した立会人の中から、抽選によって三〜七人が決められる（第四十七条）。選挙委員の任務は、投票用紙に書かれた被選人の名前を読み上げたり、点数簿に記入したりすることである。また、選挙長の求めに応じて、意見を述べることにもなっていた。

選挙会については、後から出された衆議院議員選挙法規則第二十三条〜第二十五条で、さらに詳細に規定された。その第二十三条は、「選挙長ハ各投票所ノ投票函総テ到達シタル翌日、選挙法第四十八条ノ手続ヲ為シ、逐次投票ヲ開披点検シテ選挙委員ニ付シ、毎票先ツ選挙人ノ姓名、次ニ被選人ノ姓名ヲ朗読セシメ、書記二名以上ヲシテ被選人ノ得点ヲ点数簿ニ記入セシム」である。ここでは特に、一票ごとに選挙人と被選人の声明を読み上げて、書記（選挙委員が担当する）二人が選挙委員の得票数を「点数簿」に記入させるということが重要である。

第一回総選挙の選挙会は、右の第二十三条により、東京や大阪など都市部の選挙区では七月二日に行われたが、全国の多くの選挙区では、七月三日に行われた。当時の交通事情では、投票日のうちに、選挙区内の投票函のすべてが届くことはむずかしかったからである。

選挙会は公開なので、そこには有力候補者たちの支援者（選挙人）が多数参会し、場合によっては抽選で入場者を決めた場合もある。

選挙会では、開票の後に、選挙長が得票者とその票数などの事項を記入した選挙明細書を作り、選挙委員とともに署名することによって終了する。それ以後のことは、衆選法第九章「当選人」で規定されているが、当選人の確定の過程を簡単にまとめれば、次のようなものである。

①選挙会で当選人（最多得票者）を決める（衆選法第五十八条）。

②選挙長は当選人の姓名および得票数を府県知事に届け出る（同第五十九条）。
③府県知事はそれを当選人に通知し、さらに管内に告示する（同第六十条）。
④当選の通知を受けた当選人は、それを承諾するか否かを知事に届け出る（同第六十一条）。
⑤当選人がそれを承諾した時には、当選人が確定したものとして、知事は当選人に当選証書を付与するとともに、それを管内に告示し、さらに内務大臣に具申する（同六十五条）。
以上のように、総選挙の開票は、府県会議員選挙とは比べものにならないほど厳格に行われたのである。
ただし、新聞記者たちは、①あるいは②の後、選挙会を参観した選挙人たちから、その様子を聞いて、ただちにそれを社に報告したので、それが翌日の新聞に載ることが少なくなかった。しかし、厳密な意味での当選人の確定は、あくまでも⑤である。

⑵ 記名・捺印投票制

以下、最初の衆選法だけに書かれていた制度を見ていくが、その最初に、投票の際の記名・捺印投票制について取り上げる。衆選法第七章「投票」第三十四条〜第四十五条は、投票とその手続きを規定したものであるが、その第三十八条は次のようなものである。

第三十八条　投票用紙ハ各府県各々一定ノ書式ヲ用ヰ、選挙ノ当日投票所ニ於テ町村長ヨリ之ヲ各選挙人ニ交付スヘシ
2選挙人ハ投票所ニ於テ投票用紙ニ被選人ノ姓名ヲ記載シ、次ニ自己ノ姓名住所ヲ記載シテ捺印

スヘシ

この第二項にあるように、選挙人は投票に際して、被選人の姓名を書くだけでなく、自分の姓名と住所を書き、さらに捺印することになっていたのである。このような投票は、現代から見れば奇異に思われるが、山谷虎三『日本憲法正解　完』（日本書籍会社、一八八九年四月）に収録されている衆選法の逐条解説によると、その当時、無記名投票制をとっていたのはベルギー・オランダ・アメリカの三国だけであり、その他の国では記名投票であったとのことである（同書三三〇ページ）。つまり、世界の大勢がそうであったのである。さらに、記名投票制は、すでに府県会規則第十七条にもあったもので、そこでは郡区長があらかじめ配布していた投票用紙に「選挙人自己及ヒ被選人ノ住所姓名年齢ヲ記シ……」と書かれていた。衆選法はそれを引き継いだものである。

ただし、府県会規則には最初のうちは、捺印についての規定はなかった。その後、一八八九年二月に、府県会議員選挙規則が出されて、選挙方法が変わり、選挙人本人の捺印が必要となったのであるが、そのことはあまり徹底されなかったようである。そのことから、内務省は、事前に各府県に、区長・市長・を通じて、衆選法に基づく投票の方法を選挙人に伝えるように指示していた。また、新聞でも投票日の数日前に、それを報じてその徹底をはかっていた。

しかしながら、実際には、かなりの選挙会で、捺印のない投票（いわゆる「無印票」）が出て、それが大きな問題になったのである。その背景には、やはり従来の府県会議員選挙が少なからず影響を与えたものと思われる。つまり、当時の総選挙の投票人のほとんどは、府県会議員選挙の投票の経験者であったはずであるが、一〇年近く続いていた府県会議員選挙では、投票にさいして捺印の必要はなかったし、一八八九年二月の府県会議員選挙規則が出されて、捺印が必要となってからでも、それは不徹底であり、選挙人たちは「捺印」のことを、必ずしも念頭には置かなかったものと思われる。第一章7で述べたように、府県会は、機関として確立させることを優先したことから、選挙に関してはかなりルーズなところがあったのである。

それに比べると、**衆選法の下での選挙会ははるかに厳格であり、開票も一票ずつ読み上げるという方法で行われた。そして、第三十八条に「自己ノ姓名住所ヲ記載シテ捺印スヘシ」とある以上、無印票を有効にすることはできなかったのである。**

しかしながら、衆選法には、この第三十八条の内容とは必ずしも一致しない条文があった。それは、第五十一条で「左ニ掲クル投票ハ無効トス」として、六つの場合を挙げているが、その「三」には「選挙人自己ノ姓名ヲ記載セサルモノ」とあるだけで、捺印のないものについては、何も規定していないのである。つまり、**この「三」による限り、選挙人本人の姓名が書かれていれば、捺印がなくても無効ではないということになる。**

無印票が有効か無効かの最終判断は、各区の選挙長が下すものである。衆選法第五十二条は、「投票効力ノ有無ニ付疑義アルトキハ選挙委員ノ意見ヲ聞キ選挙長之ヲ決定ス。此ノ決定ニ対シテハ選挙会場ニ於テ異義ヲ申立ツルコトヲ得ス」とあるのである。全国の選挙長の中には、この無印票を有効とするか無効とするかについては大いに悩み、選挙委員たちの意見を聞いた者もあったようである。そして、その判断の違いが、全国的に見られることになったのである。

第一回総選挙での無効票は全二五七区で三一四七票であった。主要な無効票は二つあり、その一つが無印票であり、もう一つは次の(3)項で述べる二人区の二名連記制で一人の氏名しか書かれていないものであったと思われる。

選挙会には、有力候補者の支持者たちがつめかけて、開票作業を注視していたので、その結果はただちに広まり、選挙会での判断の違いが新聞でも取り上げられた。その中で、無印票を有効とするか無効とするか大きな問題となったのである。特に、秋田県第一区では、次点になった二田是儀が、〝自分の名を書いているが捺印がなかったために無効票とされたものが多い。しかし、それを有効とすれば当落は逆転して自分が当選人になる。〟と主張して訴訟を起こして、ついに勝訴するということも起こるのである。これが「当選更正」であるが、それについては、のちに第三章2(2)で、改めて詳しく見ることとする。

無印票は、当時の新聞でも取り上げられ、『時事新報』七月二十四日の論説「無印投票に就て」は、次のようなことを書いている。〝衆選法の第三十八条第二項に「捺印スヘシ」と明記されているのに、無印投票を有効としてしまうならば、今後は誰もわざわざ捺印などしないで投票することになり、この一句はあってもなきが如き姿になってしまうであろう。〟そして、次のように主張する。「第五十一条は第三十八条の意を補ひ、重ねて之を説きたるものにて、申さば裏面の筆法たるに過ぎず。換言すれば、第三十八条は斯くすべしと正面より説き、第五十一条は斯くせざるものは無効なりと云ふて、詰り反復したるものと見て可ならん。」つまり、無印投票はあくまでも無効が原則であるというのである。こうした論説が当時の主要紙に載るということは、当時、無印票がいかに大問題となったかということの現れである。

その後の総選挙では、第一回総選挙の轍を踏まえて、選挙人たちには、捺印するように、投票日の以前からかなり徹底されることになったと思われる。しかし、一九〇〇年三月に改正された衆選法第三十六条第二項では「投票用紙ニハ選挙人ノ氏名ヲ記載スルコトヲ得ス」となるのである。つまり、投票には捺印が不要になるだけでなく、自分の氏名を書いたものは無効となるのである。

以上が、初期の総選挙でのみ行われた記名・捺印制である。

(3) 二人区の二名連記制

最初の衆選法だけに書かれていた制度の二番目として、二人区の投票での二名連記制を取り上げる。これも、多数の無効票を生むこととなったものである。

衆選法第四十条は、「二人以上ノ議員ヲ選挙スヘキ選挙区ニ於テハ連名投票ヲ用フヘシ」である。ただし、「二人以上」とあるものの、当時は小選挙区制が基本であり、定員二人区は全国で四三区だけである。

二人区の投票用紙の被選人の氏名を書く欄には、複数名を書くことができるようになっていた。つまり、「完全連記制」である。しかし、実際には一人の被選人の名だけしか書かれていない投票が少なからずあり、それを有効とするか無効とするかをめぐって、選挙長によって違った判断がなされることになる。

もっとも、一人の名しか書かれていない場合でも、その者については有効であった。衆選法第五十四条第二項は「連名投票ニシテ其ノ選挙スヘキ定員ニ足ラサルトキハ現ニ記載シタル者ノミヲ計算スヘシ」とあるからである。したがって、当落には直接関係しないことであり、無印票のように大きな問題になることはなかった。

しかし、そのような一人の被選人の名だけしか書かれていない投票、あるいは一人は有効でも、もう一人については無効である投票（被選人の資格のない者や欠格者の名前を書いたもの）を、どのように分類するかは、選挙長たちをおおいに悩ませることになった。つまり、一人分が有効なのだから、無効票とすることはできないが、もう一人が無効であれば、必ずしも有効票とはいえないのではないかということが問題になったのである。

問題を複雑にしたのは、衆議院議員選挙法施行規則の第二十五条第二項に「連名投票シテ其ノ一部無効ナルモノハ無効投票ト共ニ保存スヘシ」とあったことである。この条文には文意に不明なところがあり、そのような投票は無効票として扱えというのか、あるいは投票は有効であっても、無効票と一緒に保存せよということ（あくまでも保存上のことだけ）なのか、不明なのである。

そのことから、このような投票を無効票とした選挙長と、無効票と一緒に保存はしたが無効票にはしなかった選挙長とに分かれることになった。『政戦記録史』を見る限りでは、無効票の比率は、一人区よりも二人区の方がかなり多い。それは、二人区の投票用紙の一人は正しくても、他の一人については何も書かれていなかったり、書かれていても被選人ではない者であったりしたことから、無効票としたためであると思われる。ただし、もちろん、それらを有効として、無効票にはしなかった選挙長もいたし、そちらの方が多かったかもしれない。しかし、完全連記制に関する規定の不徹底から、その扱い方に、少なからざる違いが出ることになったのは事実である。

第二回総選挙以降も、二人区でこのような投票がどの程度、出たのか、あるいはそれを無効票としたのかは、今のところ不明である。

ただし、一九〇〇年の衆選法の改正で、投票については、第三十六条第一項で「選挙人ハ投票所ニ於テ投票用紙ニ自ラ被選挙人一名ノ氏名ヲ記載シテ投函スヘシ」と変わり、単記制に変わるのである。つまり、二人区の二名連記制は初期の総選挙だけのものであったのである。[*23]

⑷ 七月一日投票日制と悪しき解散の前例

A 七月一日投票日制

最初の衆選法だけに規定されていたものの最後に、七月一日投票日制を取り上げる。**同法第三十条は、「選挙ノ投票ハ通常七月一日ニ之ヲ行フ、但シ衆議院解散ヲ命セラレタルトキハ、勅令ヲ以テ臨時選挙ノ期日ヲ定メ、少クトモ三十日以前ニ公布スヘシ」となっていた。つまり、投票日を限っていた**のである。そして、第一回総選挙の投票は、この条文に基づいて、一八九〇年七月一日に実施された。

これは、現代の日本人には、少し奇異に感じるかもしれない。しかし、議会制度のあり方からすれば、これがむしろ正統なのである。以下、このことを詳しく見ていくことにする。

まず、同第六十六条には「議員ノ任期ハ四箇年トス、但シ任期ヲ終リタル後仍《なお》選挙ニ応スルコトヲ得」とあり、議員の任期を四年とし、原則として四年ごとに選挙をするとしていた。これは、その後も変わらず現在に至っていることである。

ただし、解散については、憲法第一章「天皇」の第七条に「天皇ハ帝国議会ヲ召集シ其ノ開会閉会停会及衆議院ノ解散ヲ命ス」とあるのみで、どういう場合に解散するかについては、何も書かれていない。また、第三章「帝国議会」第四十五条に「衆議院解散ヲ命セラレタルトキハ勅令ヲ以テ新ニ議員ヲ選挙セシメ解散ノ日ヨリ五箇月以内ニ之ヲ召集スヘシ」とあるが、これはあくまでも解散後の手続きを書いたものにすぎない。

さらに、憲法第四十二条に「帝国議会ハ三箇月ヲ以テ会期トス、必要アル場合ニ於テハ、勅令ヲ以テ之ヲ延長スルコトアルヘシ」とし、会期を原則として三か月としていることも注目される。実際に、議会開設後の通常会は、多くの場合、この条文に則して、十一月下旬に召集され、二月末までの三か月間、開かれた。四月から次年度予算の執行が始まるので、その前に予算を議決しておく必要があり、会期をこの時期とするのが適当であった。

これらのことを合わせて考えてみると、衆選法を作成した伊藤博文とそのブレーンたちは、通常の解散を次のように想定していたと思われる。①通常会の会期は十一月末からの三か月間とする（必要のある場合には延長する）、②議員の任期の四年目の通常会が終わって後に、衆議院を解散する、③その年の七月一日に選挙を行う。

このように、当時の衆選法は、単に議員の任期だけではなく、選挙の投票日までも規定していたのである。欧米の主要な国ぐにでは当時から、議会（下院）の通常の解散は、任期満了に合わせて行うとされており、衆選法第三十条は、それにならったのであろう。そして、通常会での予算案の審議などを考慮して、議員任期四年目の通常会の終了後に解散し、その年の七月一日に選挙を行うと規定したものと思われる。

しかし、総選挙が実際に七月一日に実施されたのは第一回だけであり、それ以後、この第三十条が守られたことは一度もなかった。そもそも第二回総選挙が行われたのは、一八九二年二月十五日である。それは、当時の松方正義首相が、第二議会（一八九一年十一月二十六日開院式）が始まって一か月に満たない十二月二十五日に、衆議院を解散したからである。これは衆議院の最初の解散であった。

その後の総選挙も、第三回（一八九四年三月一日）から第六回（一八九八年八月十日）まで、七月一日に行われたことは一度もなく、すべては議員の任期中の解散によるものであった。したがって、第二回から第六回までの総選挙は、公式の記録ではすべて臨時衆議院議員選挙となっている（傍点は稲田）。そして、一九〇〇年の衆選法の改正（二月二十三日可決成立、三月二十九日公布）では、「選挙ノ投票ハ通常七月一日ニ之ヲ行フ」という条文は削除されて、その後、復活することはなかったのである。

B　松方首相による衆議院解散の強行

松方首相が第二議会の開会の一か月後に衆議院を解散したのは、次年度の予算案をめぐって、「民党」（自由党と改進党）と議論することを回避したためである。

国会が開設される以前には、次年度の予算は政府内部で決定して、そのまま執行していた。つまり、立法と行政とが未分離だったのである。しかし、憲法第六十四条には、「国家ノ歳入歳出ハ毎年予算ヲ以テ帝国議会ノ協賛ヲ得ヘシ」とあり、国会が開設されてからは、「議会ノ協賛ヲ得」ること、つまり可決されることが必要になった。そのことから、最初の第一議会では、「民党」が予算案の一割近くの削減を求めて紛糾した。そして最後に、政府が自由党の一部の議員を買収して、ようやく予算案を可決したが、その間には多くの時間を要した。

松方首相のような藩閥官僚にとって、以前は予算を政府内で決定し、そのまま執行していたことに比べて、議会で予算案を決定することは、煩苛にして迂遠なことであった。松方は、黒田清隆元首相と同じく、〝政府は、政党の意向には左右されない〟という「超然主義」の立場をとっていたからである。

そのような松方にとって、憲法第七十一条の「帝国議会ニ於テ予算ヲ議定セス、又ハ予算成立ニ至ラサルトキハ、政府ハ前年度ノ予算ヲ執行スヘシ」という条文は、都合のいいものであった。議会で予算案が可決されない場合は、前年度と同じ予算となるからである。そして、衆議院を解散してしまえば、次年度の予算案は不成立となり、自動的に前年度と同じ予算が決定するのである。

松方首相は、この安易で巧妙な手段を使ったのである。第二議会でも、民党は、前年と同じように、予算委員会で八九二万五〇〇〇円余の削減を求めた査定案を作り、それを本会議に出したが、その議論が始まると直ちに、松方首相は衆議院を解散したのである。そして、第二回総選挙の投票日を二月十五日とし、第三議会（特別会）の召集を五月二日に、開院式を五月六日にするとした。さらに、その間の三月十八日に、次年度予算は前年度と同じものを施行すると公布した。このようにして、松方首相は、第一議会で繰り広げられたような民党との長い論戦を繰り返すことを回避したのである。

松方首相が、議会の存在を無視するかのごとくに、強権的に解散したことによって、衆選法第三十条の七月一日投票日制が、早くも破られたのである。**権力を握っている者が、自らの都合で議会を解散することは、立憲体制下にあっては禁じ手である。しかし、超然主義をとる松方首相には、その意識はなかった。この解散の後に行われた第二回総選挙は、公式の記録では第二回臨時衆議院議員総選挙となっ**

ている。前述のように衆選法第三十条に「選挙ノ投票ハ通常七月一日ニ之ヲ行フ」とあり、この投票は「通常」ではく「臨時」なのである。

さらに、松方首相は、その総選挙では、警察を使って民党候補者たちの活動に大きな規制を加えて押え込んだ。彼らの落選と、政府を支持する候補者の当選をねらったものであり、いわゆる「選挙大干渉」である。

しかし、この総選挙の結果は、松方首相の目算のようにはいかなかった。自由・改進両党は議席を減らしたものも、政府を支持する会派もそれほど増えなかったのである。それどころか、総選挙の際に政府が行った大干渉により、多数の死傷者を出したことに対しては、伊藤博文らから、品川内相の責任を追及する声が上がり、品川は辞任せざるをえなかった。さらに総選挙後に開かれた第三臨時議会では、当初からこの大干渉が取り上げられて、五月十四日、政府の責任を追及する「選挙干渉ニ関スル決議案」が可決された。

予算についても、松方首相の目論見通りにはいかなかった。前年の一八九一年十月二十八日に起こった濃尾大震災に関して、岐阜・愛知両県で大きな被害が出たことから、それに対する追加予算案を出さざるをえなくなったからである。しかも追加予算案をめぐっては、貴族院と衆議院との対立から、議案が何度も両院を往復することになり、なかなか成立しなかった。強引な解散のツケが回ってきたのである。六月十四日、やっと追加予算が成立し、翌十五日、第三議会は閉会すると、疲れきった松方首相は、すでに辞める決意をした。

さらに、選挙大干渉問題の処理も長引いた。品川が辞任した後任の内相の副島種臣は、干渉に関与した白根専一内務次官らを異動させようとしたが、強い反対を受けたことから、辞任してしまったのである。だが、七月十四日、その後任に就いた河野敏鎌は、ただちに白根次官や、干渉に関与した安場保和福岡県知事らを更迭した。すると、今度は高島鞆之助陸相と樺山資紀海相の二人が、河野による処置に強く反対して、辞任してしまった。

このように閣僚の辞任が続いたことに嫌気をさした松方首相も、ついに同月二十七日、辞表を呈出する。天皇から慰留されたので一時は辞表を撤回したが、陸・海両相の後任が決まらなかったことから、結局は三十日、改めて辞表を出して、第一次松方内閣は退陣することになる。

これが、松方首相が自らの都合により衆議院の解散を強行し、それによる第二回臨時総選挙で激しい干渉を行ったことの結末であった。

C 負のDNA

しかし、松方首相が始めた独断的な解散は、その後も行われていく。歴代の首相たちも、議会で反対の声が強くなり、議会運営に行きづまると、すぐに解散という手を使ったのである。議員の任期中の首相による解散は、立憲政治とは反対の手法であるが、権力を握っている者が、一度その味を覚えてしまえば、なかなか手放せなくなる。**〝解散〟という悪しき慣例は、その後の首相たちにDNAとして引き継がれて濫用され、権力維持の道具となっていくのである。**

伊藤博文は、松方の強引な解散と第二回総選挙の際の選挙干渉を批判したが、やがて自分が首相になると、ちょうど条約改正を進めていた時期であったこともあり、「対外硬」派の議員たちの動きを抑えるために、やはり半年のうちに二回も衆議院の解散を強行する。すなわち、第五議会（通常会）中の一八九三年十二月三十日に衆議院を解散したことから、翌九四年三月一日に第三回総選挙が行われ、さらに第六議会（特別会）が始まってわずかに半月余あまり後の六月二日に衆議院を解散したことから、九月一日に第四回総選挙が行われるのである。この二回は、いうまでもなく、ともに臨時総選挙である。

さらに、その後の第五回総選挙（一八九八年三月十五日）と第六回総選挙（一八九八年八月十日）も、すべて臨時総選挙であった。つまり、投票が七月一日に行われたことは一度もなかったのである。

第十四議会の一九〇〇年二月二十三日に衆議院議員選挙法の改正が可決（三月二十九日公布）されるが、その際に、同法第三十条の「選挙ノ投票ハ通常七月一日ニ之ヲ行フ」という条文は削除された。つまり、総選挙には通常と臨時の区別はなくなったのである。

しかし、皮肉にも、衆議院議員選挙法が改正された第十四議会から後の二年間には、解散は行われなかった。そして、第十六議会は一九〇二年三月十日に無事に閉会するが、それは議会開設以来ではじめて、議員の四年任期をまっとうしたものであった。その間に解散がなかったのは、伊藤博文が政友会総裁となり、さらにその伊藤を首相とする第四次伊藤内閣ができるなど、政府と議会との関係が大きく変わり、それほど強い対立が起きなかったためである。第七回衆議院議員選挙は、前回の第六回総選挙から四年ぶりに同年八月十日に行われた。

アジア太平洋戦争の敗戦以前の総選挙は合計二一回であるが、第一回を除いて、議員任期中の解散でなかったものは、わずかに三回しかない。右の第七回の以外では、第十回（一九〇八年五月十五日）と第二十一回総選挙（一九四二年四月三十日）である。

しかし、後者の第二十一回総選挙は、正常なものからは遠いものであった。その前の第二十回総選挙（一九三七年四月三十日）で選ばれた議員たちの任期は、前年の四月で切れるはずであったが、大政翼賛会に支持された近衛文麿首相が、政治課題が山積していることを理由に、総選挙を先送りにするという暴挙を行ったことから、一年遅れの総選挙となったのである。したがって、厳密な意味でも任期満了ではない。

その後、一九四一年十月十八日に首相の座についた東条英機は、翼賛政治体制を固めて、軍事費偏重の予算案を通すために、翌四二年三月二十六日に第七十九議会の閉院式を行い、四月三十日に総選挙を実施した。この選挙は翼賛選挙であり、全四六六議席に対してすべての推薦候補者を決め、非推薦の候補者に対しては、極端な選挙干渉を行った。しかし、その中でも、非推薦の尾崎行雄や斎藤隆夫らは、激しい妨害を受けながらも当選した。この第二十一回総選挙は、議員任期を一年も過ぎてからの選挙であるが、政権を握っている者の都合によるものであるという点では、任期中の解散と変わりはない。

以上のように、戦前・戦中の総選挙のうちで、第一回を除く合計二〇回の総選挙のうちで、まともな任期満了による総選挙は、第七回（一九〇二年八月十日）と第十回（一九〇八年五月十五日）の二回しかなかった。

前者の事情は、先に書いた通りであるが、後者の場合は、当時の首相が政友会の西園寺公望であったことが大きかったといえる。西園寺が首相に就任したのは、第二十二議会が始まって間もない一九〇六年一月七日であったが、彼は解散を行わずに、二年後の一九〇八年三月二十七日に第二十四議会を無事に終了させた。その間は、政友会が安定多数を確保していたということもあるが、西園寺は官僚や軍部の理不尽な要求にも屈せず、野党の追及にも耐えたのである。

西園寺は、戦前にあって、議員任期を尊重して、解散を強行しなかった唯一の首相である。彼は、一八七〇年代のフランスに一〇年近くも滞在し、パリ・コンミューンの崩壊から第三共和政の成立までの時期をパリで過ごした。少し遅れて留学に来た中江兆民とも親しく交わっている。そのために、公家でありながら、帰国後、中江にかつがれて民権派の『東洋自由新聞』の社長になり、右大臣の岩倉具視や実兄から叱責された。西園寺は生涯を通じて、立憲主義的な思想を持ち続けたことから、引退後、二・二六事件の際には、暗殺すべき者のリストに挙げられたほどである。

このように、**敗戦以前の日本では、一八九〇年の議会開設後、一九四二年の第二十一回総選挙のうちで、最初の第一回を除くと、首相の勝手な解散や先送りではなく、議員たちの四年間の任期満了の後に行われた総選挙は、二回だけであったのである。松方首相が第二議会で強権的に行った〝解散〟という立憲政治に反する悪しき手法は、歴代の首相に「負のＤＮＡ」として引き継がれていったのである。**

《いまだに生き続ける「負のＤＮＡ」》

右のような「負のＤＮＡ」は、戦後の日本国憲法の下でも生き続けている。首相による恣意的な解散は、今でも行われているのである。だが、それが世界の民主主義諸国の大勢に逆行するものであることはいうまでもない。

現在、民主主義の定着した諸国では、議員の任期中に解散が行われることはほとんどない。選挙は任期満了の直前に行うものとされており、投票日もほぼ一定している。

たとえば議院内閣制の母国であるイギリスでは、首相や政権与党の都合のいい時に、勝手に下院を解散するということはなく、下院選挙は五年の議員任期の最後の年に行われるのが慣例となっていた。二〇一一年九月に成立した「任期固定法」Fixed-term Parliaments Act は、それをさらに厳格にしたものであり、下院選挙は五年ごとの五月の第一木曜日に行うこととした。そして、それに基づく選挙は、二〇一五年五月七日に実施されて、次回の選挙は二〇二〇年五月七日のはずであった（イギリスでは、すべての選挙の投票日は木曜日である）。

ただし、次の二つの場合に限り、例外的に解散を認めていた。①下院の定数（欠員を含む）の三分の二以上の賛成で自主解散を議決した場合、②下院で政権の不信任決議案が可決されてから一四日以内に、現政権あるいは新政権の信任案が可決されなかった場合。このいずれの場合でも、解散の権限は、最終的にはあくまでも議会にあるのであり、首相の専権事項ではないのである。

このような中で二〇一七年四月十九日に下院は解散を決定し、五月三日の議会解散と六月八日の総選挙実施が確定した。これは、イギリスの近代史においては、きわめて異例のことであるが、これはメイ首相が、イギリスがEU離脱をする上で、選挙を行って、国民の信を問い、EUの離脱交渉を首尾よく進めようとしたためである。この場合でも、いうまでもなく、右の①を踏まえたものであった。これは、任期途中の解散であったが、賛成五二二、反対一三の圧倒的な支持を得て、承認されたのである。野党も、議席を増やすのには、いい機会であるとして、賛成したのである。

しかし、選挙結果は、メイ首相および保守党の思惑が大きくはずれた。保守党の議席数は三一八議席にとどまり、選挙前の三三〇議席をかなり下回っただけではなく、単独過半数の三二六議席（全議席は六五〇）にも届かなかった。一方、労働党も改選前の二二九から二六二と議席を増加させたが、政権交代には遠かった。また、スコットランド国民党は改選前の五四から三五に減り、自由民主党は改選前九から一二に増えた。なお、イギリス独立党、アルスター統一党、社会民主労働党は議席を獲得できなかった。

メイ首相は、議席数一〇の北アイルランドの地域政党の民主統一党（ＤＵＰ）を与党にとりこんで、何とか政権を維持した。しかし、政権の安定性は解散前よりも、明らかに弱くなったことは否定できない。イギリス国民は与党による恣意的な議会解散に対して、伝統的に拒否的な態度をとってきたが、それがこの時もはっきりと表れたのである。

アメリカでは、そもそも上・下院とも任期中の解散というものがない。下院議員の任期は二年で、その選挙は大統領選挙の時と、二年後の十一月の中間選挙の時に行う。上院議員の任期は六年であるが、大統領選挙と中間選挙の時に、議員の三分の一ずつが改選される。

フランスでは、一九五八年に第五共和政ができる以前の第四共和政においては、議会の権限が強く、かつ左右両派とも政党がたくさんあったので、政権が不安定で、国民議会（下院）の解散はひんぱんに行われていた。しかし、第五共和政になってから、解散はほとんどない。第五共和政では、大統領の権限が強いが、国民議会で野党が多数派になった場合には、首相をその党派から出して、大統領と首相とのコアビタシオン（共存）がとられる。したがって、解散は必要ないのである。フランスの第五共和政は、戦後の新しい制度であり、アメリカの大統領制とイギリスの議院内閣制のいいとこ取りをして、国政の混乱・停滞を防いでいるのである。

国民議会の議員の任期は五年であるが、最終年の六月の第三火曜日の夜一二時までが期限である。ただし、選挙が二回制なので、一回目の投票は六月の第二火曜日に行われる。そこで過半数でかつ有権者数の二五％以上を得た候補者が当選者となるが、その者が出ない場合には、第三火曜日に二回目の投票を行う。そこでは、一回目の選挙で一二・五％以上の得票者しか候補者にはなれないが、その中での最多得票者が当選者となる。フランス国民議会の前々回の選挙は、二〇一二年六月十三・二十日で、前回選挙は二〇一七年六月十三・二十日であったので、次回の選挙は二〇二二年六月である。

とにかく、欧米の国ぐにでは、議会の解散はもともとあまり行われなかったし、現在、行われたとしても、きわめてまれである。小堀眞裕『国会改造論』（文春新書、二〇一三年）によれば、一九九〇年までにOECDに加盟した二三か国のうち、議院内閣制をとる国で、首相に解散権があるのはカナダ・デンマーク・ギリシアと日本の四か国だけとのことである。つまり、日本は議会制民主主義には、それだけ未熟なのである。

議院内閣制の下では、議員任期中の解散は、内閣不信任が議決された時に限るというのが基本的精神である。日本国憲法第六十九条にも「内閣は、衆議院で不信任の決議案を可決し、又は信任の決議案を否決した時は、十日以内に衆議院が解散されない限り、総辞職をしなければならない。」とある。

それなのに、現在の日本の首相は、議員の任期がまだ残っており、さらに内閣不信任決議案が可決されたわけでもないのに、自分の都合のいい時に解散を行っている。この首相の独断による勝手な解散を法的に正当化するのに使われるのが、憲法第七条「天皇は、内閣の助言と承認により、国民のために、左の国事に関する行為を行ふ。」の「三　衆議院を解散すること」である。いわゆる「七条解散」であるが、これが議会制民主主義の本道からそれたものであることはいうまでもない。

戦後の日本の総選挙は、一九四六年四月十日の第二十二回総選挙から、二〇一七年十月二十二日の第四十八回総選挙まで、合計二七回行われた。しかし、そのうちで議員の任期満了に伴う解散は、一九七六年十二月五日の第三十四回総選挙の一回だけである。その時の首相は三木武夫であった。ただし、三木が任期満了まで衆議院を解散しなかったのは、ロッキード事件に際して、東京地検特捜部の捜査に政治介入をしなかったことに対して、自民党内で「三木おろし」をめざす挙党体制確立協議会が作られて、福田赳夫への政権移譲を迫られたにもかかわらず、三木が世論の支持を背景にして、衆議院議員の任期満了ぎりぎりまで内閣を維持したからである。しかし、首相が勝手に衆議院を解散しなかったという点では、三木はまさに「議会の子」であった。

このほか、衆議院で内閣不信任案が可決された結果、首相が解散したのが四回ある。中でも一九五三年三月の第四次吉田茂首相による「バカヤロー解散」が有名である。いちばん最近では、一九九三年六月に宮沢内閣不信任案が可決されたことにより、宮沢首相が衆議院を解散したものである。これら以外の二二回は、議員の任期満了でもないし、内閣不信任案が可決されたわけでもないのに、首相が自分の都合により、憲法第七条を使って衆議院を解散したものである。これほどまでに、日本の議会制民主主義は、欧米と比べて遅れているのである。

現在の日本では、解散は首相の専権事項であり、「伝家の宝刀」であるとして容認されている。それが決定的となったのは、中曽根首相による一九八六年六月二日の「死んだふり解散」である。その前回の総選挙は八三年十二月十八日であったから、任期を一年半近く残してのだまし討ち解散であった。そして、七月六日に衆・参同日選挙が行われたが、それは議会制民主主義の根幹を揺るがす暴挙であった。この時、衆議院では自民党が三〇四議席を獲得して圧勝し、一方で社会党は八四人となり二五議席も減らして、五五年体制になってから最少となり、石橋政嗣委員長が大敗の責任をとって辞任し、土井たか子が新委員長になった。

この時、テレビや新聞などマスコミのほとんどはジャーナリズム精神を放棄して、衆・参同日選挙という暴挙を批判するのではなく、解散権を巧妙に使って政権を安定させた中曽根首相の手法を評価し、あたかも有能な与党指導者であるかの如くに扱った。そして、それ以降、〝解散権は首相の専権事項〟として聖域化してしまっただけではなく、〝首相は、解散時期についてはウソをついてもいい〟などという、およそ西欧の民主主義国家では考えられない偽説を作り上げてしまった。日本でも、かつては浜口雄幸のように、「政治は最高の道徳であらねばならない」という信念のもとに、〝軍縮は国民の軍事負担を軽くするものであり、国際協調は世界の平和を保証するものである〟として、軍部の強い圧力にもかかわらず、ロンドン海軍軍縮条約の調印を進めたような首相もいたのである。そして、その交渉の最中の第十七回総選挙（一九三〇年二月二十日）では、浜口を総裁とする民政党が、二七三議席を獲得して、政友会（一七四議席）などを破り、大勝している。

現在の日本のマスコミは、現代の世界の大勢のことや日本の過去のことを知らず、政治を与党と野党とのばかしあいのゲームの面からしか見ていない。そして、首相がいつ衆議院を解散するのかということばかりに目が向けており、首相による議員の任期中の解散を批判しようとする姿勢は見られないのである。そこでは、国民の存在はまったく無視されている。

議員の任期中の解散は、「超然主義」に立つ松方正義首相によって始められ、それ以後の歴代首相が、自らの権力を維持するために、その手法を使い続けてきたものである。そして、それは現行憲法下においても生き延びている。そのことは、現在の日本が、戦前の負の遺産をいまだに精算していないことを示しているのである。

日本で最初の衆選法は、あくまでも歴史的なものであり、現在の普通選挙の観点から見れば、少なからず限界がある。しかし、投票日を通常七月一日としていた点においては、現在の欧米の選挙法と同じものであり、議会制民主主義の点から見て、評価されるべきものである。

注

＊1　いちばん投票が遅れたのは、岩手県第四区（江刺・胆沢・気仙郡）の中の気仙郡で、七月十八日に投票が行われ、その選挙会は二十一日になった。そのために、第四区の当選人の決定は大きく遅れた（『郵便報知新聞』七月二十三日「岩手県第四区の議員決まる」、『毎日新聞』七月二十三日「岩手県第四区の代議士」）。これは、第四区の選挙長下田栄光（江刺郡長）が区内に投票用紙を配布した際に、気仙郡への配布を遺漏したためである。そのために下田は、罰俸年俸の八分の一の処分を受けたという（『郵便報知新聞』七月二十六日）。

＊2　末松謙澄「二十三年ノ総選挙」（『国家学会雑誌』第四巻第四四号、一八九〇年十月）の「乙表」の総計には、「有権者人員」四五万〇三六五、「棄権者人員」二万七六三六とあり、ここではそれによって投票者数を出した。

＊3　衆議院議員選挙法については、従来の研究では、必ずしも注目されてこなかった。たとえば、稲田正次『明治憲法成立史下巻』（有斐閣、一九六二年）の「第三十一章　衆議院議員選挙法と貴族院令の起草」では、そのいくつかの草案や、それらの枢密院での審議のことは書かれているが、衆議院議員選挙法そのものの詳しい説明はない。

＊4　以下、衆選法から引用は、『法令全書　明治二十二年　一』による。原文には、句読点やルビはないが、適宜、付しておくことにする。なお、この項は、本書第一章の二四〜二八ページとほぼ同じ内容・文である。

＊5　選挙区割を現住人口によって決めることは、西欧でも以前から行われてきたものであり、現在でも世界のかなりの国で行われている。普通選挙にあっては、選挙権資格者数が現住人口とほぼパラレルなので、それらは合理的である。たとえばアダムズ方式は、「一票の格差」を二倍未満に抑えるための方法であるが、現住人口に基づくものである。しかし、制限選挙においては、有権者数は現住人口とは連動せずに、選挙区ごとに違っているのである。この点については、次の本章第2節で詳しく見ることにする。

＊6　この衆選法の改正のことを、教科書・通史・概説書、さらには少なからぬ専門書は、「普通選挙法」の公布としている。しかし、「普通選挙法」という法律は実在しない。

＊7　以下、私擬憲法についての引用は、すべて家永三郎・松永昌三・江村栄一編『新編明治前期の憲法構想』（福村出版、二〇〇五年）による。

＊8　どうしても基本的人権の立場から、あるいは男子普通選挙の立場から、制限選挙の限界を指摘したいのならば、二十五歳以上の総人口あるいは男子人口、二十歳以上の総人口あるいは男子人口、十八歳以上の総人口あるいは男子人口のみを母数にして、有権者数の比率を出すべきである。

＊9　この区というのは、一八八九年四月以降に施行される市制以前の行政区画としての区である。具体的には、東京府には麹町・麻布・赤坂・芝・京橋・日本橋・本所・深川・浅草・神田・下谷・本郷・小石川・牛込・四谷の一五区があり、京都府には上京・下京の二区が、また大阪府には西・東・北の三区と、そのほか堺区があった。三府以外では、神奈川県横浜区、兵庫県神戸区、長崎県長崎区、新潟県新潟区、愛知県名古屋区、宮城県仙台区、石川県金沢区、岡山県岡山区、広島県広島区、山口県赤間関区、和歌山県和歌山区、福岡県福岡区、熊本県熊本区の一三区であり、全国で合計三四区である。そして、市制施行後も、東京府の一五区は東京市に、京都府の二区は京都市に、大阪府の三区は大阪市になるが、それぞれの区は存続した。これら以外の一三区は、市制施行後は、単独の市となる。

＊10　この表の府県の記載の順序は、当時の公式的なものであり、明治期の資史料には一般的に見られる。本書でも以後、この順序によることにする。三府が最初にあり、次に神奈川・兵庫・長崎・新潟の四県がきている。この四県は、幕末期に貿易港が置かれたところである。それに続いて、ほぼ関東・東海・信越・東北・北陸・中国・南海道（和歌山・四国）・九州となっている。近畿の奈良・滋賀は東海四県と一緒になり、長野もそこに入っている。

府県の順序を現代のように、北あるいは南から書く方が合理的ではあるが、そのように書き直すと、当時の他の資史料と照合する場合に不都合なので、地域的な特徴を見る場合を除いて、このままにしておくことにする。

＊11　市制施行以後は、行政区画としての区は、東京市（合計一五区）・京都市（上京区・下京区の二区）・大阪市（西区・東区・北区・南区の四区）のみが存続した。そのほか、旧来は区とされてきた堺・横浜・神戸・長崎・新潟・名古屋・仙台・金沢・岡山・広島・赤間関・和歌山・福岡・熊本は、すべて市制が施行されて、区ではなくなった。

このほかに、姫路・水戸・津・静岡・盛岡・弘前・山形・米沢・秋田・福井・富山・高岡・松江・徳島・高松・松山・高知・久留米・鹿児島・佐賀・甲府・岐阜・鳥取は、郡から分かれて市となった。このようにして、第一回総選挙の実施前に、市は合計四〇となった。なお、内務省の方針であろうが、関東では、東京・横浜・水戸以外では市制が施行されず、浦和・大宮・熊谷・千葉・宇都宮・栃木・足利・前橋・高崎などは、人口規模からいえば、市制施行の対象であったが、町のままであった。

＊12　七月一日に行われた第一回総選挙から十一月二十五日の第一議会召集までの間には、補欠選挙が四回、再選挙が二回行われ、さらに当選更正（裁判による当選人の変更。詳しくは後述する）も二件起きている。しかし、本章では、あくまでも総選挙における得票数を重視することにし、補欠選挙については含めないことにする。また、再選挙が行われることになる選挙区についても、総選挙の際の得票数を採用する。ただし、当選更正のあった秋田県第一区と茨城県第四区については、裁判に結果により当選人と得票数を修正してある。

＊13　当時の総選挙で立候補制度がとられていなかったことを明記しているものは、研究書でも季武嘉也・武田知己『日本政党史』（吉川弘文館、二〇一一年）の七四ページなど、わずかである。ほかに、それを明確に意識して書いているものとしては、丑木幸男『地方名望家の成長』（柏書房、二〇〇〇年）第三章四の1、渡辺隆喜『日本政党

成立史序説』（日本経済評論社、二〇〇七年）第8章、寺崎修『自由民権運動の研究　急進的自由民権運動家の軌跡』（慶應義塾大学出版会、二〇〇八年）の一九七ページ、赤上剛『田中正造とその周辺』（随想舎、二〇一四年）の一三〇～一三七ページなどを挙げることができるが、全体的にはきわめて少ない。

＊14　この時の改正ではこのほかに、選挙区制度も大選挙区制を中選挙区制とした。さらに、開票手続きと選挙会とを分離したり、補欠選挙は同一選挙区で欠員が二人生じた場合にのみ行うことになった。

＊15　「第五十四回帝国議会議事速記録　第十七号」『官報号外　大正十四年二月二十二日』（『衆議院議事速記録45　第五〇回議会　上　大正一三年』東京大学出版会、一九八二年）三五七ページ。

＊16　この時の木下の選挙運動については、拙著『悲壮は則ち君の生涯なりき――深沢利重と木下尚江――』（現代企画室、一九八七年）の第一部の五「余は前橋市民たる事を辞す」で詳しく触れている。その時に参照した深沢の追悼集『紀念深沢利重』（一九三五年）の中には、「立候補」という言葉が使われているが、それは回想の文章であるためである。

＊17　たとえば遠山茂樹・安達淑子『近代日本政治史必携』（岩波書店、一九六一年）の「17 総選挙政党別得票数一覧」の冒頭の「凡例」には、「本表を読む際考慮を要する点をあげると、一人で二つの選挙区から立《マ》候《マ》補し共に当選したため、当選後そのいずれかを辞退した例を見出すことである。（中略）このような場合、……現実には放棄した区の次点者が繰上げ当選となるのである。」（一六二ページ）とある。こうした文章が、衆選法の規定を踏まえたものでないだけでなく、歴史的事実に反していることはいうまでもない。

また、指原編『明治政史　第二十三編』（「凡例」2d）と大津『憲政史　第三巻』（「凡例」2e）は、ともに長屋忠明を第一回総選挙の愛媛県第一区における当選人としており、再選挙が行われたことを記していない。

＊18　『毎日新聞』七月二十三日の雑報「愛媛県第一区の撰挙会」には、「同区は鈴木重遠氏当選を辞したるに付明後廿五日其の補欠選挙を行ふよし」とある。

＊19　大井が、第一回総選挙において、選挙人および被選人となる資格を欠いていたことに関しては、寺崎修『自由民権運動の研究　急進的自由民権運動家の軌跡』（前出・注＊13）の第七章「第一回衆議院議員選挙と大井憲太郎」

が詳しく、ここでもそれに負う所が多い。

＊20　「大赦令」（勅令第十二号、一八八九年二月十一日）第一条には、大赦の対象となる罪が二〇項目にわたって具体的に挙げられている。

＊21　『自由党々報』第一号（一九九一年十月二十五日）一五ページ。

＊22　ただし、一九〇九年八月十六日、愛知県郡部選出の横井甚四郎が急死して、九月五日に補欠選挙が行われることになった際に、大井は愛知県の政友会の者たちから依頼を受けて、急遽、候補者となった。当時の愛知県では、初期議会の頃とは違って、自由党の後身の政友会の力が圧倒的に強く、郡部議員の定数一一人のうちの一〇人を占め、憲政本党はわずかに一人であった。急死した横井も政友会に属していた。しかしこの補欠選挙では、三浦逸平（刈谷民声倶楽部）が一万三九一六票を得たのに対して、大井が獲得したのは半分以下の六三八五票に過ぎなかった。これも大井が議会とは、きわめて縁の薄い人物であったことを示すエピソードである。

＊23　日本の選挙区制の歴史で、連記制を採用したのは、この初期の衆選法以外では、アジア太平洋戦争直後の一九四五年十二月十七日の衆選法の改正後の時期だけである。その時に、選挙権は二十歳以上の男女が有するものとなったが、同時に全国五四の大選挙区制（東京都、大阪府、兵庫県、新潟県、愛知県、福岡県、北海道は二区。他の府県は一区。沖縄県を除く。）となり、投票は、定員三人以下は単記とし、定員三～一〇人は二名連記とし、一一人以上は三人連記とするとされた。これは「制限連記制」と呼ばれた。ただし、この衆選法に基づいて行われたのは、第二三回総選挙（一九四七年四月二十五日）のみである。同年三月三十日に、衆選法が改正されて、選挙区を全国一一七とする中選挙区制となり、定員は一区三～五人で、投票は単記制とすることになった。そして、この中選挙区制は、第二四回総選挙（一九四九年一月二十三日）以降、長らく続くことになる。

第三章　第一回総選挙の当選人

この章は、第一回総選挙での当選人は、どういう者たちであったかということを見たものである。「衆議院議員＝ほとんど地主」という公式が、実証に基づくものではないことは、すでにこれまで見たとおりである。

1は、彼らの実態はどのような者であったかを具体的に見たものである。これは、当選人全員の個別の主な経歴を調べた上で、そこに共通するものを挙げたものである。

2は、総選挙の後、十一月二十五日の第一議会召集までの間に行われた補欠選挙および当選更正（裁判による当落の逆転）について見たものである。衆議院議員になったのは、七月の総選挙で当選人と同じ者たちと思われがちであるが、前章3⑷で挙げた二つの再選挙のほかに、補欠選挙や当選更正で六人の者が変わっているのである。

3は、総選挙後から議会召集時までの間に、彼らの所属党派・会派が、どのように変わったかを見たものである。

総選挙の際に、それまで長らく存在していた全国的な政党は立憲改進党だけであり、その他のさまざまな党派・会派は分立状態にあった。しかし、それらが十一月二十五日の第一議会召集の前までに、立憲自由党（弥生倶楽部）・立憲改進党（議員集会所）・大成会・国民自由党・無所属となるのである（カッコ内は議員会派名）。しかも、その間にも、二〇人以上の者が所属を変えている。ここでは、それらの新しい党派・会派の成立と、その人数の変化を追うことにする。

この作業は、資料的な制約から非常に困難なものであり、そのために、第一議会召集時の衆議院の党派・会派をもって、総選挙の結果として扱っている本も少なくない。[*1] しかし、それは事実からは遠いものである。ここでは、そうした安易な方法をとるのではなく、個別の当選人の変化を追うことによって、できるだけ実際の姿に示すことをめざしている。

1　当選人

(1)　当選人一覧

第一回総選挙の当選人についての公式記録としては、「衆議院議員名簿　明治二十三年」（「凡例」2a）がある。そこには、彼らの国税納入額（地租額所得税）、生年月、住所、族籍および職業が書かれている。ただし、職業は、族籍の隣に、「農」「商」「工業」「代言人」「新聞記者」などと書かれているが、書かれていない者もかなりいる。

表11の左側の生年月・年齢・族籍・住所は、基本的にはこれによっている。最初に、いちばん左の項目である府県の順序は、第二章の注＊10で触れたように、これが当時の府県の記載順序であり、当時の多くの史料に共通のものである。

生年月（元号・旧暦）は、「衆議院議員名簿　明治二十三年」に記載されたものである（詳しくは本書二〇九ページ参照）。なお、被選人資格の年齢を確認するために、生年月の次に西暦を入れておくことにする。「凡例」1で書いておいたように、明治政府は、一八七二年十一月九日の「改暦ノ詔」で太陽暦を採用するとして、太陰暦の明治五年十二月三日を明治六年一月一日とした。ただし、それ以前については、太陰暦の日付が公式の日付である。[*2]第一回総選挙の被選人の年齢資格者は、万延元（一八六〇）年四月一日以前に生まれた者である。

住所は、東京市と大阪市の場合には、市を省いて区から書いているが、これは、「衆議院議員名簿　明治二十三年」の記載の通りである。

表11の左側ページの「府県議」「郡長」「関係新聞・雑誌」「代言人」と右側のページの「主要経歴」の基本的典拠は、この選挙を前にして候補者を紹介するためや、総選挙後に当選人の人物像を広く知らせるために出された次の大小八つの冊子によっている。[*3]

①大久保利夫『衆議院議員候補者列伝　一名帝国名士叢伝』第一～三編（六法館［東京］、一八九〇年三月六日～六月十六日。全一二〇三ページ）
②中西治助［三重県度会郡宇治山田町］『国会議員名鑑』（一八九〇年七月十日。全二二三ページ）
③岩崎栄太郎［米沢市信夫町］編『衆議院議員当選者一覧』（一八九〇年七月十二日。全一〇ページ）
④三好守雄［東京浅草区新平衛門町］編輯『衆議院議員実伝』（一八九〇年八月一日印刷。全三〇〇ページ）
⑤木戸照陽［大阪市東区南新町］編述『日本帝国国会議員正伝』（田中宋栄堂［大阪］、一八九〇年八

月十八日。全六一二ページ)
⑥篠田正作［大阪府東成郡清堀村］編纂『明治新立志編』（鐘美堂［大阪］、一八九一年四月十六日。[*4] 全三九二ページ）
⑦関谷男也［兵庫県津名郡広石村］編纂『帝国衆議院議員実伝』（同盟書房［大阪］、一八九〇年八月二十四日。全三八一ページ）
⑧辻本仁兵衛［東京京橋区南鍋街］編『帝国議会衆議院議員名鑑』（文栄社、一八九〇年十二月八日。全四三ページ）

これらのうち、②③⑧は小冊子であり、一応、眼を通したが、経歴について参考になることはあまりない。「主要経歴」をまとめる上で参考にしたのは、①④⑤⑥⑦である。わけても①は、これらの中でいちばん詳しいだけでなく、他と比べて記述が客観的であり、史料的に優れているといえる。ただし、この本は、総選挙を前にして、編者が有力な候補者と判断した者だけを取り上げたものなので、当選人三〇〇人のうち五七人しか載っていないという欠点がある。

③⑤⑥⑦は、選挙後に、当選人のプロフィールを紹介するために出された冊子である。ただ、この種の本にはよくあることだが、かなり賞賛的な記述も見られる。また、書かれている内容に少し違いも見られる。生年月に関して違うものはさすがにないが、経歴に関して一致していないことがある。

表11の「主要経歴」の中で、それぞれの事実の冒頭にある数字は、その西暦年号である。また、冒頭に数字がなく、事実だけが書かれているものは、その事実についての年号が確認できないものである。

この「主要経歴」は、右の数冊によって一通りまとめたあと、かなりの文献によって修正・追加を

主要経歴
新潟県令。東京府知事。78第二回地方官会議幹事。79元老院議官、のち副議長。89東京市会議長。
68鳥羽伏見の戦い参加。慶応義塾修学。71外務省出仕。米国留学。73海軍大主計。81東京馬車鉄道会社長。
出身は北埼玉郡上村。77代言人試験及第。85京橋区会議員。東京市会議員。
71慶応義塾修学。85『報知』主筆。日本橋区会議員・議長。
80内務省御用掛。81忠愛会(反民権派団体)結成。『明治日報』幹事。本所区会議員。本所区長。教育義社創立。
沼間守一の弟。尺振八に学ぶ。大蔵省出仕。80横浜瓦斯局問題で活躍。改進党結成に参加。自治党に参加。
大学南校・法科大学修学。79法学士。79攻法館(80専修学校となる)創立に加わる。87東京代言人組合長。
62〜64オランダ留学フィセリングに学ぶ。刑部省・外務省・司法省出仕を経て元老院議官。明六社員。
儒学者。昌平黌助教。東京府会設置ともに議員、のち副議長・議長となる。東京市参事会員。結髪頭で通す。
千葉県出身。戊辰戦争に官軍として従軍。83第六十国立銀行頭取。91第一議会中に死去。
農業。経済学を修む。地域の公共事業の計画・発起などに尽力。改進党員。
江木高遠門下。法律講習所創立。88憲法講話会創設。89条約改正賛成論を説く。89改進党評議員。
82京都商工会議所設立・会頭。84京都商工銀行創業,京都織物会社長など京都実業界の重鎮。京都市会議員。
油商。英語修学。琵琶湖疏水問題で尽力。京都商工会議所副会頭。関西貿易会社取締。京都市会議長。
72区長、75地租改正反対運動総代。79府会議員の時に植村知事の県政に反対。
郷士。82日本立憲政党参加。山城製茶会社創立社長。伏見銀行創設・頭取。日本製茶会社幹事。
三丹物産会社創業。79盈科義塾創立。京都株式取引所頭取ほか諸会社役員等。京都公民会設立に参加。
71久美浜県出仕となるも辞職。72副区長、73区長。83船井郡長。
69宮津藩権大属、73大蔵省出仕、84大蔵権大書記官、87大蔵省主税局次長、同年辞任。
藍玉・砂糖商。70銃砲火薬商開業。79西区会議員。日本赤十字社大阪支部幹事。90大阪市会議員。
糸商。76年大阪演説会創設。三大事件建白・大同団結運動で活躍。私立大阪教育会常議員。大阪電燈会社取締役。
売薬業(「五龍円」など販売)。73戸長。南区議員。87天満紡績会社創立。大阪鉄道会社重役。89南区長。
71〜74フランス留学。仏学塾を開く。『東洋自由新聞』主筆。保安条例で東京追放。『東雲新聞』創刊・主筆。
79住吉郡書記、80住吉郡長心得。85大阪鉄道会社創業・検査役。改進党員であったが,大同期には愛国公党員。
74北洲社修学。立憲政党結党に参加。大阪事件被告大井憲太郎の弁護人。大阪府立商業学校名誉校長。
西南戦争鎮圧従軍。内務省出仕。79琉球国廃藩置県で沖縄県属。80宮古島役所長。81大阪府警部、85副典獄。
日本立憲政党中心人物の一人。大阪府立農学校名誉校長。大同団結運動で活躍。
72戸長、75地租改正の地位等級の改善に尽力。奈良県再置に際し一時、奈良県議となる。大同派

表11　第一回衆議院

選挙区 氏名	年月	西暦	年齢	族籍	住所	府県議	郡長	関係新聞・雑誌	代言人
【東京府】									
1 楠本　正隆	天保9.03	1838	52	士族	麹町区永田町				
2 谷元　道之	弘化2.05	1845	44	士族	芝区三田	○			
3 風間　信吉	嘉永3.10	1850	39	平民	京橋区南嶺町	○			□
4 藤田　茂吉	嘉永5.06	1852	37	平民	日本橋区兜町	○		報知	
5 太田　実	安政3.09	1856	33	士族	本所区中之郷瓦町			明治日報	
6 高梨哲四郎	安政3.02	1856	34	平民	浅草区浅草左衛門町	○			□
7 大谷木備一郎	安政5.06	1858	31	士族	神田区仲猿楽町				□
8 津田　真道	文政12.06	1829	60	士族	本郷区湯島新花町				
9 芳野　世経	嘉永2.11	1849	40	士族	小石川区大塚嶺町	●			
10 森　時之助	天保12.08	1841	48	士族	北豊島郡日暮里村	○			
11 浅香　克孝	安政3.10	1856	33	平民	南足立郡千住町	○			
12 高木　正年	安政3.12	1856	33	士族	荏原郡品川町	○			
【京都府】									
1 浜岡　光哲	嘉永6.05	1853	36	士族	京都市春堅町	○		京都新報・日出など	
2 中村　栄助	嘉永2.02	1849	41	平民	京都市五条橋東二丁目	○			
3 松野新九郎	嘉永2.08	1849	40	平民	愛宕郡鷹ヶ峯村	▲	◇		
4 伊東　熊夫	嘉永2.12	1849	40	士族	綴喜郡普賢寺村	▲		京都日報など	
5 田中源太郎	嘉永6.01	1853	37	平民	南桑田郡亀岡町	●			
5 石原半右衛門	弘化4.06	1847	42	平民	船井郡川辺村	○	◇		
6 神鞭　知常	嘉永1.08	1848	41	平民	与謝郡石川村				
【大阪府】									
1 粟谷　品三	文政13.03	1830	60	平民	西区京町	○			
2 豊田文三郎	嘉永6.07	1853	36	平民	東区高麗橋三丁目	○		関西日報	
3 浮田　桂造	弘化3.02	1846	44	平民	南区安堂橋通四丁目	○			
4 中江　篤介	弘化4.11	1847	42	士族	西区幸町			東洋自由・東雲	
4 佐々木政行	天保11.05	1840	49	士族	住吉郡喜連村	○			
5 菊池　侃二	嘉永3.09	1850	39	士族	東区北浜四丁目	○		日本立憲政党など	□
6 保野　景孝	嘉永6.10	1853	36	士族	茨田郡枚方町		◇		
7 東尾平太郎	嘉永4.09	1851	38	平民	志紀郡道明寺村	●		日本立憲政党	
8 横山勝三郎	嘉永7.06	1854	35	平民	泉郡大津村	○			

主要経歴
所属。
幕末期より教育に従事。岸和田第五十一国立銀行取締役。府農学校(89創立)・師範学校女子部(90同)に尽力。
旧幕臣。尺新八とブラウンに英語を学ぶ。『東横』主筆。改進党創立に参加。東京府議。神奈川県議・議長。
福島事件河野広中弁護人。87条約改正に反対、保安条例で東京追放。90自由党常議員。
大区長。73神奈川県権少属。81貫融社(民権結社)設立。82自由党員。87保安条例で東京追放。90自由党常議員。
農業。大同倶楽部所属。
郡書記。85東京法学校卒。代言人となり、『法律応用雑誌』を発刊。君山東生・清川漁史の号をもつ。
土佐藩郷士。海援隊に入隊。74神奈川県令。76元老院議官。82日本立憲政党総理。87保安条例で東京追放。
73上糟屋村組頭。76地租改正総代人、神奈川県十二等出仕。81湘南講学会会長。4郡連合長村会議長。
慶応義塾修学。77洲本中学校長。淡路汽船会社・淡路共立社(印刷会社)設立。関西の改進党の中心的活動家。
真宗僧侶。67常源寺(今津村)住職。西本願寺会計書記(～90年3月)。還俗して出馬。
昌平黌修学。大蔵省出仕。79自治社結成。80「国会開設上願書」署名人。87条約改正反対代表、保安条例で東京追放。
県会創設以来の議員。82改進党に参加。関西の条約改正反対運動、大同派の中心活動家。愛国公党創立員。
淡河川疏水工事に尽力。79加古郡書記。播磨県再置運動の中心人物。改進党員として活躍。
72戸長。82神戸改進党結成。88兵庫県同志会(大同団結団体)結成に参加。89愛国公党樹立に尽力。
戸長。村長。蚕糸組合長。育英館(私学)創立。播磨県再置運動に尽力。条約改正断行を主張。改進党員。
戸長。80揖東郡書記。87三大事件建白。88兵庫県同志会結成に参加。89愛国公党参加。
製塩業。戸長。81自由党員。85大阪事件にかかわる。86山陽南海十州塩田組合会赤穂郡総代。愛国公党参加。
70久美浜県期、養父郡中卿長。73区長。76美含郡権区長。87県属(第二土木課長などを歴任)。
出石藩士の子。勧学義塾・共慣義塾修学。嚶鳴社員。『嚶鳴雑誌』編集主任。改進党活動家。東京市会議員。
新道権少講義。津名郡書記。文部省三等属。岩手県師範学校校長補。淡路自由党主幹。愛国公党加盟。
漢学および英学を修学。九州進歩党参加。詳細は不明。
松風社(民権結社)結成。長崎代言人組合長。88長崎同好会(「改進主義」結社)結成に参加。89長崎市会議長。
郡奉行。大分権属。89長崎市会議長。いくつかの公共団体・諸回会社の役員を務める。
福岡県属。太政官議官補。参事院議官。枢密院書記官。総武鉄道会創立委員・社長。
藩大砲鋳造所奉行。維新後は戸長。やがて県議を務める。88長崎同好会結成。
長崎英学校修学。長らく小学校訓導に従事。南松浦郡書記。　第二回水産博物会評議員。
對馬南松浦郡書記。進歩党所属。
80国会開設願望書総代。82北辰自由党結成。85大阪事件に連座。97保安条例で東京追放。大同倶楽

選挙区 氏名	年月	西暦	年齢	族籍	住所	府県議	郡長	関係新聞・雑誌	代言人
9 佐々木政乂	安政3.09	1856	33	士族	南郡岸和田村	○		東横	
【神奈川県】									
1 島田　三郎	嘉永5.11	1852	37	平民	横浜市相生町	●		東横	
2 山田　泰造	天保14.01	1843	47	平民	橘樹郡旭村			自由燈・公論新報	□
3 石阪　昌孝	天保12.04	1841	48	平民	南多摩郡鶴川村	●			
3 瀬戸岡為一郎	嘉永3.04	1850	49	平民	西多摩郡瀬戸岡村	○			
4 山田　東次	安政5.06	1858	31	平民	鎌倉郡小坂村			法律応用雑誌	□
5 中島　信行	弘化3.08	1846	43	士族	久良岐戸太村				
6 山口佐七郎	嘉永2.05	1849	40	平民	大住郡高部屋村	○	◇		
【兵庫県】									
1 鹿島　秀麿	嘉永5.08	1852	37	士族	神戸市神戸北長狭通	▲		神戸新報・神戸	
2 堀　善証	安政1.03	1854	36	平民	武庫郡今津村				
3 法貴　発	弘化3.08	1846	43	士族	多紀郡篠山町	○			□
4 石田貫之助	嘉永2.12	1849	40	平民	美嚢郡中吉川村	●		神戸又新日報	
5 魚住　逸治	安政4.05	1857	32	平民	加古郡母里村	○		政友・神戸	
6 高瀬藤次郎	天保9.07	1838	51	平民	河東郡上福田村	○		神戸又新日報など	
7 内藤　利八	安政3.02	1856	34	平民	神東郡川辺村	●			
8 改野　耕三	安政4.03	1857	33	平民	楫東郡太田村	○			
8 柴原政太郎	嘉永5.01	1852	38	平民	赤穂郡塩屋村	○			
9 佐藤文兵衛	弘化2.03	1845	45	平民	養父郡糸井村	○			
9 青木　匡	安政3.09	1856	33	士族	本郷区本郷	○		朝野・東横	
10 佐野　助作	天保15.07	1844	45	士族	津名郡物部村	○			
【長崎県】									
1 富永　隼太	安政4.06	1857	32	士族	西彼杵郡雪ノ浦村	○			
1 家永　芳彦	嘉永2.10	1849	40	平民	長崎市酒屋町			長崎新報	□
2 朝長　慎三	弘化5.01	1848	42	士族	東彼杵郡大村	▲	◇	長崎新報	□
3 牧　朴真	嘉永7.03	1854	36	士族	麹町区上六番町				
4 立石　寛司	文政10.06	1827	62	士族	北松浦郡袖木村	○			
5 宮崎　栄治	安政2.05	1855	34	士族	南松浦郡福江村				
6 相良　正樹	天保7.03	1836	54	士族	下県郡久田道町		◇		
【新潟県】									
1 山際　七司	嘉永2.01	1849	41	平民	西蒲原郡木場村	○		東洋自由	

主要経歴
部常議員。
北越学館長。大同団結運動・条約改正反対運動で活躍。佐越同盟(大同派)会員。
東京遊学中、キリスト教徒となる。北越学館創設。82北辰自由党理事。大同派。
大同派。
村議。80国会開設建白書提出。87条約改正反対建白書提出。87保安条例で東京追放。88出版条例違反で入獄。
慶応義塾修学。大蔵省出仕。小説『自由鏡』『薩長土肥』刊行。官吏侮辱罪で禁錮刑、裁判では無罪。
藩医。慶応義塾修学。東京医学校長。長崎医学校長。警視庁病院長、76済世学舎創立。存娼論者。
82刈羽郡自由党結成。北辰自由党参加。83自由党常議員。89越佐同盟会結成に参加。
戊辰戦争に官軍として参戦。戸長。大区長。77西南戦争に志願従軍。77長岡第六十九銀行頭取。81明訓学校設立。
区長。村会議員。85上越立憲改進党結成に参加。89政友同盟会結成。
高田中学校長。頚城三郡自由党結成。82上越立憲改進党・政友同盟会結成。高田病院建設,信越鉄道敷設に尽力。
77明十社結成・幹事。81頸城自由党結成・中心人物となる。大同団結運動参加。保安条例で東京追放。
東京で小学校教員。79病気で帰郷。民権期には佐渡島内で活動。大同期には佐越同盟会員。
戸長。区長。79以後一貫して県属(郡書記・諸郡長)。道路開削・小中学校開校・農事改良などに尽力。
共立学校・東京英語学校修学。82東京大学文学士。82東京専門学校講師。鷗渡会・立憲改進党結成に参加。
名主、戸長。80同伸社(横浜・生糸輸出会社)創業、埼玉生糸改良会社設立。89条約改正反対運動を推進。
70民部省駅逓少令史。77内務権大書記官。83年逓局副長。86逓信管理局長。89日本製紙会社長。
学区取締。当選後、議会招集以前の1890年9月5日死去。
78通見社(民権結社・羽生町)結成。東京専門学校修学。86埼玉英和学校設立に尽力。90愛国公党常議員。
行田町に士族授産のため忍行社(足袋輸出会社)創設,。地域公共事業に尽力。
秩父郡生まれ。第三十二国立銀行取締役。日本鉄道会社理事。両毛鉄道会社検査役。東京市会議員。
80尽節社(民権結社)設立、国会開設建白。82日本立憲政党参加。87保安条例で東京追放。89群馬公議会結成。
73～75年アメリカ遊学。75埼玉県属(学務課)。82汽船会社就職。85大蔵省総務局勤務。
81年明巳会(民権結社)結成。蚕糸業中央部会議員。87上毛民会創立・評議員兼幹事。87条約改正中止建白。
慶応義塾修学。伊香保温泉取締役。88年上毛同志会・89群馬公議会結成(機関誌『群馬』)発行。廃娼論者。
78安中教会設立・受洗。79碓井郡書記。82碓井銀行設立・頭取、上毛共和会結成。禁酒運動・廃娼運動に尽力。
鷲津毅堂(江戸)に学ぶ(～65)。戸長。村議・郡議・県議を長らく歴任。88立原倶楽部(明治村牛久)設立。
70～77医科大学修学。77陸軍軍医。西南戦争に従軍。80済世病院院長。83鹿児島医学校長。87千葉医会会頭。

選挙区 氏名	年月	西暦	年齢	族籍	住所	府県議	郡長	関係新聞・雑誌	代言人
2 丹後　直平	安政2.10	1855	34	平民	北蒲原郡本条村	○			
2 加藤　勝弥	嘉永7.01	1854	36	平民	岩船郡八幡村	○			
3 高岡　忠郷	嘉永4.12	1851	38	平民	中蒲原郡十全村	○			
4 西潟　為蔵	弘化2.10	1845	44	平民	南蒲原郡高島村	○			
5 小林雄七郎	弘化2.12	1845	44	平民	古志郡長岡本町			東北日報	
5 長谷川　泰	天保13.06	1842	47	士族	古志郡新組村				
6 松村文次郎	天保10.03	1839	51	平民	刈羽郡柏崎村	●			
7 関矢孫左衛門	天保15.01	1844	46	平民	北魚沼郡下条村		◇		
7 本山　健治	嘉永1.03	1848	42	平民	東頸城郡元保倉村	○			
8 室　孝次郎	天保10.09	1839	50	平民	中頸城郡高田町		◇		
8 鈴木　昌司	天保12.09	1841	48	平民	中頸城郡大出口村				
9 鵜飼郁次郎	嘉永7.07	1854	35	平民	加茂郡明治村	○			
【埼玉県】									
1 天野　三郎	嘉永5.02	1852	38	平民	北足立郡六辻村		◇		
2 高田　早苗	万延1.03	1860	30	平民	入間郡川越町			読売	
2 清水　宗徳	天保14.12	1843	46	平民	高麗郡水富村	○			
3 真中　忠直	天保9.06	1838	51	平民	浅草区橋場町	○			
3 間中　進之	天保10	1839	51	平民	北葛飾郡吉田村		◇		
4 掘越　寛介	安政6.07	1859	30	平民	北埼玉郡川俣村	○		埼玉新報	
4 湯本　義憲	嘉永2.02	1849	41	平民	北埼玉郡埼玉村	○			
5 山中隣之助	天保11.07	1840	49	平民	京橋区南伝馬町				
【群馬県】									
1 新井　毫	安政5.11	1858	31	平民	勢多郡黒保根村			輿論新誌	
2 竹井　懿貞	嘉永7.01	1854	36	平民	邑楽郡永楽村	▲			
3 高津仲次郎	安政4.10	1857	32	平民	緑野郡小野村	○			
4 木暮武太夫	安政7.02	1860	30	平民	西群馬郡伊香保町	○		上毛新報	
5 湯浅　治郎	嘉永3.10	1850	39	平民	碓井郡安中町	●			
【千葉県】									
1 千葉禎太郎	弘化4.02	1847	43	平民	市原郡海上村	○			
2 浜野　昇	嘉永7.10	1854	35	士族	印旛郡佐倉町	○		東海	

主要経歴
農業。戸長。村長。79以来県議を続ける。84同友会組織。
75戸長。76大区地租改正総代。79千葉県属(県会事務係,庶務課県会議事取調)。伊能忠敬の功績評価に尽力。
紀伊国有田郡広村生まれ。慶応修学。銚子で山十(醤油製造)創業。利根運河会社協議員。両総鉄道創立委員長。
80千葉講談舎(千葉町)設立。84自由党解散に反対。大阪事件で大井憲太郎の弁護人。89大同二派の調停役。
戊辰戦争で官軍の嚮導役。73副区長。79千葉商法会議長。蚕糸業などの普及。房総馬車鉄道会社創立委員中。
73千葉県第4区代議人。76千葉県会(任命制)初代議長の後、安房外3郡長。81望陀・周准・天羽郡長を続ける。
慶応義塾修学。千葉中学校・師範学校教員。改進党員として房総で活躍。89条約改正断行建白。畜産会社設立。
慶応義塾修学(～82)。82『時事新報』記者。84甲申事変に際し清国特派員。88『大阪毎日新聞』主筆。
76北京公使館書記生。以後、清国在勤。82壬午事件で朝鮮派遣。86清国芝罘(煙台)副領事。88帰国・辞職。
水戸藩郷士。70貧民救済の義食社創設。太田銀行創立・頭取。「山岳党」の中心人物。87水戸鉄道敷設発起人。
水戸藩郷士。80年興民公会(民権結社)結成。「国会開設之建議」提出。81年県属。83年改進党入党。84年県属。
79同舟社(民権結社)副社長。茨城県民権運動の中心人物の一人。第六十二国立銀行頭取。90自由党常議員。
69若森県出仕(勧農係)。79同舟社社長。79県会議員。81結城・岡田・豊田3郡長。90年8月、更正決定で当選。
醤油醸造業。72新治裁判所為替方。副戸長。81新治郡会議員・土浦町町会議員。86東京乗合馬車会社理事。
醤油醸造業。77戸長。87麦酒醸造開始。88東京江戸崎町に為替回漕会社創立。89煉瓦製造場創業。
郡書記。80国会開設請願書総代。82全国府県会議員懇親会委員。84三島県令と対立。85芳賀郡長。
80囂々社結成、0国会開設請願書総代。83自由党常議員。85大阪事件入獄、89出獄。90自由党常議員。
都賀郡佐野生まれ。75師範学校入学。訓導。戸長。85大阪事件連座。90自由党常議員。
80民権結社中節社結成、国会開設建白書総代。栃木改進党の中心人物。県会で三島痛庸県令と対立。
80国会開設請願書総代。官吏侮辱・集会条例違反等で5回入檻。保安条例で東京追放。愛国公党結成に尽力。
愛媛県庶務課長。讃岐鉄道会社関与。奈良県の大阪府からの分県・再置を推進。奈良県会議長。改進党員。
75小区長。82郡書記。84大阪府会議員(奈良県再置後は奈良県会議員)。87減租請願委員。
佐渡国中村生まれ。長谷寺僧侶、教導職。81還俗して紡績所設立。89初瀬村長。
77西南戦争で西郷軍に参加、敗戦で帰郷。81近畿自由党・立憲政党組織。大阪事件で1年2か月入獄。
再興愛国社・国会期成同盟で活躍。82板垣退助の渡仏に同行。87保安条例で東京追放。90愛国公党

選挙区 氏名	年月	西暦	年齢	族籍	住所	府県議	郡長	関係新聞・雑誌	代言人
2 成島巍一郎	嘉永6.07	1853	36	平民	南相馬郡富勢村	○			
3 大須賀庸之助	嘉永3.11	1850	39	平民	香取郡佐原町		◇		
4 岩崎重次郎	安政6.04	1859	30	平民	海上郡銚子町				
5 板倉 中	安政3.07	1856	33	平民	千葉郡千葉町	●		東海新報	□
6 板倉 胤臣	天保11.09	1840	49	平民	長柄郡茂原町	●	◇		□
7 重城 保	天保4.04	1833	56	平民	望陀郡木更津町	●	◇		
8 安田 勲	嘉永6.06	1853	46	平民	長狭郡大山村	○			
【茨城県】									
1 渡辺 治	安政3.02	1856	34	士族	水戸市蓮池町			時事新報・大阪毎日	
1 松延 玹	弘化2.01	1845	45	士族	水戸市田見小路				
2 立川 興	嘉永5.10	1852	37	士族	久慈郡太田町	▲			
2 大津淳一郎	安政3.12	1857	32	平民	多賀郡豊浦町	○		茨城日日	
3 飯村丈三郎	嘉永6.05	1853	36	平民	真壁郡上妻村	●			
4 赤松新右衛門	天保12.10	1841	48	平民	豊田郡西豊田村	○	◇		
5 色川三郎兵衛	天保13.11	1842	47	平民	新治郡土浦町	○			
6 関口八兵衛	嘉永3.07	1850	39	平民	信太郡嶋崎村	○			
【栃木県】									
1 横堀 三子	嘉永5.09	1852	37	平民	芳賀郡祖母井村	●	◇		
2 新井 章吾	安政3.02	1856	34	平民	下都賀郡吹上村	●		自治政談	
2 岩崎万次郎	嘉永5.07	1852	37	平民	下都賀郡野木村	○			
3 田中 正造	天保12.11	1841	48	平民	安蘇郡赤見村	●		栃木	
4 塩田 奥造	嘉永2.10	1849	40	平民	下都賀郡吹上村	▲		栃木	
【奈良県】									
1 今村 勤三	嘉永5.02	1852	38	平民	平群郡安堵村	●		大和	
2 堀内 忠司	嘉永2.04	1849	40	平民	忍海郡忍海村	●			
2 本間 直	嘉永5.11	1852	37	平民	式上郡初瀬村				
3 桜井徳太郎	安政3.06	1856	33	平民	宇智郡五条町				□
【三重県】									
1 栗原 亮一	安政2.03	1855	35	平民	荅志郡鳥羽町			草莽雑誌・東雲	

主要経歴
加盟。
戊辰戦争で東征軍先鋒隊に参加。70津藩大属。72～85三重県出仕。関西鉄道会社創立委員。22初代津市長
80三重山林協議会会頭。川島紡績所(のち三重紡績会社)創設。88三重朝明協議会組織。89大同倶楽部常議員。
内務省書記官。東京株式取引所理事。三重県大書記官。大同団結運動参加。
81統計院権少書記官。82報知新聞記者。改進党入党。85朝野新聞に移る。87保安条例で東京追放。英国留学。
醤油製造業。小区長。戸長。81志勢同盟会組織。87条約改正反対の三重同志会組織。88大同団結運動を離脱。
72以降百件以上の建白書提出。75三重県地租改正係、翌年辞任。改進党員。『勢海の灯』発刊。三重協同会結成。
呉服太物商。81名古屋米商会所会頭。名古屋海産商組合頭取。81名古屋区会議長。89名古屋市議会議長。
72名古屋病院幹事。81横浜正金銀行神戸支店支配人。88明治生命保険会社副社長。89東京米穀倉庫会社長。
地租改正反対運動指導者。78地租改正事務局に哀願書(郡下42村総代)提出。79旧藩主下賜金で解決。
74戸長。79村議・議長。その後、郡長に就き地域の発展に尽力。
74戸長。79県会開設以来、ほぼ県議を務める。84池織工場(結城縞)設立。
75戸長。78村会議長。津島紡績社長。治水・干拓事業に尽力。86木曽川外三川413か村連合会議員。
染業職。大阪で染業を学び改良染法を習得する。79名古屋杉ノ戸に染業織工場を建設。
71戸長。85渡米して農業・工芸を視察。90三河分県書白書有志総代。
戸長。三星会社(肥料業)社長。貯蓄会社社長。三河分県運動のリーダーの一人。
74～78慶応義塾修学。回漕業者。宝飯中学校創立。82共奨社(学術・演説団体)設立。88東参倶楽部設立。
84名古屋法律学校創立。大坂事件弁護人。大同協和会参加。愛知県庚寅倶楽部設立。
地域の治水などに人力。82年野崎銀行創立。83村議。84静岡商法会議所設立。89年静岡銀行取締役支配人。
富士山秣場紛議で活躍。80富士勧業会社社長。81岳南自由党組織。84茶業組合幹事。86蚕糸業組合会長。
73東京開成学校修了。東京大学修学。鷗渡会参加。法学士。代言人、法律事務処開設。帝国大学その他講師。
浜松県県少属。75報徳社設立に加わり、のち社長。78 掛川農学社設立。80掛川中学校長。85掛川銀行頭取。
早くより私財を公共事業に供する。豊田・山名郡書記・郡長。遠江国有志同盟会幹事。
73内務省地理局雇。75千葉県属。78静岡県第十二大区長。81志太・益津郡長。
83年豆海汽船会社創立・社長。83年晩成社を組織し30余人を北海道河西郡に移住さす。松崎製糸所経営。
69静岡藩少参事。75静岡師範学校長。82メソジスト教会伝道師。82民権運動に参加。89東京麻布英和学校幹事。
慶応義塾修学。副区長。学区取締。79県議なり、81以来、議長を務める。甲信鉄道発起人。
81年国会開設請願書上呈委員。県会創設以来欠席なし。山梨養蚕協会創設。
80国会開設請願書総代.『東洋自由新聞発刊に関与。以後.県内の数紙の新聞を発刊。

選挙区 氏名	年月	西暦	年齢	族籍	住所	府県議	郡長	関係新聞・雑誌	代言人
2 伊東　祐賢	天保7.03	1836	54	士族	津市西堀端	▲	◇		
3 天春　文衛	弘化4.11	1847	42	平民	朝明郡田保々村	○			
4 伊藤　謙吉	天保7.03	1836	54	平民	津市玉置町				
5 尾崎　行雄	安政6.11	1859	30	士族	度会郡城田村	○		新潟・報知・朝野	
5 北川　矩一	弘化2.04	1845	44	平民	度会郡宇治山田町	●			
6 立入　奇一	天保15.04	1844	45	士族	阿拝郡上野町	○		勢海の燈	
【愛知県】									
1 堀部勝四郎	文政10.12	1827	62	平民	名古屋市船入町	▲			□
2 永井松右衛門	嘉永6.12	1854	35	平民	京橋区五郎兵衛町			愛知絵入	
3 梶田喜左衛門	嘉永3.01	1850	40	平民	東春日井郡田楽村	○	◇		
4 宮田慎一郎	嘉永7.03	1854	36	平民	葉栗郡佐千原村	▲	◇		
5 森　東一郎	弘化4.12	1847	42	平民	中島郡三輪村	●	◇		
6 青樹　英二	天保14.02	1843	47	平民	海東郡東市江村	●	◇		□
7 端山忠左衛門	弘化2.11	1845	44	平民	知多郡阿久比村	●	◇	東海	
8 早川　龍介	嘉永6.08	1853	36	平民	碧海郡中島村	▲			
9 今井磯一郎	天保12.01	1841	49	士族	西東加茂郡平井村	○			
10 加藤　六蔵	安政5.04	1858	31	平民	宝飯郡前芝村	○			
11 美濃部貞亮	嘉永6.05	1853	36	平民	名古屋市小田原町	○			□
【静岡県】									
1 井上彦左衛門	嘉永6.10	1853	36	平民	有渡郡豊田村	○			
2 影山　秀樹	安政4.04	1857	32	平民	富士郡岩松村	○			
3 岡山　兼吉	嘉永7.07	1854	35	平民	日本橋区西河岸町				□
4 岡田良一郎	天保10.10	1839	50	平民	佐野郡倉真村	●	◇		
5 西尾　伝蔵	安政1.12	1854	35	平民	豊田郡三川村	○	◇		
6 近藤　準平	天保12.06	1841	48	平民	敷地郡浜松町	▲	◇		
7 依田　佐二平	弘化3.02	1846	44	平民	那賀郡中ノ郷村	○	◇		
7 江原　素六	天保13.01	1842	48	平民	駿東郡金岡村	○	◇		
【山梨県】									
1 八巻　九万	嘉永5.11	1852	37	平民	北巨摩郡安都那村	●			
2 田辺　有栄	弘化2.10	1845	44	平民	東山梨郡七里村	○			
3 古屋　専蔵	嘉永7.03	1854	36	平民	東八代郡御代咲村	○		峡中新報・峡中自由	

主要経歴
70大学南校修学。76～80英国留学。82大学予備門長。88文部省参事官兼専門学務局次長。政教社結成に参加。
膳所藩大参事。71大津県大属。岐阜県権少属。警部。滋賀県権少属。81栗太・野州郡長。87非職。
彦根藩少参事。犬上県参事。岡山県判事。81岩倉使節団に加わる。73征韓論で下野。77西南戦争で入獄。
77大阪上等裁判所判事。79住友大阪本店支配人。82大阪商業講習所長(88府立商業学校に昇格し校長)。
旧藩主に付き3年間英国留学。さらに米国留学、法律士。専修学校長。横浜正金銀行役員。
真宗本願寺派僧侶。80高田教務所管掌。84教導職中講義。87本山議会議員。90年3月還俗。愛国協会組織。
岐阜師範学校卒。同校助教。80県属。85年・88年の大水害に際し国庫補助請願に尽力。
73学区取締。75地租改正掛。78第七十六国立銀行頭取。87治水共同社(木曽三川改修組織)創設・取締役。
師範研習学校卒。訓導。82大野・池田郡書記。85数屋村外６か村戸長。河川改修に尽力。
生糸・製茶・鉱業経営。濃武会社社長。貴族院議員多額納税者資格県内第2位。
地域の豪農。67尾張藩の隊伍に入り銃剣訓練。
醸造業者。83古川銀行取締役。83慶応義塾修業。88雑誌『一位の栞』発行。東京本所区内で工場経営。
戸長。村会議員・議長。83～89県内4郡の郡長を歴任。89信濃銀行創立・頭取。
72飯山町戸長。74師範学校幹事。77第廿四銀行創立・取締役(80辞任)。85産牛馬組合議長。86蚕糸業組合頭取。
雄弁家。南条吉左衛門(改進党)と佐藤八左衛門(中立)を破り当選。総選挙までの経歴・活動は不明。
師範研習学校卒。訓導。79山梨で『要新聞』発刊。81松本に戻り、民権運動を展開。83信陽改進党結成。
80奨匡社社長。83信陽改進党結成。89筑摩倶楽部(大同団結運動)結成。条約改正建白書提出。
酒造業。戸長。学区取締。南佐久郡書記。私財をもって公共事業を推進し信望を得る。
藩の貢進生として大学南校修学。ドイツに5年間留学。農商務省書記官。その後、辞官。
仏学塾修学、塾監を務める。中江兆民の『政理叢談』刊行に関与。陸軍幼年学校訳官・同陸地測量部員。
仙台藩参政として勤王論を説く。70仙台藩大参事。71一ノ関県参事。74磐井県権令。宮城改進党総理。
79県会議員。83年以降は一貫して郡長を務める(83伊具・亘理・志田・玉造)。
戊辰期に勤王論を説く。箕作秋坪および学農社に学ぶ。広島県勧業課長。84宮城郡長。のち仙台区長。
酒造・米穀商。80国会開設請願書提出。83志田・玉造郡長。貴族院多額納税者互選人資格者。
戊辰期に勤会津追討に反対す。69昌平黌教授。71仙台大参事。75宮城県参事、同判事。
県会で官選戸長反対を主張し三島県令と対立。86蚕糸業組合取締所頭取。87岩磐協会創設。
72若松県参事。75家禄(旧二本松士族)を奉還。75明八会(民権結社)を組織。82三島県令と対立して議長辞任。
75石陽社,77三師社結成。国会期成同盟・自由党結成に尽力。福島事件で７年禁獄。大同倶楽部

選挙区 氏名	年月	西暦	年齢	族籍	住所	府県議	郡長	関係新聞・雑誌	代言人
【滋賀県】									
1 杉浦　重剛	安政2.03	1855	35	平民	志賀郡膳所村			日本・日本人(雑誌)	
2 山崎　友親	天保15.01	1844	46	平民	栗太郡瀬田村		◇		
3 大東　義徹	天保13.07	1842	47	士族	犬上郡彦根町				
3 伊庭　貞剛	弘化4.01	1847	43	平民	蒲生郡武佐村				
4 相馬　永胤	嘉永1.11	1848	41	士族	犬上郡彦根町				
【岐阜県】									
1 天野　若円	嘉永4.05	1851	38	平民	厚美郡岩戸村			愛国新報	
2 清水　粲蔵	嘉永5.02	1852	38	平民	安八郡和合村	○			
3 吉田　耕平	天保2.09	1831	58	平民	下石津郡高須町	●			
4 矢野才次郎	安政5.12	1858	31	平民	大野郡唐栗村	○			
5 長尾四郎右衛門	安政2.12	1855	34	平民	武儀郡沙田村	○			
6 林　小一郎	嘉永6.04	1853	36	平民	加茂郡太田町	○			
7 中村　信夫	安政5.10	1858	31	平民	古城郡古川町				□?
【長野県】									
1 小坂善之助	嘉永6.12	1853	36	平民	上水内郡柳原村	○	◇		
2 島津　忠貞	弘化2.01	1845	45	平民	上水内郡長野町	●			
3 堀内　賢郎	安政5.09	1858	31	平民	埴科郡屋代町	○			
4 小里　頼永	安政2.05	1855	34	士族	東筑摩郡松本町	○		松本日日など	
4 江橋　厚	嘉永7.02	1854	36	士族	東筑摩郡松本町			松本日日・信陽日報	□
5 簑輪　鼎	天保10.01	1839	51	平民	下高井郡中野町	○	◇		
6 中村　弥六	嘉永7.08	1854	35	平民	四谷区東信濃町				
7 伊藤　大八	安政5.11	1858	31	平民	下伊那郡伊賀良村				
【宮城県】									
1 増田　繁幸	文政8.06	1825	64	士族	名取郡東多賀村	●			
2 武者伝二郎	嘉永7.01	1854	36	平民	亘理郡亘理町	○	◇		
3 十文字信介	嘉永5.11	1852	37	平民	遠田郡元涌谷村		◇	農学雑誌	
4 熱海孫十郎	弘化5.1	1848	42	平民	栗原郡一迫村	○	◇		
5 遠藤　温	文政6.09	1823	66	士族	仙台市南光院町	●			□
【福島県】									
1 佐藤　忠望	嘉永5.02	1852	38	平民	伊達郡小国村	○			
2 安部井磐根	天保3.03	1832	58	平民	安達郡二本松町	●	◇		
3 河野　広中	嘉永2.07	1849	40	平民	田村郡三春町	●			

主要経歴
常議員。
医師。東亜医学校修学。馬場辰猪・大石正巳・末広重恭らと国友会結成。東京神田で医院開業。大同派。
80「国会開設上願書」(福島県各郡有志30名)総代。82喜多方事件被告、無罪。83官吏侮辱罪で再逮捕。
元千葉県属吏。愛身社に入り、先憂党を組織し国会開設請願書提出。岩磐協会・会津協会参加。
戸長。菊田・磐前・磐城郡郡書記。80興風社結成。国会開設請願運動展開。83福島事件被告(無罪放免)。
七戸藩大参事。71盛岡県准権大属。82自由党盛岡部委員。大同団結岩手県委員。愛国公党参加。
75協同会組織し、80改進社と合併。自由党盛岡支部結成。84年演説重禁錮2月・罰金10円。愛国公党参加。
68盛岡県少参事。72盛岡県権典事、疑獄事件で入獄、士籍を奉還。75青森県一等属。84西磐井郡長。85東茨城郡長。
77西南戦争警視庁分隊長。塩釜村会議員。自由庚寅倶楽部所属。
72民部省出仕。72神奈川県権令。75高島炭鉱経営に従事。77「立志社の獄」連座。89『政論』社長。
藩校および開文舎(英学塾)で修学。75八戸小学校教員。89八戸土曜会結成、大同倶楽部幹部。
無神経事件で知事追及。大同倶楽部幹部。
後藤象二郎の遊説後,大同団結運動の東北地方の重鎮。大同倶楽部幹部。
68奥羽列藩同盟に尽力。70慶応義塾修学。72東奥義塾創立,大同倶楽部幹部。89弘前市長。
76〜80フランス留学。リヨン大学法学士。帰国後〜90司法省出仕、書記官を経て参事官。
84特振社(民権結社)組織。新聞数種の社主・社長。86羽陽同盟会組織。89山形大同倶楽部幹部。
米沢義社(旧米沢藩士族授産結社)組織。79内務属として福島県耶麻郡長となるも三島県令と対立して辞任。
蚕糸業組合頭取。87条約改正中止建白起草・提出委員。山形大同倶楽部幹部。東北七州有志懇親会開催。
大忌神社禰宜。71教導職少講義。78尽性社(酒田町。のちの庄内自由党の母体)結成。89大同倶楽部常議員。
85山県義会結成。87条約改正中止建白提出委員。89山形大同倶楽部幹部。
71より南秋田郡の荒蕪地6百余町歩を開拓(現二田村)。郡内の救恤,学校・病院設立に尽力。89秋田中正党組織。
秋田県十等属。秋田保守中正党結成。資産家(県内多額16位で、貴族院議員互選人資格を逸する)。
75慶応義塾修学。秋田県議事課長。大同派所属。
酒造業。国会開設請願運動・大同団結運動で活躍。秋田改進党結成に参加。
戸長。秋田県大同団結運動の指導者の一人。
戸長。北陸自由党結成。82杉田定一と『北陸自由新聞』発刊。大同団結運動の南越倶楽部代表。愛国公党加盟。
『采風新聞』で筆禍。自郷社結成。80「国会開設上願書」署名人。南越自由党、南越倶楽部結成。愛国公党加盟。
公共事業(衛生・勧業など)に尽力。杉田定一の盟友。自由党員。大同団結運動期に南越倶楽部結成。
84福井県15等出仕。公共事業(教育・衛生・救恤・道路開削など)に尽力。愛国公党加盟。
79戸長。81共保社創立・副社長。石川機業会社発起人。89石川郡蚕糸業組合幹事。89大同倶楽部常

選挙区 氏名	年月	西暦	年齢	族籍	住所	府県議	郡長	関係新聞・雑誌	代言人
3 鈴木万次郎	万延1.03	1860	30	平民	岩瀬郡須賀川町				
4 山口千代作	弘化5.02	1848	42	平民	河沼郡尾野本村	▲			
4 三浦　信六	嘉永3.07	1850	39	平民	耶麻郡加納村	○	◇		
5 白井　遠平	弘化3.04	1846	43	平民	磐城郡平町	●	◇		
【岩手県】									
1 谷河　尚忠	天保5.03	1834	56	士族	南岩手郡米内村	▲	◇		
2 伊東　圭介	安政4.08	1857	32	平民	盛岡市下小路				□
3 佐藤　昌蔵	天保4.06	1833	57	平民	稗貫郡花巻川口町		◇		
4 下飯坂権三郎	嘉永5.11	1852	37	平民	膽沢郡水沢町	○			
5 大江　卓	弘化4.09	1847	42	平民	芝区高輪南町				
【青森県】									
1 奈須川光宝	安政2.07	1855	34	士族	三戸郡八戸町	▲			
1 工藤　行幹	天保13.10	1842	47	士族	北津軽郡五所川原村		◇		
2 榊　喜洋芽	嘉永6.07	1853	36	士族	弘前市白銀町	●			□
3 菊池　九郎	弘化4.09	1847	42	士族	弘前市蔵王町		◇	東奥日報	
【山形県】									
1 宮城　浩蔵	嘉永5.04	1852	37	士族	東村山郡天童町				
1 佐藤　里治	嘉永3.03	1850	40	平民	西村山郡西山村	○		山形毎日・出羽など	
2 五十嵐力助	嘉永2.04	1849	40	士族	米沢市信濃町	●	◇		
3 駒林　広運	安政3.11	1856	33	士族	西田川郡鶴岡町	▲			
3 鳥海時雨郎	天保15.08	1844	45	平民	飽海郡蕨岡村	●		両羽新報・山形新報	
4 丸山　督	安政6.05	1859	30	士族	山県市横町	○			□
【秋田県】									
1 二田　是儀	嘉永3.12	1850	39	平民	南秋田郡飯田川村				
2 成田　直衛	嘉永1.09	1848	41	士族	北秋田郡鷹巣村	●	◇		
3 佐藤　敏郎	嘉永6.02	1853	37	平民	由利郡矢島町	▲			
4 斎藤　勘七	嘉永1.04	1848	41	平民	仙北郡花館村	○		秋田日報	
4 武石　敬治	安政5.06	1858	31	平民	雄勝郡山田村	▲			
【福井県】									
1 青山庄兵衛	弘化5.01	1848	42	平民	足羽郡東郷村	○		北陸自由	
2 杉田　定一	嘉永4.06	1851	38	平民	阪井郡鶉村	●		北陸自由など	
3 永田定右衛門	嘉永4.11	1851	38	平民	丹生郡岡山村	▲		北陸自由	
4 藤田　孫平	天保15.10	1844	45	士族	遠敷郡国富村	▲	◇		
【石川県】									
1 松田吉三郎	安政5.10	1858	31	平民	石川郡一木村	○		北陸	

主要経歴
議員。
78西郷軍加担の疑により下獄。81盈進社(民権結社)社長。石川県の自由党・大同派の中心人物。金沢市長。
生年は元治元(1864)年8月だが、万延元(1850)年正月と偽り当選。91年6月議員失格。
高松村会議員。同議長。82年以降、県議を続ける。改進党所属。河北郡会議員。89高松村長。
75地租改正総代。79県属。81辞任・県議。北陸鉄道敷設に尽力。84鹿島勧業会長。86県蚕糸業取締所副会頭。
養蚕製糸業の発展に尽力。自由党組織。大同団結運動で活躍。90愛国公党加盟。
呉服商。富山分県に尽力。83富山銀行創立。85第十二銀行頭取。78富山商工会議所会頭。89富山市会議長。
パリ大学法律学士。80司法権少書記官。84司法大書記官。86大審院勤務。当選後、大審院判事となり辞退。
78下新川郡書記。81国会開設の詔勅後、自治党組織。治水、富山県の復県の尽力。越中改進党組織。
訓導。北立社(高岡)および北立自由党組織。
75新川県出仕。82北辰社(民権結社)結成、越中改進党幹事。中越鉄道会社創立委員。89砺波倶楽部結成。
74共立学舎創立。鳥取県再置・下高草郡加露築港などに尽力。鳥取市長。
国会開設請願運動で活躍。82西北自由党結成。89久米会(大同協和会系)結成。
72上京し法律学を修む。81本所区会議員。83東京府会議員。84東京米商会所支配人。89東京市会議員。
79松江町会議員(89市会議員)。80恵愛社(救恤)社長。82山陰自由党(自由党出雲部)幹事。86松江商工会頭。
出雲改進党幹事。水害・凶作に際して救恤に尽くす。選挙に際しては独立派と称する。
76第四十八区戸長。81稗原村。減租請願運動に尽力。勧業諮問会委員。
慶応義塾修学。オクスフォード大学留学。本願寺教師。88大同団結運動参加。88新聞紙条例で下獄。89年大赦出獄。
76～80浜田県・島根県出仕。81石見産紙会社社長、第五十三銀行重役。救恤事業に尽力。石見改進党組織。
神官。73小学校訓導、神道教導職。80隠岐4郡書記(総選挙で島根県第6区は隠岐諸島のみのため23票で当選)。
京都仏学校等で修学。岡山民権運動指導者の一人。80国会開設建白書総代。85大阪事件下獄。愛国公党加盟。
慶応義塾・同人社で英学修学。東京で新聞編集に従事。83内務省御用掛。84太政官恩給局。その後非職。
73血税一揆鎮圧。74岡山県七等出仕。80国会願望趣意書起草。84閑谷黌開校。87条約改正反対建白書提出。
共慣義塾・慶応義塾で修学。75『報知』記者。82改進党入党。87『朝野』記者。大同倶楽部常議員。
漢学者。興譲館(東京)・閑谷黌(岡山)・同志社(京都)に招聘されて講義。
成羽藩の藩校で修学。戸長。区長。郡長になるも県令と対立して免職。
78共之社(津山の養蚕結社)結成。79両備作三国親睦会参加。80二宮養蚕製糸会社社長。岡山始審裁判所判事補。
岡山師範学校卒。訓導。78愛国社再興大会出席。岡山民権運動指導者の一人。自由党幹事。

選挙区 氏名	年月	西暦	年齢	族籍	住所	府県議	郡長	関係新聞・雑誌	代言人
1 遠藤　秀景	嘉永6.12	1853	36	士族	金沢市味噌蔵町	●		北陸自由	
2 相川久太郎	安政7.01	1860	30	平民	金沢市石浦町	○			□
3 浅野　順平	安政2.12	1856	33	平民	河北郡高松村	○			
3 神野　良	嘉永4.03	1851	39	平民	鹿島郡徳山村	●			
4 小間 粛	天保14.08	1843	46	平民	鳳至郡櫛比村	▲		石川・北陸	
【富山県】									
1 関野善次郎	嘉永6.05	1853	36	平民	富山市富山東堤町	○			
1 磯部　四郎	嘉永4.05	1851	38	士族	〈不明〉				
2 田村　惟昌	安政3.03	1856	34	平民	下新川郡生地町	▲		北陸公論	
3 南　磯一郎	嘉永6.12	1854	35	平民	射水郡佐野村	○		富山日報	
4 島田　孝之	嘉永3.05	1850	39	平民	砺波郡般若野村	●			
【鳥取県】									
1 岡崎　平内	弘化5.02	1848	42	士族	鳥取市馬場町	●	◇		
2 山瀬　幸人	安政1.12	1854	35	士族	久米郡上灘村	○		鳥取新報	
3 松南　宏雅	嘉永5.05	1852	37	士族	汗入郡高麗村	○			
【島根県】									
1 岡崎運兵衛	嘉永3.06	1850	39	平民	松江市堅町	●		松江・松江日報	
2 佐々木善右衛門	嘉永5.01	1852	38	平民	能義郡荒島村	▲			
3 高橋久次郎	安政5.06	1858	31	平民	神門郡稗原村	○			
4 菅　了法	安政4.02	1857	33	平民	邑智郡川本村			東洋経済新報・大同	
5 佐々田　懋	安政2.11	1855	34	士族	那賀郡木田村	●			
6 吉岡倭文麿	嘉永2.09	1849	40	平民	周吉郡西郷西町				
【岡山県】									
1 小林　樟雄	安政3.10	1856	33	士族	岡山市船頭町				
1 坪田　繁	嘉永6.03	1853	37	平民	岡山市下西川町			評論・湖海新報など	
2 西　毅一	天保14.07	1843	46	士族	岡山市七番町				
3 犬養　毅	安政2.04	1855	34	平民	芝区三田二丁目	○		報知・朝野	
4 坂田　丈平	天保10.05	1839	50	平民	後月郡西江原村	●			
5 渡辺　磊三	天保12.02	1841	49	平民	川上郡東成羽村	○	◇		
6 立石　岐	弘化4.05	1847	42	平民	西西条郡二宮村	○		政談いろは	
7 加藤平四郎	嘉永7.02	1854	36	士族	真島郡勝山村			美作雑誌・自由燈	

主要経歴
農業兼眼科医。郡書記。安芸中学校長。安芸師範学校長。改進党系の活動家。
78(または81)広島代言人組合会長。89広島市会議長。
八田家は大地主・酒造・醤油醸造を営む佐伯郡屈指の名望家。県内最多額納税者。貴族院議員互選会第2位。
本願寺僧侶。82〜85欧州各国を歴遊。86本願寺護持会副会長。20条約改正反対で近畿各地を遊説。のち還俗。
本願寺僧侶。洗心館(私立学校)創立。90被選人資格を得るために還俗する。
区長。戸長。山陽鉄道会社常置委員。日本赤十字社広島支部幹事。広島電燈会社長。山陽鉄道会社常議員。
東京法(律)学校で法律・経済学を修学。公証人。広島政友会員。
師範学校卒。中学校教員。愛媛県学務課長。文部省書記官。広島政友会員。
72水呑村戸長。78深津・沼隈・安那三郡書記。83東京専門学校で法律・経済学を修学。帰郷後89郡長。
藩権参事・大参事。81深津郡選出県議。82神石郡長、さらに4郡の郡長を８年務む。90年10月死去。
70小菅県大属。71大蔵省営繕寮大属。山陽鉄道会社常議員。徳山共栄社取締役。
旧姓は光明寺。元僧侶。75フランス留学。78パリ大学法学士、公使館書記官。86大審院判事。
70大学南校入学。75仏国留学。78法律学士。84法学博士。帰国後、司法省雇。87司法省参事官。
73長崎医学校、のち司法省法学校修学。80代言人。改進党員として活躍するが、88「自治党」構想に加わり離党。
戊辰戦争に従軍。陸軍士官学校修学。仏国で軍事を修学。陸軍士官学校長。84元老院に転ず。88保守中正党参加。
68戊辰戦争に従軍し函館戦争に加わる。69商業に転ず。村総代、郡総代。塩業改良に従事。
65岩国藩大目付。68岩国藩公用人。71岩国藩少参事。72岩国県権典事。74吉川家(旧藩主・のち男爵)家令。
67海援隊。77「立志社の獄」連座、禁獄5年。84英・墺に学ぶ。86外務省入局。88駐米公使。90農商務相。
69海部郡書記。71和歌山県県少属。76代言人免許。第四十三銀行取締役支配人。
大蔵省記録局勤務。79和歌山での地租改正反対運動を主導す。77猛山学校創立に尽力。
戊辰戦争参加。71大阪府大属。78大阪府大書記官。82和歌山県大書記官。86和歌山県知事。90元老院議官。
83東京大学卒、法学士、『東日』記者。87同社長となり紙面を一変。東京府会・市会議員。『立憲王道論』ほか著書。
68徳島藩参政。71徳島県大参事。74自助社(民権結社)社長。75「通論書事件」で禁錮１年で入獄。89徳島市長。
75小区戸長。76那賀郡地租改正総代。82立憲改進党加盟、84脱党。85那賀郡書記。
藍商。地域名望家として地域公共事業に多額(2千有余円といわれる)の寄付を行う。77第五大区地租改正議員。
共慣義塾・慶応義塾修学。75板野郡第一大区戸長。村会議員。81以降県会議員を続ける。
66藩校助教。70庚午事件で下獄。82徳島改進党の中心人物。84改進党脱党。86大蔵省主計官。89大阪府書記官。
72香川県権少属。81農商務省権少属、政変で下野。83改進党創立に参加。関西鉄道会社社長。
76翼賛社(民権結社)設立。80年国会開設建言書総代、国会期成同盟参加。香川県再置運動を推進。

選挙区 氏名	年月	西暦	年齢	族籍	住所	府県議	郡長	関係新聞・雑誌	代言人
【広島県】									
1 豊田　実穎	嘉永6.02	1853	37	平民	安芸郡荘山田村	○			
1 渡辺又三郎	嘉永3.04	1850	39	士族	広島市大手町	●			□
2 八田謹二郎	嘉永6.09	1853	36	平民	佐伯郡玖島村				
3 金尾　稜厳	嘉永7.01	1854	36	平民	沼田郡安村				
4 赤川　霊巌	嘉永6.01	1853	37	平民	高田郡可愛村				
5 脇　栄太郎	弘化4.10	1847	42	平民	加茂郡寺西村	●			
6 田辺三五郎	安政7.02	1860	30	平民	豊田郡船木村				
7 佐竹　義和	嘉永7.02	1854	36	平民	世羅郡神田村				
8 倉田準五郎	嘉永1.06	1848	41	平民	深津郡福山村		◇		
9 三浦　義建	天保11.07	1840	49	士族	深津郡福山村？	○	◇		
【山口県】									
1 吉冨　簡一	天保9.01	1838	52	士族	吉敷郡矢原朝田村	●			
1 末松　三郎	弘化4.08	1847	42	平民	佐波郡三田尻村				
2 井上　正一	嘉永3.02	1850	40	士族	大津郡菱海村				
3 大岡　育造	安政3.06	1856	33	平民	京橋区参十間堀	○		東京輿論新誌	□
4 堀江　芳介	天保14.03	1843	47	士族	熊毛郡伊保庄南村			保守新論	
4 野村　恒造	嘉永3.09	1850	39	士族	都濃郡徳山村	○			
5 吉川　務	天保5.06	1834	55	士族	玖珂郡岩国町				
【和歌山県】									
1 陸奥　宗光	天保15.07	1844	45	平民	麹町区富士見町				
1 和田　誉終	天保13.03	1842	48	士族	名草郡宮村	○			□
2 児玉　仲兒	嘉永2.11	1849	40	平民	那賀郡粉河村	●	◇		
3 松本　鼎	天保11.04	1840	49	士族	名草郡宮村	●			
3 関　直彦	安政4.07	1857	32	士族	麹町区上二番町	○		東日	
【徳島県】									
1 井上　高格	天保2.06	1831	58	士族	徳島市寺町				
2 守野為五郎	嘉永4.11	1851	38	平民	那賀郡平島村	○			
3 川真田徳三郎	安政7.02	1860	30	平民	麻植郡鴨島村	○			
4 橋本久太郎	安政2.01	1855	35	平民	板野郡川内村	○			
5 阿部　興人	弘化2.09	1845	44	士族	大阪市西区三番町	●	◇		
【香川県】									
1 中野　武営	弘化5.01	1848	42	士族	高松市三番町	●			
2 小西甚之助	安政2.09	1855	34	平民	寒川郡長尾村	●			

主要経歴
国友会(民権結社)参加。貸本業(東京京橋)営業。条約改正反対運動参加。89大同倶楽部常議員。90県議。
82東京大学法科大学卒。『明治日報』記者。外務書参事官。条約改正に反対して辞任。愛国公党に参加。
農業。日新書院(多度津藩校)修学・助教。自明館(同)支配。一時、仏門に入る。愛国公党に参加。
78松山公共社(民権結社))設立。三大事件建白捧呈委員。保安条例で東京追放。愛国公党参加。
67克明館(藩校)助教。69民政主事・郡政判事。71藩学大属。73第七大区長。82以降県会議員。
80地租徴収期限改正建白書提出。改進党参加。87年地租軽減・集会条例反対改正建白提出。
昌平坂学問所修学。松山藩大参事。78年海軍省出仕。大同団結運動参加。
75第十一大区副区長。79東宇和島郡書記。80以後県議。大同倶楽部南伊予四郡委員。
75『曙』記者、新聞紙条例最初の筆禍者。『朝野』記者。82板外洋行批判。88大同団結を主唱。89大同協和会常議員。
71大阪府少参事。77「立志社の獄」で1年間入獄。板垣退助の参謀的存在。愛国公党参加。
72ロンドン留学。74年立志社社長。80国会開設請願書捧呈委員。保安条例で東京追放。愛国公党の指導者。
72外務省出仕。74立志社参加、77～84「立志社の獄」で7年間入獄。保安条例で東京追放。愛国公党参加。
再興愛国社・国会期成同盟・自由党・大同倶楽部・愛国公党で活躍。多数の新聞・雑誌の編集に関与。
福岡藩砲術指南。戸長。村会議員。九州鉄道会社常議員。築西馬車会社取締。
大宰府祠官の子。戊辰戦争の功で士籍を得る。74佐賀の乱鎮圧。80筑前共愛会組織。83御笠中学校長。糟谷郡長。
69秋月藩校副訓導。76秋月の乱で下獄。79集志社(民権結社)社長。国会期成同盟参加。玄洋社幹部。
74佐賀の乱鎮圧で功績。74北洲社(大阪・代言人結社)加盟。75一到社(代言人組織)総代。上座郡外2郡長。
明十社組織。80国会開設建白書捧呈委員。87条約改正反対建白。筑後川改修・洪水被害救済運動に尽力。
68戊辰戦争に従軍。69柳川藩権大参事。79第九十六国立銀行取締役。九州同志会加盟。
69柳川藩参政・公議人。70盛岡県大参事。九州改進党・九州同志会・大同倶楽部の中心的存在。
東京学農社修学。福岡県農相課長。79～81福岡農学校長。
『東日』記者。伊藤博文の知遇を得て78年渡英、81～84ケンブリッジ大学留学、文学士・法学士。内務省参事官。同県治局長。
共貫義塾・開成学校などを経て、80東京大学卒法学士。代言人組合会長。条約改正には強く反対。
慶応義塾修学。『報知』編集員。76新聞紙条例により筆禍。88仙台師範学校長。79『朝野』主筆。82改進党評議員。
岡藩郡奉行。岡藩少属。72大分14等出仕となり、以後一貫して県属、84収税属(5等出仕)で辞任。のち直入郡長。
商人。日出藩商法会所頭取。82大分改進党結成に参加。九州連合同志会常議員。
早くより自由民権を主張。77宇佐郡農民騒擾を鎮撫す。81大蔵省主税官。90日本運輸会社社長。
82～85陸軍省派遣で仏・スイス留学。帰国後辞職。82九州進歩党参加。87司法省出仕。89大阪裁判

選挙区 氏名	年月	西暦	年齢	族籍	住所	府県議	郡長	関係新聞・雑誌	代言人
3 綾井　武夫	安政7.02	1860	30	平民	板野郡板出村	▲			
4 三崎亀之助	安政5.01	1858	32	平民	那珂郡丸亀町			明治日報・中外電報	
5 伊藤　一郎	嘉永3.04	1850	39	平民	三野郡財田村	○?			
【愛媛県】									
1 藤野　政高	安政2.05	1855	34	士族	松山市北歩行町	●			□
2 石原　信樹	天保4.07	1833	56	士族	越智郡日吉村	▲	◇		
3 有友　正親	安政2.10	1855	34	士族	喜多郡管田村	○			
4 鈴木　重遠	文政11.11	1828	61	士族	松山市				
5 牧野　純蔵	天保7.01	1836	54	平民	東宇和郡笠村	▲			
6 末広　重恭	嘉永2.02	1849	41	士族	北宇和郡宇和島町			曙・朝野・大同など	
【高知県】									
1 竹内　綱	天保10.12	1839	50	平民	幡多郡宿毛村				
2 片岡　健吉	天保14.12	1843	46	士族	高知市中島町	●			
2 林　有造	天保13.08	1842	47	士族	幡多郡宿毛村				
3 植木　枝盛	安政4.01	1857	33	士族	土佐郡小高坂村	○		土陽・自由など	
【福岡県】									
1 津田　守彦	弘化4.11	1847	42	平民	怡土郡怡土村	○	◇		
2 小野　隆助	天保11.04	1840	49	士族	糟屋郡箱崎町		◇		
2 香月　恕経	天保13.06	1842	47	平民	那珂郡住吉村			福陵新報	
3 権藤　貫一	天保15.07	1844	45	士族	志摩郡今宿村		◇		□
4 佐々木正蔵	安政2.10	1855	34	士族	御井郡味坂村	○			
5 十時　一郎	天保14.11	1843	46	士族	山門郡城内村	▲	◇		
6 岡田　孤鹿	天保5.07	1834	35	士族	山門郡城内村	▲	◇		
7 堤　猷久	嘉永6.04	1853	36	平民	京都郡行橋村				
8 末松　謙澄	安政2.08	1855	34	平民	芝区芝公園御成門			東日	
【大分県】									
1 元田　肇	安政5.01	1858	32	士族	麹町区平河町				□
2 箕浦　勝人	嘉永7.02	1854	36	平民	日本橋区薬研堀町	○		報知・朝野	
3 朝倉　親為	天保14.06	1843	46	士族	直人郡豊岡村		◇		
4 宇佐美春三郎	弘化1.12	1844	45	平民	速見郡日出村	▲		日出朝陽	
6 是恒　真楫	嘉永4.08	1851	38	平民	麹町区一番町	○	◇		
【佐賀県】									
1 松田　正久	弘化2.04	1845	44	士族	小城郡小城町	●		東洋自由	

主要経歴
所検事。
東京で英学修学。74帰郷して佐賀の乱に参加。78戊寅義学創設。82九州改進党肥後部幹事。89佐賀郷党会組織。
75開成学校修学。78東京大学入学、82卒業。『経済原論』出版。鷗渡会参加。改進党員。東京専門学校講師。
68戊辰戦争に従軍。73杵島郡一等書記。以後、地域の道路開削・救恤など公共事業に尽くす。無風選挙で当選。
77西南戦争で西郷軍に参加し捕縛。79同心学舎設立(82濟々黌)。81紫溟会副総理。89熊本国権党副総理。
77西南戦争の際,区長として郷里(高瀬)を守る。戸長公選論を主張。82九州改進党組織。89大同倶楽部常議員。
70唐津藩顧問。72東京府八等出仕7。73太政官出仕。74左院に転ず。76帰郷。81紫溟会に参加。
69脱藩。71より3年間入獄。74司法省七等出仕。81紫溟会会長。83青森県書記官。90熊本国権党総理。
73大原義塾創立。中学区取締。77西南戦争の際,官軍に参加。紫溟会・熊本国権党のために尽力。
力践舎(士族授産社)創設。第五十一国立銀行設立に尽力。紫溟会員。84大蔵省奏任官。85秋田収税長。
熊本実学党。71熊本県参事。「コブデン・ブライト」を任ず。85熊本改進党組織。89大同団結運動に尽力。
熊本敬神党。73上京して芳野金陵に学ぶ。76熊本裁判所勤務。78相愛社(民権結社)副社長。91年7月議員失格。
72戸長。73宮崎県属。76鹿児島県属(宮崎県の合併による)。83鹿児島県会議長在任中、宮崎分県を実現。
土地測量技術に秀で近海諸島を測地。三州社(士族授産結社)教員。86長崎県出仕・外交担当。
石炭商。東臼杵郡書記。日州同志会(大同派)会員。
私学校参加,西南戦争従軍。81三州社(政治結社)設立,社長。九州改進党連合委員。
神職。東京で修学後帰郷。82年九州改進党参加。89年鹿児島同志会参加。
75警視庁巡査、のち少警部。西南戦争参加、懲役3年の刑を受く。九州改進党参加、鹿児島支部創設。
私学校入校。西南戦争参加。同人社(東京)または明治義塾(東京)修学。同校教師。亜細亜学館(上海)館長。
維新期より長らく欧州滞在。82年伊藤博文渡独に同行、シュタインに学ぶ。85大蔵省参事官。憲法意見書で辞任。
76司法省法律学校修学。81参事院議官補。85法制局参事官。
奄美大島の旧家。大島庁吏員。郷土の勧農事業に尽力し、「勧農狂人」と呼ばれる(鹿児島県第7区は奄美諸島のみのため島根県第6区同様23票で当選)。
78松山公共社長。愛国社再興・国会期成同盟・自由党のために尽力。83海南協同会組織・会長。
小区戸。区長。福岡県属。大分県属。
岩崎重次郎の婿養子。日本橋区貝蠣殻町に東京醤油会社設立。

選挙区 氏名	年月	西暦	年齢	族籍	住所	府県議	郡長	関係新聞・雑誌	代言人
1 武富　時敏	安政2.12	1855	34	士族	佐賀郡神野村	●	◇	肥筑日報	
2 天野　為之	安政6.12	1859	30	士族	麹町区土手三番町			理財雑誌・朝野・報知	
3 二位　景暢	嘉永2.07	1849	40	士族	杵島郡武雄町		◇		
【熊本県】									
1 佐々　友房	嘉永7.01	1854	36	士族	熊本市新屋敷町			紫溟雑誌・九州日日	
1 前田案山子	文政11.04	1828	61	士族	玉名郡小天村				
2 木下　助之	文政8.11	1825	64	士族	玉名郡伊倉村	●	◇		
3 古荘　嘉門	天保11.11	1840	49	平民	熊本市新屋敷町				
3 紫藤　寛治	天保3.03	1832	58	士族	合志郡原水村	○			
4 岡次郎太郎	嘉永7.02	1854	36	士族	飽田郡清水村				
5 山田　武甫	天保2.11	1831	58	士族	熊本市神林町	○			
6 松山　守善	嘉永2.10	1849	40	士族	熊本市内坪井町			東肥新報	□
【宮崎県】									
1 川越　進	嘉永1.05	1848	41	士族	北那須郡赤江村	●	◇		□?
2 安田　愉逸	嘉永6.11	1853	36	士族	北諸県郡高崎村				
3 三宅　正意	弘化2.04	1845	44	士族	東臼杵郡恒富村				
【鹿児島県】									
1 樺山　資美	嘉永5.03	1852	38	士族	鹿児島市長田町	○			
2 折田　兼至	安政5.01	1858	32	士族	給黎郡知覧村	●			
3 長谷場純孝	嘉永7.04	1854	35	士族	日置郡串木野村	○	◇		
4 宇都宮平一	安政5.04	1858	31	士族	南伊佐郡宮之城村				
5 河島　醇	弘化4.03	1847	43	士族	鹿児島市長田町				
6 蒲生　仙	安政2.12	1856	33	士族	鹿児島郡下荒田町				
7 基　俊良	文政9.03	1826	64	士族	大島郡金久村				
【再選挙・愛媛県】									
1 長屋　忠明	天保14.09	1843	46	士族	松山市	○	◇		
【再選挙・大分県】									
5 安東　九華	文政8.03	1825	65	平民	西国東郡河内村		◇		
【補欠選挙・千葉県】									
4 西村甚右衛門	弘化4.01	1847	43	平民	海上郡旭町	○			

主要経歴
81自由偕進社（民権結社）結成・社長。83県内演説１年禁止処分。87条約改正中止建白。90自由党加盟。
82慶応義塾卒。福沢諭吉の勧めで渡韓し『漢城旬報』発刊。88官吏侮辱罪で5か月入獄。89大同倶楽部常議員。
70慶応義塾修学。72～76文部省出仕などで在京。84富山県御用掛。89中越大同倶楽部幹事。90年11月補選当選。
79秋田県属。82秋田改進党結成。83東北懇親会開催。87『秋田日報』89『秋田魁新報』発行。大同倶楽部常議員。
79同舟社参加。80常総共立社設立。85県議。87保安条例で東京追放。89大同協和会・90自由党加盟。

行った。戦前から現在までに出された人名辞典・歴史事典も可能な限り当たった。だが、そこに載っている者は限られており、新しい事実が得られることは少なかった。それどころか、最新の辞典でも明らかな誤りがあることもあった。

ただ、当選人の過半は、民権運動およびその流れをくむ組織とかかわりをもつ者である。したがって、各府県の民権運動史の文献を追うことで、多少の事実を追加できたこともある。しかし、多くの民権運動研究者たちの関心は、一八八四年の激化事件の勃発や自由党の解散の頃までで止まっており、その後の三大事件建白運動や大同団結運動にまで言及しているものは少ない。さらに、第一回総選挙にまで記述しているものはあまりないので、隔靴掻痒の感をいだいた。

一方、後述するように、当選人には府県会議員であった者も多いことから、いくつかの府県議会史からは、手がかりを得ることができた。

表11の「主要経歴」は、このようにして得られた事実

選挙区 氏名	年月	西暦	年齢	族籍	住所	府県議	郡長	関係新聞・雑誌	代言人
【補欠選挙・埼玉県】									
3 野口　褧	安政5.11	1858	31	平民	北葛飾郡高野村	○			
【補欠選挙・広島県】									
9 井上角五郎	安政6.10	1859	30	平民	深津郡野上村			時事新報・大同	
【補欠選挙・富山県】									
1 石坂専之介	嘉永2.07	1849	40	平民	不明	●			
【当選更正・秋田県】									
1 大久保鉄作	嘉永3.10	1850	39	士族	秋田市中谷地町	○		評論・朝野・熊本など	
【当選更正・茨城県】									
4 森　隆介	安政3.10	1856	33	平民	豊田郡宗道村	○		東洋自由・常総之青年	

（注）出典などは本文を参照のこと．
○は府県会議員経験者，●は同議長経験者，◎は副議長経験者，◇は郡長経験者，□代言人である．

をまとめたものであるが、スペースが限られているので、あくまでも最大公約数的なことを掲げたに過ぎない。また、博捜がまだ不十分なために、その欄を十分に埋められない者が数人いるし、さらに一部には誤りがあるかもしれない。

「主要経歴」は、このような限定があるものの、そこからは全国の当選人たちの特徴をある程度捉えることができる。それについては(3)で見ることにする。

なお、表の最後の八人は、七月一日に行われた総選挙での当選人ではなく、その後、十一月二十五日の第一議会召集までの間に、変更のあった者である。

再選挙での当選人は二人である。再選挙については、第一章3ですでに述べた。この二人を入れないと衆議院議員総員の三〇〇人にならないので、あくまでも便宜上ではあるが、総選挙の当選人としておくことにする。

また、補欠選挙での当選人は四人である。さらに、当選更正の二人は、訴訟による当選人の変更により失格となった者であるが、一度は当選人とされたことがあるし、

表12　第一回総選挙後の当選人の変更

選挙区	総選挙当選人	変更の理由	実施日	新当選人
愛媛県第一区	鈴木 重遠	辞退による再選挙	7月25日投票	長屋　忠明
大分県第五区	元田　肇	辞退による再選挙	8月中旬投票	安東　九華
千葉県第四区	岩崎重次郎	死亡による補欠選挙	8月上旬投票	西村甚右衛門
埼玉県第三区	間中　進之	死亡による補欠選挙	9月28日投票	野口　褧
広島県第九区	三浦　義建	死亡による補欠選挙	11月上旬投票	井上角五郎
富山県第一区	磯辺　四郎	辞退による補欠選挙	11月中旬投票	石坂専之介
秋田県第一区	大久保鉄作	当選更正	7月17日判決	二田　是儀
茨城県第四区	森　隆介	当選更正	7月22日判決	赤松新右衛門

この二人を正式な当選人としている文献もあり、それをただすためにも、あくまでも参考として挙げておいた。

表12は、七月一日の総選挙から十一月二十五日までの議会召集までの間の当選人の変更を一覧表にしたものである。この異同のあった八人について、すべてを正しく記載している記録・文献は、残念ながら見当たらない。たとえば、日本の議会史の正史ともいうべき『百年史　衆議院の部』(「凡例」2c)でも、埼玉県第三区・広島県第九区・富山県第一区の補欠選挙については書かれているが、他の五件については、事実でないことを書いていたり、無視したりしている。また『百年史　名鑑』(「凡例」2c)にも、同じようなミスがある。

さらに、これらの編さんに際して参考にしたと思われる『政戦記録史』(「凡例」2b)にも、かなり誤った記述が見られる。このほか、研究者たちが依拠することが多い指原編『明治政史　第二十三編』(「凡例」2d)所収の「衆議院議員の撰挙及其人名」や、大津『憲政史　第三巻』(「凡例」2e)の「衆議院議員当選者の人名」では、これらをほとんど無視している。特に大津のものは、県名を間違っていたり、千葉県第八区を落としていたりしている。

なお、補欠選挙と当選更正については、のちに第2節で詳しく述べることにする。

(2) 年齢・族籍

以下、表11の項目を順次、見て行くことする。

まず生年月であるが、これは基本的には、「衆議院議員名簿　明治二十三年」の記載による。ただし、明らかな誤りは、「官報　第二三二三号附録」（一八九〇年十一月二十五日）、『百年史　名鑑』や伝記類で確認してただした。

衆選法第十八、十九条によれば、**市長・区長・町村長は、「四月一日ヲ期トシテ」選挙人名簿を作成することになっていた。したがって、第一回総選挙の際に被選人資格のある者は、一八九〇年四月一日現在までに満三十歳に達した者、つまり万延元（一八六〇）年四月一日までに生まれた者である。**

ところで、「衆議院議員名簿　明治二十三年」の生年月の記載は、ずさんなところがあり、天保・弘化・嘉永・安政の末年を、月にかかわらず次の元号の「元年」としている。たとえば、安政七（一八六〇）年には三月十七日に改元があり、翌日に万延元年三月十八日となるにもかかわらず、同年一、二月生まれの者も、「万延元年一月」「万延元年二月」としているのである。それらについては、野島寿三郎編『日本暦西暦月日対照表』（日外アソシエーツ、一九八七年）を参照にし、改元の月に合わせて正式な元号に直した。

さて、当選人たちを年齢別に見ると、三十代が一五七人で過半数を上回り、ついで四十代が一〇八人、五十代が二四人、六十代が一一人である。三十歳の者が七人もいるが、最も若い高田早苗（埼玉県第二区）は一八六〇（万延元）年三月生まれで、被選人資格のぎりぎりである。三十代が過半数を占めたことから、当選人の平均年齢は四〇・五五歳である。

一方、徳富蘇峰が『新日本之青年』（一八八七年）で「天保生まれの老年」と呼んだ天保期生まれの者が六三人おり、さらに文政期生まれの者が一一人いる。その合計は七四人であるが、最年長は遠藤温（宮城県第五区）の六十六歳（一八二三［文政六］九月生まれ）である。

次に族籍であるが、当選人のうちで**士族は一一一人であり、三七％にも達する**。当時、士族の総計は一九七万六〇〇〇人余であり、**総人口三九六〇万七〇〇〇人余のうちのわずかに四・九九％**でしかなかったことからすれば、当選人の中で士族の占める比率は非常に高い。

このほかに、表11で平民となっている者の中にも、士籍を奉還した者もかなりいる。たとえば、古荘嘉門（熊本県第三区）は、一八六九年の長州藩脱隊騒動に際して、大樂源太郎の逃亡を助けたという嫌疑をかけられて脱藩し、しばらく静岡の山岡鉄舟の下に身をひそめていたが、自首して三年間入獄していたので、士籍を失った。また、陸奥宗光（和歌山県第一区）も、「立志社の獄」に連座して、禁獄五年の処分を受けたことから、士籍を返上したのである。さらに、佐藤昌蔵（岩手県第三区）は盛岡藩士であったが、藩政から県政への移行の混乱期に、政敵から罪をきせられて一年三か月間、入獄を余儀なくされたために、転籍した。伊東圭介（岩手県第二区）も、父親は盛岡藩士であったが、少年期に家を捨てて出奔して上京したために、転籍したのである。

このほかに、自らがかつては藩士であったり、父親が藩士であったりした者でも、族籍が平民に変わった者がいる。家永芳彦（長崎県第一区）は佐賀藩士、岡山兼吉（静岡県第三区）は遠州横須賀藩士、杉浦重剛（滋賀県第一区）と山崎友親（同第二区）は膳所藩士、伊庭貞剛（滋賀県第三区）は伯太藩士であった。また、高梨哲四郎（東京府第六区）と江原素六（静岡県第七区）は幕臣の子である。

これらの者を含めると、武士出身者は、一二〇人以上になり、比率は四割を越える。このほかに、島田三郎（神奈川県第一区）のように、平民の養子となったことにより、転籍した者もいる。

ただし、当選人の族籍の比率は、地域によってかなりの違いがある。東京を除く関東では、平民が圧倒的に多い。埼玉・群馬・栃木は全員が平民であり、神奈川・千葉も士族は一人だけである。さらに、その周辺の山梨・福島も全員が平民である。ただし東北では、北に行くと士族が増えて、青森では四人全員が士族である。東海地方も平民が多く、静岡・岐阜は全員が平民である。

一方、西日本には士族が多く、中でも四国・九州の多くの県は士族が優位である。特に佐賀・宮崎・鹿児島は全員が士族である。熊本でも、古荘嘉門を除くと、七人中六人が士族である。ただし、古荘も前述のような事情で平民となったが、それがなければ士族であった。

いずれにしても、第一回総選挙の当選人には、当時の国民全体の族籍の比率とは大きく異なって、士族がきわめて多かったのである。**それだけでも、「衆議院議員＝ほとんど地主」としたり、初期議会を「地主議会」と呼んだりすることが妥当でないことが自明である。**

(3) 経歴の特徴

三〇〇人の当選人（総選挙の当選人二九八人と再選挙の当選人二人）には、共通した経歴がある。**それは大きくは二つに分けられる。一つは府県会議員と郡長であり、それぞれの地方で、政治とかか**

わりをもってきた者たちである。もう一つは新聞・雑誌関係者と代言人であり、言論と弁舌をなりわいにしてきた者たちである。

旧来のように、衆議院議員は、ほとんどが地主の代表であり、自分の地域への「利益誘導」の担い手としてしか捉えようとしないならば、彼らのこのような経歴を追うのは無意味かもしれない。しかし、当選人たちの姿を実態に則して捉えようとするならば、これらの二つの事実を無視することはできない。

表11は、むしろそれらを積極的に評価するために、府県会議員、郡長、新聞・雑誌関係者、代言人の四つを挙げておいたのである。なお、府県会議員経験者は○とし、さらに議長経験者は●、副議長経験者は◎とした。また郡長経験者は◇、代言人は□としている。

A　府県会議員

当選人たちの経歴を見て、いちばん特徴的なことは、**府県会議員になったことのある者が二〇〇人もおり、全体の三分の二に達する**ことである。しかも、議長経験者が五八人、副議長経験者が二九人おり、合計八七人である。議長・副議長は、議員たちの投票によって決定し、任期は二年である。なお、表11で議員としたものは、あくまでも現在までに確認した限りでのものであり、さらに精査を進めていけば、増える可能性がある。[*5]

議員の任期は四年だが、二年ごとに半数を改選することになっていた。ただし、第一回半数改選に限っては、一八八一年（一部の県では一八八〇年）に行われた。

前述のように、府県会は当初、議員に選ばれながらも辞退する者や、議員になってもすぐに辞めてしまう者がおり、さらには欠席する者も少なくなかった。

一八八〇年十一月五日の府県会規則追加（太政官布告第四十九号）により、新たに常置委員が置かれることになった。常置委員とは、府県会が開かれていない時期でも、府知事・県令より地方税の支弁事項について諮問を受けた場合に、意見を述べる委員である。常置委員は、議員中から互選で五～七人が決められた。任期は二年であり、往復旅費のほかに月手当として三〇～八〇円が支給されることになった。したがって、常置委員の位置づけは、他の議員に比べてより高いものとなった。

府県会の任務は、「府県会ハ地方税ヲ以テ支弁スヘキ経費ノ予算及ソノ徴収方法を議定ス」（府県会規則第一条）ることに限られていた。しかし、当時にあっては、民意の反映できる数少ない場であったことから、地域の代表として使命感に燃える議員たちは、府知事・県令に対して、強い意思表示を示すこともあった。特に、一八八二年六月三日に集会条例の改正・追加により、政治結社の支社が禁止されて、政党支部が廃止されると、地方の自由党と改進党の中心は、おのずと府県会議員が担うことになった。そして、彼らが議長、副議長や常置委員に選ばれることも少なくなかった。こうした動きに対して、一八八二年十二月、岩倉具視が府県会の中止の意見書を出したことはよく知られている。

また、政党に属さなくても、府県会議員になることは、地域を代表する名望家としてのステータス・シンボルとなっていった。**「代議士」という言葉はすでに一八八八年頃からみられるが、国会開設の前には、それはもっぱら府県会議員を意味した**のである。

このように、第一回総選挙で当選して国会議員になった者の中に、府県会議員を経験していた者が三分の二を占めた。そのことは、長いスパンで見れば、府県会はのちに開設される国会のための学校であったということができる。

B　郡長

当選人の中には**郡長経験者も多く、全部で六三人を確認できる**。郡長は郡区町村編成法（一八七八年）第五条によって置かれたものである。内務省官吏として奏任官相当であり、俸給も高く、「府県官職制」（一八七八年）では月俸八〇円であった。[*6]

当選人となった郡長経験者のうち、約三分の二の四三人が府県会議員経験者である。府県会議員が郡長になるのは、府県会議員として活動が府知事・県令から評価されたことによる場合が少なくなかった。しかし、民権運動の弱体化を図る内務省の方針により、県会内の自由党系や改進党系の中心的な議員を抜てきすることもあった。赤松新右衛門（茨城県第四区）や横堀三子（栃木県第一区）などがそうである。この抜てきは全国的に起こったことである。

このよう形で郡長になった者は、それまでともに民権運動を闘ってきた者から見れば、裏切りであり、その後は県内の民権派の信頼を失うことになる。

もちろん、多くの郡長たちは、郡民のために義務教育・衛生・救恤などに尽力した。そうした活躍を通して、郡民の支持を得たからこそ、総選挙で当選したのである。なお、当時の郡は狭小なものも多く、一人の郡長が複数の郡長を兼ねることも少なくなかった。そして、その地域は、のちの衆議院の区割と重なることもあった。そのこともまた、郡長たちの選挙を有利にしたといえる。

C　新聞・雑誌関係者

三〇〇人の当選人たちを見た時、新聞に関係した人物の多いことも、大きな特徴の一つである。近代的な意味での新聞は、『横浜毎日新聞』（一八七〇年十二月八日創刊、のち『東京横浜毎日新聞』）から始まるが、その後『東京日日新聞』『郵便報知新聞』『朝野新聞』など日刊の大《おお》新聞が次々と出されていった。新聞は、内外の出来事を、不特定多数の人びとに、できるだけ早く知らせることをめざした新しいメディアである。特にイギリス人J・R・ブラックの経営する『日新真事誌』[*7]が、一八七四年一月に板垣退助たちの「民撰議院設立建白書」を掲載し、さらにそれへの賛否両論を積極的に載せて、民選議院論争を起こしてから以降、新聞はさまざまな政治的主張を発表するジャーナリズムとしての性格をもつようになった。

このような新聞が、東京などの大都市だけでなく、地方でも出されるようになるのには、それほど時間を要しなかった。新聞は、まさに文明開化の〝掲示板〟であり、内外で起こっているさまざまな出来事を、一度に多くの人びとに知らせるための最新の手段であった。したがって、地方にあっても、その役割を察知した有志たちは、地域の人びととの啓蒙をめざして、採算を度外視して発刊することも少なくなかった。

もっとも、民選議院論争以後、新聞に政府批判の文章が載るようになると、政府は一八七五年六月、「新聞紙条例」「讒謗律」を出して規制を始めた。そのために、少なからざる筆禍者が出たが[*8]、それによって新聞の発刊が止まったわけではない。その後も、各地で次々と発行されていき、一八八〇年頃までは県庁所在地のほとんどで出されるようになった。

第一回総選挙の当選人にも、**新聞・雑誌と関係をもつ者が多く**、現在、確認している者を表11に掲げておいたが**八〇人近くに達する**。[*9] ただし、その関係者といっても、社長・編集人・発行人・記者など、新聞の発行とさまざまな形でかかわった者をすべて含んでおり、すべてが論説や記事を書いている者とは限らない。しかし、この新しいメディアの発刊を通じて、地域の人びとに内外の情報を伝えることに意義を見出していたという点において変わりはない。しかも、表11からも分かるように、同一の新聞に複数の者が出ていることもあり、また一人が数紙にかかわることもあった。ただし、一時期、地域紙の発刊にかかわりながら、短期間で休刊したために、記述された事実として確認できないものも含めれば、その関係者の数は増えるかもしれない。

なお、表11の表記について述べておくと、スペースの関係上、『〇〇新聞』の場合は〇〇として、新聞という文字は省略してある。ただし、『〇〇新報』や『〇〇日報』の場合は、フルネームを書いている。また、発行部数がケタ違いに多く、全国的に知られていた『東京日日新聞』『郵便報知新聞』『朝野新聞』『東京横浜毎日新聞』の四つの中央紙は、東日、報知、朝野、東横と略記した。

これらの四紙を含む在京の新聞で活躍した者が、この選挙に際して、自らの郷里や関係の深い選挙区の候補者となり、当選するというケースはかなりある。尾崎行雄（三重県第五区）・犬養毅（岡山県第三区）・末広重恭（愛媛県第六区）など、民権運動で活躍した者のみならず、杉浦重剛（滋賀県第一区）や関直彦（和歌山県第三区）などもそうである。

当時の新聞関係者は、世の中の出来事を多くの人びとに伝えるとともに、国家・社会の動きに対して、自らの主張を訴えることをもめざしていた。特に、新聞記者には演説会の弁士として活躍していた者も多く、雄弁家としてその名を広く知られていた者も少なくなかった。このような者にとって、開設された国会は、それまでの活動を通じて身につけた弁舌の技術を、発揮するのには絶好の場所であった。しかも、演説会では、不特定多数の者に話しかけて、その主張への賛同を得ることが主な目的であり、それがそのまま目に見えた成果として現れるわけではなかった。しかし、国会での演説は、国政と直接かかわるものであり、その役割は大きかった。**かつての民権運動の活動家にとって、国会は更なる次元での活躍の場となったのである。**

この意味からすれば、国会の開設は、けっして民権運動の敗北の所産などではなく、その延長に位置づけるべきものなのである。

D　代言人

新聞関係者ほどではなかったが、当選人の中には代言人であった者も少なくない。新聞関係者には雄弁家として知られた者もかなりいたが、代言人もまた弁舌をなりわいとするものである。

代言人は、一八七二年に設けられた制度だが、当初は本人の申請に基づいて裁判所が認可した場合の限りにおいて、裁判に参加できるにすぎなかった。その後、一八七六年二月に「代言人規則」が出されて、代言人が制度として成立し、その職業が生まれた。しかし、この頃でもまだ、地方官の審査を経て司法省から認可を受けた者は、その資格を得ることができたのである。ただし、代言人が担当する訴訟は民事事件に限られていた。

一八八〇年五月に、代言人規則が改正され、全国的な統一試験が実施されるようになり、資格が厳しくなった。また、同年に出された治罪法によって、代言人は刑事事件をも担当できるようになった。

このように、一口に代言人といっても、その資格獲得のあり方から見れば、三つの時期に分けられる。奥平昌平『日本弁護士史』（有斐閣書房、一九一四年）の巻末の表を参考にしてまとめてみると、初期の無試験免許で代言人になった者が一七三人、一八七六年から一八八〇年五月までに資格を得た者が九七二人、それ以降一八九〇年までに資格を得た者が七一六人で、合計一八六一人である。ただし、初期の無試験で代言人になった者でも、改めて試験を受けて資格を取りなおした者もいるので、実際の総数はこれよりも少ない。

統一試験が実施されるようになってから以降は、合格率が大きく下がり、かなりの狭き門となった。たとえば、一八八三年の合格者は約三・六％（受験人員二〇一九人中で及第免許人員は七二人）、翌八三年には約三・一％（同二〇一九人中で六二人）にすぎなかった。

代言人は、その資格を得たからといって、すぐに法律事務所を開いて、代言人を専業にしたわけではない。逆に、堀部勝四郎（愛知県第一区）のように、一八七六年二月に代言人規則が出されると、代言人をやめた者もいる。

そうした事実をふまえれば、代言人については、一括せずに資格取得時期ごとに分けるべきかもしれない。ただし、それはかなり困難なことなので、表11では、候補者・当選人・議員を紹介した冊子や新聞に、代言人と書かれている者には、□の印を付しておいた。その合計は三一人である。だがその中には、右の奥平『日本弁護士史』の表では確認できない者もいる。したがって、その数を少し下げて二五人と見積もっても、全当選人の八・三％、つまり一二人に一人が代言人に当たる。当時の全国の代言人有資格者は約一八五〇人であるから、その中の二五人は約一・四％であり、かなり高い割合である。

さらに、第一回総選挙では、落選した有力候補者の中にも、代言人を確認することができる。たとえば、愛知県の場合、第四章で詳しく見るが、代言人は、当選した三人のほかに、落選人の中にも四人の代言人がいた。おそらく、このことは、他の府県でも見られたものと思われる。

ともかくこのように、第一回総選挙によって、弁舌をなりわいとし、裁判の経験を積んだ者たちも、国政の場に登場することになった。現在においても、弁護士出身の国会議員はけっして少なくない。そうしたルートは、第一回総選挙の時から始まっていたのである。

以上が、「衆議院議員＝ほとんど地主」とされてきた者たちの実態である。

今日の衆・参両院議員にも、地方議会議員や首長、報道関係者（新聞記者・ニュースキャスター・放送記者・アナウンサー）、弁護士を前職とする者が少なくない。そのようなルートは、すでに第一回総選挙の時からのものなのである。

2　当選人の変更

先に表12で掲げておいたように、七月一日の総選挙から十一月二十五日の第一議会召集までの間に、当選人が八人代わっている。そのうち再選挙で当選した二人については第二章3(4)で見たので、ここでは当選人の死去・辞退にともない行われた四つの補欠選挙と、裁判によって当選人が交代した二つの当選更正について、詳しく見ておくことにする。

(1) 補欠選挙

補欠選挙は、衆選法第十章「議員ノ任期及補欠選挙」の第六十七条に基づいて行われたものである。その条文は、「議員ノ欠員アルニ由リ、内務大臣ヨリ補欠選挙ヲ開クヘキ旨ヲ命セラレタルトキハ、府県知事ハ其ノ命ヲ受ケタル日ヨリ二十日以内ニ、欠員ノ選挙区ニ限リ臨時選挙ヲ行ヒ、補欠議員ヲ選挙セシムヘシ」である。第一回総選挙後の四回の補欠選挙のうち、三件は当選人の死去によるものであり、他の一件は当選人の辞退によるものである。

A 千葉県第四区

千葉県第四区（海上・匝瑳郡）の総選挙では、岩崎重次郎が当選した。しかし、岩崎は以前から肺を患っており、選挙の時も東京府下で療養中であった。そして、当選人にはなったものの、快癒の見込みがなく、議員としての任に堪えられないとして、七月十二日、石田県知事に辞退を届け出た。[*10]

岩崎は一八五九（安政六）年四月、紀伊国有田郡広村に生まれたが、東京に出て、中村正直の同人社で学び、さらには慶応義塾に入った。その後、千葉県銚子で醤油醸造会社「山十」を創業して成功した。さらに利根運河会社の協議員になったり、両総鉄道の創設をめざし、その会社創立の委員長になるなど、この地域の交通の発展に尽力したりしていた。

岩崎はまた、慶応義塾の卒業生による社交団体・交詢社の社員でもあり、さらに改進党員として民権運動とかかわりをもち、総選挙の際にも改進党員たちの支持を得ていた。しかし、病気が予想よりも重く、総選挙で当選しながらも、いさぎよく辞退したが、八月五日に三十歳余の若さで死去する。[*11]

岩崎の辞退により、八月上旬に補欠選挙が行われ、西村甚右衛門が当選した。[*12] 西村は、戸籍上は岩崎の婿養子であるが、年齢は岩崎より十二歳も年上である。また、西村は、岩崎とは政治的立場を異にする愛国公党員であった。そして、この二人は総選挙で対決し、その時は、西村も四〇〇票を獲得していたが、岩崎が四二三票をとったことから惜敗していた。したがって、義父の死により行われることになった補欠選挙は、西村にとっては幸運であった。

総選挙後、愛国公党は解散して、立憲自由党が結成されたが、補欠選挙で当選した西村もそれに参加し、院内会派の弥生倶楽部に属する。

この千葉県第四区の補欠選挙については、『政戦記録史』五一ページの「第一回総選挙後異動」の中には書かれていないし、『百年史　衆議院の部』も何も書いていない。また、指原編『明治政史　第二十三編』や大津『憲政史　第三巻』では、総選挙での当選人を西村甚右衛門としている。

つまり、千葉県第四区で補欠選挙が行われたという事実は、日本の総選挙の歴史から消されて、西村甚右衛門が総選挙での当選人であったとして扱われるようになってしまったのである。

B　埼玉県第三区

埼玉県第三区（南埼玉・北葛飾・中葛飾郡、定員二人）の総選挙では、間中進之が第二位の当選人になった。だが、間中は総選挙から二か月後の九月に死亡し、その後に行われた補欠選挙で、野口褧が当選した。

『政戦記録史』および『百年史　衆議院の部』は、ともに間中の死亡を九月五日とし、野口の補欠選挙での当選を十月一日としている。しかし『郵便報知新聞』十月二日の雑報には、「埼玉県の補欠国会議員」という見出しで、「第三区議員間中進之氏病没せしかば、去る廿八日補欠撰挙会を開きたり。昨日に至り始て投票を算し了れり。当選者は野口褧（自由派）」という一文がある。したがって、補欠選挙が実施されたのは九月二十六日か二十七日であろう。

七月の総選挙では、間中が一五一九票、野口が一四二一票であり、野口は僅差で次点となり落選していた。そのことからいえば、この補欠選挙は、野口にとってはまさに天佑であった。

間中の総選挙の時の所属について、『政戦記録史』は「自倶」、つまり自由倶楽部とし、『百年史　衆議院の部』は無所属としている。しかし、間中は総選挙の前まで、南埼玉郡長の任にあったので、正しくは無所属である。

一方、野口は、補欠選挙の候補者の時から、立憲自由党に属していることを明らかにしており、当選後も院内会派では弥生倶楽部に入ることになる。

ところで、指原編『明治政史　第二十三編』は、間中を総選挙の当選人とし、大津『憲政史　第三巻』は、野口を総選挙の当選人としているが、ともに補欠選挙があったことについては、まったく触れていない。

C　広島県第九区

広島県第九区（芦田・品治・神石・甲奴・奴可・三上・恵蘇郡）でも、総選挙の当選人であった三浦義建（無所属）が十月二日に死亡し、十一月に補欠選挙が行われて、井上角五郎が当選する。『政戦記録史』および『百年史　衆議院の部』では、井上の当選確定を十二日としているが、補欠選挙の実施日については、確認できない。また、指原編『明治政史　第二十三編』と大津『憲政史　第三巻』は、ともに三浦を総選挙での第九区の当選人としており、補欠選挙があった事実を書いていない。

だが実は、井上は七月の総選挙の際には、広島県第八区（深津・沼隈・安那郡）の候補者となり、四八〇票を獲得しながらも、六二三票をとった倉田準五郎（改進党）に敗れて次点であったのである。そして、三浦の死去に伴う第九区の補欠選挙が行われることになったので、今度は第九区の候補者となり当選したのである。

井上は雄弁家であり、初期議会においては「井ノ角《いかく》」と呼ばれ、「島三《しまさぶ》」（島田三郎）、「高哲《たかてつ》」（高梨哲四郎）と並んで、「能弁の三幅対」と称されることになる。しかし、もし三浦義建が健在であれば、井上は雄弁家として議会で名を馳せる機会はなかったであろう。

D　富山県第一区

富山県第一区（上新川・婦負郡）でも補欠選挙が行われたが、それは総選挙で当選人となった磯辺四郎が大審院判事に任命されたことにより、当選を辞退したためである。[*13] 磯部の辞退の日付については、『政戦記録史』と『百年史　衆議院の部』は、とも十月三十日としている。ただし、補欠選挙が行われた日については、『政戦記録史』は十一月二十二日、『百年史　衆議院の部』は十一月十七日としており、違いがある。

しかし、『郵便報知新聞』十一月十七日の雑報「富山県第一区の議員（保守派敗）」では、「富山県第一区の国会議員磯辺四郎氏の後任の撰挙に就ては、立憲自由党の石坂専之介氏と国民自由派の重松覚平氏との間に多少の競争ありしか、愈《いよいよ》一昨十五日の撰挙会に於て石坂氏見事勝を制せり。投票の結果は左の如し／百八十点　石坂専之介／百四十点　重松覚平」とある。選挙会が十一月十五日であったとすれば、投票は十二日〜十四日に行われたものと思われる。

辞退した磯部四郎の経歴を見ておくと、まず大学南校に学び、一八七六年に司法省法律学校を卒業し、その後パリ大学に留学した。帰国後は、司法省権少書記官、太政官少書記官などを歴任している。このような道を歩んできた磯部にすれば、代議士になるよりも大審院判事となることを選んだのもうなずける。

磯部は、当選後、立憲自由党が結成されるとそれに参加し、辞退する前までのわずかの間ではあるが、院内会派の弥生倶楽部に所属していた。また、補欠選挙で当選した石坂専之介は、すでに選挙運動の時から立憲自由党員であり、当選後はもちろん弥生倶楽部に所属する。

なお、指原編『明治政史　第二十三編』と大津『憲政史　第三巻』は、ともに石坂を総選挙での当選人としており、総選挙での当選人が磯部であったことや石坂が補欠選挙で当選人となったことはまったく無視している。

以上が、四つの補欠選挙の実情である。補欠選挙は、今日も行われているものであるが、ここではそれが一八九〇年七月の第一回総選挙から十一月の第一議会召集までの間にも実施されて、四人が変わったことを確認しておきたい。

(2) 当選更正

A 当選更正

当選更正は、落選となった者が訴訟を起こし、裁判に勝利して当選人になることである。[*14] 現在では理解しにくい言葉なので、詳しく見ておくことにする。

当選人は、まず選挙会が選挙結果を府県知事に届け出て、それをうけた府県知事がそれを当選人に通知し、本人がそれを承諾した時に、最終的に確定する。しかしながら、それに疑義のある場合には、訴訟を起こすことができた。衆選法第十二章「当選訴訟」の第七十八条には、「各選挙区ニ於テ当選ヲ失ヒタル者、当選人ノ当選ヲ無効トスルノ理由アリト認ムルトキハ、当選人ヲ被告トシ、第六十五条ニ掲ケタル当選人ノ姓名告示ノ日ヨリ三十日以内ニ控訴院ニ出訴スルコトヲ得」とある。つまり、各区での当選人が確定しても、三〇日以内であれば、その結果に異議をもつ落選者は、訴訟を起こすことができるとなっていたのである。

もっとも次の第七十九条には「原告人ハ訴訟状ト共ニ、保証金トシテ金三百円又ハ之ニ相当スル公債証書ヲ控訴院書記局ニ預ケ置クヘシ」とあり、敗訴の場合は、裁判費用をそこから引かれることになっていた。つまり、訴訟を起こすには、三〇〇円を前納することが必要であり、かなりの負担であった。さらに第八十条には「原告人敗訴ノ場合ニ依テ、裁判言渡ノ日ヨリ七日以内ニ、一切ノ裁判費用ヲ完納セサルトキハ、保証金ヨリ之ヲ控除シ、仍《なお》足ラサルトキハ之ヲ追徴スヘシ」とあり、訴訟を起こすことは、それ程、簡単ではなかった。

それでも、その訴訟は起こったのである。**今のところ確認できるのは、次の七つの選挙区においてであり、いずれも次点の者が原告となっている。**[*15]

・秋田県第一区
　当選　大久保鉄作　四三〇票　次点　二田　是儀　四三〇票
・青森県第一区
　当選　工藤　行幹　三八九票　次点　工藤　卓爾　三八六票
・熊本県第六区
　当選　松山　守善　二四六票　次点　小崎　義明　二三九票
・大分県第一区
　当選　元田　肇　四八八票　次点　若林　永興　四七九票
・茨城県第四区
　当選　森　隆介　六二一票　次点　赤松新右衛門　六〇九票
・佐賀県第二区
　当選　天野　為之　七九八票　次点　河村藤四郎　七八一票
・群馬県第四区
　当選　木暮武太夫　四六四票　次点　島田　音七　四二二票

最初の秋田県第一区の場合は、得票数はまったく同数であった。このような場合の当選人の決定については、衆選法第九章「当選人」の第五十八条第二項に、「投票同数ナルトキハ生年月ノ長者ヲ以テ当選人トス」と規定されている。大久保と二田は、ともに嘉永三年（一八五〇年）生まれであるが、大久保は十一月生まれで、十二月生まれの二田よりもわずかに一か月早い。そこで、この区の選挙長は、大久保を当選とし、二田を次点とした。だが二田は、選挙会の開票結果に異議をもち、選挙長黒川春造を相手として訴訟を起こしたのである。

次の青森県第一区の場合は、当選人と次点がともに工藤という同姓であり、しかも得票数がわずか三票しか違わなかった。そのようなことであれば、次点の工藤卓爾が開票の見直しを要求したのも当然ともいえることであり、彼は函館控訴院に出訴した。[*16]

三番目の熊本県第六区においても、当落の差は僅かに七票とあった。ここでは、次点となった小崎が、松山の得票の中には、選挙人の資格がないものがいるとして訴訟を起こしたのである。[*17]

四番目の大分県第一区の場合は、得票差が九票であるが、若林の代理人が、元田の得票中には無効票が含まれているとして、大分始審裁判所に選挙長を訴えたものである。この訴訟は、すでに第二章3(4)Cで見たように却下された。

五番目の茨城県第四区の場合は、得票差が一一票であったが、この区では無効票が三八票と多く、その中に有効票があるとして起こされたものである。

六番目の佐賀県第二区の場合は、得票差が一七票であるが、次点の河村が当選人の天野に投票した者の中には選挙人として無資格者が含まれているとして、長崎控訴院に訴えたものである。[*18]

七番目の群馬県第四区の場合は、得票差が四二票もあり、ここに挙げた七件の訴訟の中では、当落の得票差が最も開いているが、原告の主な訴えは次のようなものであった。〝区内の西群馬郡東村の投票所では、納税額が足りずに選挙人資格のない二人の者が立会人を務めたが、そのほかにもやはり選挙人資格のない村長の三人が、選挙明細書を書いたのは不都合である。また、この東村の選挙人の中の三九人と総社村の二人は、やはり納税額不足で選挙人資格がない者である。さらには賭博犯の者として欠格者もいる。彼らの投票は皆、無効であり、それらを差し引けば、自分が当選人である。[*19]

なお、この群馬県第四区の当選確定の告示があったのは七月十五日であり、他の選挙区よりも二週間ほど遅れていた。それは、おそらく訴訟の内容と関連があったのであろう。また、島田の代言人が東京控訴院に出訴したのは、八月十二日であり、これも衆選法第十二章「当選訴訟」の第七十八条の「当選人の告示ノ日ヨリ三十日以内」という規定を数日残すだけのものであった。

さて、これらの七件の裁判の結果を見ると、原告が勝利して当選更正という事態が起こったのは、秋田県第一区と茨城県第四区の二つだけであった。ただし、熊本県第六区の場合は、裁判が長引き、[*20]議会召集日までには決定せず、総選挙で当選人となった松山守善が、衆議院議員として第一議会に出席した。

なお、これらのほかにも、次点者が当選人を詐称・買収・暴行・脅迫・教唆など、衆選法第十三章「罰則」に基づいて起こした訴訟があるが、[*21]それらは第十二章「当選訴訟」に基づくものではないし、やはり当落の逆転が起こってはいないので、ここでは取り上げていない。

また、次点者以外の者が当選人の取り消しを求める訴訟も起こっている。たとえば、元『函右日報』の松岡武男は、三重県第一区の当選人栗原亮一に投票した者の中に、納税額不足で選挙人の資格がない者一人がいるとして、その当選の取り消すように出訴している。[*22]だが、この種の訴訟も、衆選法第十二章「当選訴訟」第七十八条の「各選挙区ニ於テ当選ヲ失ヒタル者」が起こしたものではないし、やはり当落の逆転が起こっていないので、取り上げないことにする。

以下、当選更正が生じた二つの選挙区について、詳しく見ることにする。

B　秋田県第一区

秋田県第一区（南秋田郡）の当選更正について述べる前に、第一回総選挙における秋田県全体の基本的な対抗の構図を見ておくと、それは大同派（大同倶楽部）対秋田中正党というものであった。この県の大同派は、東北や北陸の多くの県と同じように、大同団結運動の初期に後藤象二郎の積極的な働きかけによって結集した勢力が、そのまま力を持続していたものである。ただし、それらの中には、一部ながら、大同協和会、さらには再興自由党に入った者もいた。

一方、秋田中正党は、元陸軍少将の鳥尾小弥太が一八八八年十一月に保守党中正派の設立を宣言し、翌八九年五月に保守党中央倶楽部を結成したことに影響を受けた秋田県の者たちが、そのあと間もなく結成したものである。発起人は、前山本郡長の成田直衛、秋田日日新聞社長にして奉天社長の畑隆太郎、忠国社長の柿岡源十郎、さらには県会議員などである。奉天社と忠国社は、ともに一八八一年の天皇巡幸以来設置された愛国的実業団体であったという。[*23] 秋田中正党は、九〇年三月、党員が千人を超えたことから、中央から原田一道を招いて総会を開いた。それは明らかに、七月の総選挙をにらんだものであった。

しかし、秋田中正党は県北部に一定の勢力をもっていたものの、南部にはそれほど及んでいなかった。ただ、第二区（山本・北秋田・鹿角郡）では、秋田中正党の成田直衛が六一九票を得て当選している。それは大同派から横山勇喜・三浦成徳・畠山雄三の三人の候補者が出たためである。三人の合計は六四〇票であり、もし候補者をしぼっていれば、大同派が勝利したであろう。

第三区（河辺・由利郡）では、大同派の佐藤敏郎と再興自由党の野出鍋三郎が、自由党系同士で激しく争い、四七七票をとった佐藤が、わずか八票差で野出を破り当選した。秋田中正党からは候補者が出なかった。

第四区（定員二人、仙北・平鹿・雄勝郡）では、大同派の斎藤勘七と武石敬治がともに当選したが、秋田中正党の河原田治亮は四位に終わった。

さて、当選更正が生じた第一区（南秋田郡）であるが、ここでは大同派の大久保鉄作と秋田中正党の二田是儀が、ともに四三〇票で同数となった。ただ、この区では大同派からもう一人の有力候補者である目黒貞治が出ており、彼も三〇九票を集めた。したがって、ここでも大同派が候補者を一人にしぼっていれば圧勝しており、このような訴訟は起こらなかったであろう。

さて、この訴訟は、次点となった二田が起こしたものである。ただし、衆選挙法第十二章「当選訴訟」の第七十八条では、当選人を被告とすることになっていたが、この訴訟では選挙長黒川春造を被告としたものである。それは、二田が同区の選挙会の開票結果に異議を唱えて起こしたからである。

前述のように、二田は大久保と同数の四三〇票を得たが、生年月が一月遅いことから、衆選法第五十八条第二項により次点とされた。しかし二田は、選挙会では投票用紙に捺印のない無印票を無効としたが、その中には自分の名前が書かれたもの方が多く、それを有効とすれば、自分の得票の方が多くなると主張したのである。確かに、無印票は全部で七票あり、そのうち六票は二田の名前が書かれたものであり、大久保の名前が書かれたものは一票しかなかった。したがって、それらをともに有効とすれば、二田の方が五票多いことになる。[*24]

しかし、選挙長の黒川が、無印票を無効とした。それは、衆選法第七章「投票」第三十八条第二項の「選挙人ハ投票所ニ於テ、投票用紙ニ被選人ノ姓名ヲ記載シ、次ニ自己ノ姓名住所ヲ記載シテ、捺印スヘシ」を忠実に遵守したからである。つまり、そこに「捺印スヘシ」と明確に規定されている以上、選挙長としては、捺印がない投票は無効にせざるをえないと判断したのである。

ただ、先に第二章4(2)の「記名・捺印投票制」で見たように、無効票について規定した衆選法第八章「選挙会」の第五十一条の「三」には、「選挙人自己ノ姓名ヲ記載セサルモノ」とあるだけで、捺印のないものについては、何も書かれていない。したがって、この「三」による限りでは、選挙人本人の姓名が書かれていれば、捺印がなくても無効ではないということになる。二田は、主としてこれを論拠として、訴訟を起こしたのである。[*25]

二田の訴えには、これ以外にもう一つあり、投票の中に、二田金治と井田是儀という名を書いたものが一票ずつあるが、前者の金治というのは自分が是儀を名乗る以前の幼名であるし、後者の井田というのも明らかに二田の誤字であるので、これらの二票も自分に投票したものであると主張した。

一方、被告とされた選挙長の黒川は、裁判でほぼ次のように答えた。

法律第三号（衆選法）は厳重な法律であり、その第三十八条に「捺印スヘシ」とある以上、それに背くものを無効とするのが、選挙長たる者が遵守すべき精神である。そもそも、捺印は日本では藩政期よりの慣例であり、商業上のみならず、その他万端に関して、自己を証明するものとして最も有力な手段とされてきたものである。さらに、自分ひとりだけでなく、選挙会の選挙委員たちも皆、捺印のない投票は無効であるという意見であった。

また、二田金治が二田是儀の旧名であることは、訴訟によって初めて知ったことであり、開票の際には、まったく知らなかった。井田是儀についても、二田是儀の誤字だとは判断しなかった。これらの名前は、区内の選挙人名簿にはないが、県内の他区に、このような人がいるかもしれないので有効票とし、それぞれ別人として扱ったのである。

この裁判の判決は七月十七日に出された。それは、二田の主張を全面的に認めたものであった。つまり、**無印票、二田の旧名、誤字が、すべて有効票となった**のである。その結果、二田が四三七票、大久保が四三一票となり、当落が逆転することになった。これが、秋田県第一区における二田の当選更正である。その後、大久保が上告したかどうかは、確認できない。ただし、選挙訴訟の上告は大審院に行うものであり、そのためには東京に出て行かねばならなかった。結局は、とりやめになったものと思われるが、正確に確認してはいない。

ところで、当時の秋田県においては、『秋田魁新報』が最も有力な新聞であったが、同紙は大同派系の新聞であり、投票の前から、二田をはじめとする秋田中正党の金権選挙ぶりを批判していた。その結果、この訴訟が起こると、捺印のない投票は無効とすべきであるという議論を展開している。

ともかくも、秋田県第一区の場合は、第三十八条第二項に忠実にしたがった選挙長が訴えられ、裁判では逆に、第五十一条「三」が重視されて、無印票も有効とされた。そして、当落が逆転して、二田が当選更正となったのである。以上が、秋田第一区における当選更正の概要である。

この事実についても、やはり従来ほとんど無視されてきた。『政戦記録史』では、二田が最初からの当選人であり、大久保を次点としており、その「第一回総選挙後異動」の中にも、このことは書かれていない。また『百年史　衆議院の部』では、三ページの「所属移動」の「明治二十三年八月二十三日」のところに、「田中源太郎、成田直衛、二田是儀が大成会に加入した」と書いているだけであり、二田を他の総選挙での当選人と同じように扱っている。

さらに、指原編『明治政史　第二十三編』と大津『憲政史　第三巻』は、ともに大久保鉄作を総選挙での秋田第一区の当選人としており、二田の当選更正については、何も触れていない。

C　茨城県第四区

もうひとつの当選更正の出たのは、茨城県第四区（豊田・結城・岡田・西葛飾・猿島郡）である。[*26]

この選挙区（定員一人）の開票の結果で、上位三人の得票数は、森隆介が六二一票、赤松新右衛門が六〇九票、舘野芳之助五〇八票であった。つまり、森が当選人となり、赤松は次点となった。しかし、この区では無効票が三八票も出ていた。[*27]次点となった赤松は、その中には、明らかに自分を想定したものがあるのに、選挙会が無効としてしまったために、自分は次点となったとして、選挙長の河田景雄（西葛飾・猿島郡長）を被告として、水戸始審裁判所下妻支庁に出訴したのである。確かに、赤松の主張のように、無効票とされたものの中に、赤松の得票として有効なものが多ければ、当落が逆転することになる。

その裁判を見る前に、この区の有力候補者となった上位三人について見ておこう。実は、この三人は皆、茨城県の民権運動の活動家であった。特に、豊田郡本宗道村の森隆介（一八五〇～一九三三）と赤松新右衛門（一八四一～一九〇三）は、茨城県の民権結社の中では最も早く、一八七八年に作られた絹水社の創立メンバーである。[*28] 絹水社の事務所は森の家に置かれたようである。

絹水社は、翌七九年四月には、同舟社へと発展する。そして、同舟社員は豊田郡のみならず、近隣の真壁・岡田郡にも増えていき、約三〇〇人となる。その社長が赤松であり、幹事の一人が森であった。

赤松は、一八七九年四月の県会開設に伴う県会議員第一回選挙で当選し、結城・豊田・岡田郡選出（定員三人）の議員となった。しかし、のちにこの三郡の郡長に任命されて、民権運動から離れることになる。それは赤松が、民権派の有力議員を郡長に任命して、民権運動の弱体化をはかるという内務省の戦術に乗ったものともいえる。赤松は以後、民権派との接触はなく、郡長として地域の土木・教育・救恤などに力を注いでいった。

一方、森はその後も一貫して県西部を代表する民権活動家であった。[*29] 森家は、幕末期に苗字・帯刀を認められた名家であり、大規模な土地を所有するほか、鬼怒川河岸で大きな回漕問屋を営む資産家でもあった。そのようなことから、一八八〇年三月十八日に、西園寺公望を社長に担いで創刊された『東洋自由新聞』の発刊にかかわり、資金援助をしている。さらには翌八一年十月の自由党結成大会に参加するなど、その頃には茨城県を代表する民権家になっていた。

一八八四年十月に加波山事件が起こると、森はそのグループとは直接に関係なかったにもかかわらず嫌疑をうけて、一時、捕われたことがある。その後、八五年二月に県会議員半数改選で当選し、県会では、旧医学校の払い下げ処分の調査委員として活躍し、常置委員たちを辞職に追い込んでいる。しかし、その間、東京での活動も多く、そのために八七年十二月二十五日に出された保安条例により、皇居三里以外追放一年の処分を受けた。

その後、一八八八年七月には、県西部の民権期以来の活動家を結集して常総青年社を結成して、自ら監督の任に就き、『常総之青年』(編集人は木内伊之介)を発行して、この地域での民権論の維持・発展に務めた。

翌八九年、旧自由党系の大同団結運動が二派に分裂し、五月に大同協和会が結成されると、森も関東の多くの活動家と同様、それに参加する。そして、大井憲太郎・内藤魯一・新井章吾・石阪昌孝らとともに、一五人の常議員に選ばれている。さらに、翌八九年二月二十一日、再興自由党結成大会が江東中村楼で開かれた時には、副議長に選出される(議長は新井章吾)。このように、第一回総選挙の頃、森は単に茨城県の民権家というよりは、再興自由党の活動家として、全国的にその名を知られていたのである。

三人目の館野芳之助(一八六〇〜一八九一)は、森より十歳若く、さらに赤松よりは二十歳も若い。総選挙の際に、やっと被選人資格を取得したばかりの満三十歳であった。館野は、下総国西葛飾郡小堤村(のち猿島郡岡郷村、さらに総和村、総和町となり、現・古河市)の豪農館野胤祿の次男(長男は夭折したので嗣子となる)として生まれた[*30]。一八七五年、栃木師範学校に入学するが、のちに新井章吾の若き盟友となる岩崎万次郎とは同期である。翌年、同校を卒業し、帰郷して訓導となった。

その後、大井憲太郎の求めに応じて、資金として一五円を出したことと、小久保喜七など地元の数人に醸金を促したことにより、強盗教唆および外患罪に問われて、大阪事件の被告となった。そして、名古屋監獄に入れられ、一八八九年二月十一日の憲法発布に伴う大赦で出獄するが、その間に結核にかかり吐血をくり返していたので、出獄後の半年余は、神奈川県の海岸で療養せざるをえなかった。その間に、旧自由党は三派に分かれるが、館野は旧来のいきさつから、再興自由党に加盟した。

以上が、茨城県第四区における上位三人の総選挙までの略歴である。第四区の地域は、もともと利根川・鬼怒川・小貝川の水運が発達していたことにより、経済的に豊かなところであった。そのこともあり、茨城県でも最も早くから民権運動が展開されたのみならず、近隣の諸県の民権家との交流も盛んに行われていた。したがって、第一回総選挙においても、民権運動とかかわった三人の有力者が闘うことになったのである。

ただし、森と館野はともに再興自由党員であり、組織的にも思想的にも大きな対立はなかったはずである。しかし二人は、地域的にも世代的にも違いがある上に、出獄後の館野は病身のために、ほとんど交わることはなかった。そして、病弱な館野は、選挙運動を支持者たちにまかせて、自分ではまったく動かなかったことが、二人の間に一一〇票以上の差を生んだものと思われる。

しかし、森と館野の合計は一一二九票であり、二人のどちらかが辞退していれば、再興自由党の票が赤松を上回り、間違いなく当選人になっていたであろうが、二人にはそのような相談をする意思がなかったようである。第一回総選挙では、同一選挙区内で、自由党系三派の者が、さらに三派の一派内の者同士が、一つの議席を争うことがあったが、この区はまさにその一例である。

さて、水戸始審裁判所下妻支庁における裁判については、『毎日新聞』および『郵便報知新聞』の七月二十五日・二十六日などに出ているが、必ずしも正確でない。そこで以下、注＊26に掲げた「裁判言渡書」により見ておくことにする。

この裁判は、十四日・十五日・十七日・十八日の対審を経て、七月二十二日に判決が出された。裁判の過程では、赤松新右衛門については、正確な名前のほかに、いろいろな表記がなされていたことが明らかにされた。しかし、選挙会では、そのうちで赤松新右門および赤松新衛門と書かれている合計五票のみを有効とし、そのほかの亦松新右衛門・赤松新右兵衛門・赤松新左衛門・並松新衛門と書いたものや、さらに赤松新右衛門と読むことはできるが草書や略字で書かれたものは、すべて無効としていた。

しかし、判決では、これらは誤字ではあるが、いずれも赤松新右衛門を意味することは明らかであり、有効として赤松の票の中に入れるべきであるとした。それは、衆選法第五十一条の当選無効の「五」に基づくものである。その全文は、「誤字又ハ汚染塗抹毀損ニ依、記載スル所ノ選挙人又ハ被選人ノ姓名ヲ認知スヘカラサルモノ　但シ通常ノ仮名文字ヲ用ヰ又ハ誤字ニ係ルモ明ニ其ノ姓名ヲ認知スルコトヲ得ルモノハ此ノ限ニ在ラス」であり、その第二項を採用して、無効ではないとしたのである。そのことにより、選挙会で無効とされた投票のうちの二七票が有効とされて、それらは赤松の票に加算されることになった。つまり、赤松の主張が全面的に認められたのである。

さらに判決では、このほかにも得票の見直しがなされた。つまり、選挙会では、赤根新右衛門、森祐助、館野吉之助と書かれたものを、第四区の選挙人名簿にはないが、県内の他の区には、そのような者がいるかもしれないという理由から、それぞれ個別の有効票として一票ずつ挙げていた。しかし、これらはすべて赤松新右衛門、森隆介、館野芳之助の誤字であり、それぞれの票の中にいれるべきであるとされたのである。

この結果、赤松新右衛門が合計二八票、森隆介が一票、館野芳之助が一票ずつ増えることになった。かくして、正式な得票数は、赤松が六三七票、森が六二二票、館野が五〇九票となり、赤松が森に一五票の差をつけて、当選ということになったのである。[*31]

そして、その結果をうけて、茨城県知事安田定則は、森の当選を取り消し、改めて赤松に当選証書を渡した。しかし、この判決に対して、森は当然ながら不服であった。そこで森は、八月二十二日、この裁判が水戸始審裁判所下妻支庁で行われたことを理由として、県知事に対して不法告示の取消し訴訟を起こしたのである。[*32]確かに、衆選法第十二章「当選訴訟」の第七十八条には「各選挙区ニ於テ当選ヲ失ヒタル者、当選人ノ当選ヲ無効トスルノ理由アリト認ムルトキハ、当選人ヲ被告トシ……控訴院ニ出訴スルコトヲ得」とあり、赤松が森の当選を無効とする訴訟を起こす場合には、始審裁判所にではなく、東京控訴院に出訴すべきであったのである。したがって、この森の訴えは正当なものであり、八月三十日に受理された。

その後の経過は不明だが、おそらく赤松が改めて東京控訴院に訴訟を起こし、裁判のやり直しが行われたものと思われる。ただ、水戸始審裁判所下妻支庁の判決は、衆選法に照らしても合理的なものであり、その判決はくつがえらなかったようである。つまり、赤松の当選が再度確認されただけだったのである。

それでも、森はそれを最後まで認めようとせずに、最初の選挙会の後に県知事から手渡された当選証書を持って、第一議会の召集日に議会に向かった。その時のことが、木村重吉編『国会議員穴さがし』（鳴尾堂［東京］、一八九一年一月）という小冊子の最後の方に、次のように出ている（□□は印刷不明字）。

◎二人代議士　茨城県第四区撰出議員赤松氏と森氏との訴訟は森氏の敗北と為り、赤松氏は本日の召集に応じ下院に出頭したるに、森氏も亦た出頭して議場に入らんとせしが、受付にて引留められたり。尚ほ同氏は、本日の召集に欠席する旨を届出でたり。

◎森隆介氏入場拒絶の次第を聞くに、氏は去る日、曽根書記官長に面会し、今日勅諭及び議員法に拠り参集したる旨を告げたるに、書記官長は仮令当選証書を所持するも議員名簿に姓名なき者は列席せしむるを得ざるは、勅令の示す房《ところ》なりとて容《いれ》さざりしに付き、森氏は然らば議院に請求せんとして直に書面を認《したた》めて差出したる。書記官長は森氏に応接所に誘《いざな》ひ、暫く此に扣へ呉れと云ひしにぞ。森氏ハ茲に扣へたること凡そ十五分計り、書記官長再び出で来りて数回の問答ありしが、要するに勅令によれば、当選証書を所持するも議員名簿に姓名の記載なきものは列席せしむることを得ずとて、到底森氏の請求を容れざるを以て、森氏は止を得ず之を議院に請求せんとて直に書面を認めて之を書記官長に渡したるに、書記官長は条規に適はざる書面たるを以て議会に取次ぐこと能はざれば之を返却するとの付箋□□し森氏に返しせるにより、同氏は午前十時二十分頃、同院を退散したるなり。

一方、当選更正となった赤松は、八月二十三日、保守系議員の院内会派大成会に加わっている。

以上が茨城県第四区における赤松新右衛門の当選更正である。この裁判では、**投票用紙に書かれた被**

選人の氏名のうち、明らかな誤字と草書・略字について問題となったが、それらはすべて有効票とされたのである。この誤字と草書・略字をどのように扱うべきかについては、先の秋田県第一区における無印票とならんで、全国の選挙会で議論となったようである。そして、その判断は、各区の選挙長により違った結果となったと思われる。ただし、それが訴訟にまで及ぶことはほとんどなかったのである。

なお、この茨城県第四区の当選更正についても、旧来は、ほとんど誤って捉えられている。最悪は『百年史　院内会派衆議院の部』であり、同書の三ページの「所属移動」のところで、「補欠当選の赤松新右衛門も（大成会に）加入した」としている（傍点は稲田）。また、『百年史　衆議院議員名鑑』でも、赤松は、第一回総選挙後の補欠選挙と第四回総選挙（一八九四年九月一日）で当選したとしている。だが、赤松が当選となったのは、補欠選挙によってではなく、右に見たような当選更正によってである。さらに、『百年史　衆議院議員名鑑』では、森隆介を「当選二回（1・2）」としている。つまり、第一回総選挙のあとの赤松の当選更正によって、失格となったことは無視されているのである。

また、『政戦記録史』の「第一回総選挙後異動」では、「旧　弥　森隆介（当選無効）／当　大成　赤松新右衛門」となっている。森の氏名の前にある「旧」とは総選挙の際の当選人のことであり、赤松の「当」は当選更正後のことであろう。しかし、「弥」、つまり弥生倶楽部としていることは、森の落選が決まった時には弥生倶楽部はまだ結成されていなかったので、この記述もおかしい。

指原編『明治政史　第二十三編』と大津『憲政史　第三巻』は、ともに森隆介を当選人としており、当選更正の赤松のことは無視している。

以上が、第一回総選挙茨城県第四区で生じた当選更正の実態である。なお、その後の総選挙のことを書いておくと、第二回総選挙（一八九二年二月十五日）では、森が八四三票を獲得し、七九一票の赤松を破って当選することになる。

D　その後の当選更正

第一回総選挙後における当選更正は、右に見たような第一議会召集以前だけではなかった。第一議会終了後の休会中にも、二件起こっている。

まず、一八九一年六月十八日に、石川県第二区（能見・江沼郡）選出の相川久太郎（無所属）の当選が無効となり、代わって杉村寛正が当選人となった。[*33] 実は、総選挙で得票数は、相川が一〇二一票、杉村が九七〇票であった。しかし、『郵便報知新聞』一八九〇年十月十七日「年齢不足の議員」などによると、杉村は、相川の年齢が被選人資格の満三十歳に達しておらず、欠格者であるとして、前年のうちから訴訟を起こしていたことが確認される。

ただし、「衆議院議員名簿　明治二十三年」では、相川の生年は「万延元年正月」となっている。つまり、総選挙の時にはすでに満三十歳に達していたとされていたのである。だが、翌年になり、相川が生年月を詐称していたことが分かり、選挙から一年近くたってから、相川の当選は無効となり、代わりに杉村の当選更正が決まったのである。

もう一つは、一八九一年七月六日に、熊本県第六区（天草郡）選出の松山守善（弥生倶楽部＝自由党）の当選が無効となり、同月二十七日に小崎《こざき》義明が当選更正となったものである。[*34] 前述のように、総選挙の際の得票数は、松山が二四六票、小崎は二三九票で、両者の差はわずかに七票であった。このために、小崎が訴訟を起こしていたのである。しかし、この裁判は大審院にまで及んで長引いたことから、当選更正が決定したのは総選挙から一年近くもたっていた。

これら二つの当選更正が確定するまでの間、相川と松山は、第一議会で衆議院議員として法案や予算案の審議に参加し、さらに歳費を受け取っていた。そして、休会中に議員失格となったのである。ただし、第一議会で議員を務めていたことはけっして違法ではない。衆選法第十二章第八十七条に「訴訟ノ目的タル当選人ハ、其ノ裁判確定ニ至ルマテ衆議院ニ列席スルノ権ヲ失ハス」とあるからである。

なお、当選が無効となった石川県第二区の相川は、その後、長らく候補者となることはなかったが、第十一回総選挙（一九一二年五月）で、石川県郡部区（定数五人）の候補者となり、二四〇四票を獲得して四位で当選し、政友会に所属することになる。

また、松山守善（一八四九～一九四五）は、熊本県の代表的民権家の一人である。『松山守善自叙伝』（熊本年鑑社、一九六四年。『日本人の自伝2』〔平凡社、一九八二年〕に所収）には、わずかだがこの議員失格の経緯が書かれている。ただし、『日本人の自伝2』所収の畠田真一の「はしがき」では、その後の「数回の総選挙では政府党の大干渉でことごとく落選」したとしている。また『松山守善自叙伝』も、第二回総選挙では、選挙干渉の結果、落選したと書いている。しかし、『政戦記録史』による限りでは、第二～第四回総選挙では、自由党からは他の候補者が出ており、松山が候補者となったことは確認できない。そればかりか熊本県第六区では、小崎の力が常に強く、小崎は第六回総選挙まで連続当選している。

松山は、その後、代言人・弁護士生活を続けながら、やがて政友会熊本県幹事長となる。そして、第七回総選挙（一九〇二年八月）では、熊本県郡部区（定数八人）の候補者となったが、次点であった（この選挙での当選人は、帝国党五人、政友会三人である）。つまり、松山は一八九一年七月に小崎が当選更正となって議員失格となった以降は、二度と国会議員にはならなかったのである。

『松山守善自叙伝』は、もともと松山が八十五歳になった一九三三年に、八〇部を印刷して知友に配ったものである。興味深い事実がいろいろ書かれているが、明らかな記憶違いと思われるところや、自慢話めいた個所もあることに気を配ることも必要であろう。

なお、**当選更正は、第二回総選挙（一八九二年二月十五日）の後にも四件が起こっている**。[*35] **しかし、そのうちの二つは、高知県第二区（定員二人、幡多・高岡・吾川郡）での選挙干渉にかかわることである。そして、選挙会での不正があばかれて、片岡直温と安岡雄吉が失格となり、自由党の片岡健吉と林有造が議員となる**。[*36]

このほかの二件は次のようなものである。[*37] まず、第三議会閉会後の九二年十月四日に岩手県第一区で、上田農夫（弥生倶楽部）が当選無効になり、同月十五日に谷河尚忠（弥生倶楽部）の当選更正が確定した。総選挙の際の得票数は、上田が四七八票、谷河が四七四票で、その差はわずか四票であったが、無効の六票の内容をめぐって争われて、逆転したのである。

さらに、第四議会閉会後の一八九三年五月十七日に、富山県第四区で、武部其文（独立倶楽部→中央交渉部）が当選無効になり、六月十四日に島田孝之（改進党）の当選更正が確定した。総選挙の際の得票数は、武部が一三四一票、島田が一三〇〇票で、その他が六票であったが、無効が一五九票と多かった。

これらの二つは、第一回総選挙後の二つの場合と類似したもので、選挙干渉にかかわるものではない。

このように、当選更正というのは、初期の選挙では、けっして珍しいことではなかったのである。

3　当選人の党派・会派の変遷

第一回総選挙の特徴の一つは、候補者たちの所属していた組織が多様であることである。

この総選挙の時までに、長らく存在していた全国的政党は改進党だけであった。

旧自由党系の組織は、大同倶楽部・再興自由党・愛国公党の三派に分かれていた。周知のように、国会の開設が二年後に迫ってきた一八八八年の後半から、大同団結運動が起こった。しかし、翌八九年二月に、憲法発布の大赦で、多くの活動家が釈放されて運動に戻って来ると、運動のあり方と組織の性格をめぐって、大同倶楽部（「政社派」）と大同協和会（「非政社派」）とに分裂した。前者は、できるだけ多くの在野の勢力の集めるためには、集会条例にのっとった合法的な政社を作り、運動を進めていった方がよいとするグループである。河野広中がリーダー格で、末広重恭・大石正巳・植木枝盛・小林樟雄・山際七司・村松愛蔵などが、その中心的な活動家であった。一方、後者は政社を結成すると、活動が集会条例によって規制されてしまうので、細かな規則などを作らずに、ゆるやかな結合の方がよいとしたグループである。その常議員は、大井憲太郎・新井章吾・石阪昌孝・内藤魯一などである。

この両者の対立が続いたことから、板垣退助が両派の仲介に乗り出した。そして、その対立を解消するために、新しく愛国公党を作ることを提案した。しかし、そのことが運動をかえって混乱させることになった。特に大同協和会は、板垣の提案に強く反対して、九〇年一月二十一日、彼らだけで自由党

（「再興自由党」）を結成した。それに対して、板垣グループも、単独で五月五日に愛国公党を結成するのである。そこには、大同倶楽部に属していた者も参加して、植木枝盛・堀越寛介・塩田奥造らが幹部となった。

このようにして、**大同団結運動は、その名目とは反対に、皮肉にも旧自由党系の者を、大同倶楽部・大同協和会（再興自由党）・愛国公党の三派に分けることになってしまった。**そのために、五月中旬から、三派が調和委員を出して、統一政社として庚寅倶楽部を作る動きが出てきて、六月三日に庚寅倶楽部規則を決定した。しかし、政社としての届け出をしたのは六月十七日であり、その頃すでに、三派の候補者たちは、それぞれ独自の運動を展開していたことから、最早、調整はほとんど不可能で、庚寅倶楽部は組織としては機能しなかった。かくして、三派の候補者たちは、競合したまま最後まで独自の運動を続けることが多かった。つまり、旧自由党にとって、第一回総選挙は、ほぼ完全な分裂選挙であったのである。もっとも、それは改進党でも同じであり、候補者同士が競い合うことも、けっして珍しいことではなかった。

一方、非民権・政府系の組織としては、井上馨の自治党系のものや、鳥尾小弥太による保守中正派、さらには各地域の結社も少なくなかった。これらの組織の当選人の多くは、のちに大成会に入っていく。

そのほか、組織に属さない者も選挙運動を展開したことはいうまでもない。彼ら多くは、当選後も無所属であり続けたが、中には弥生倶楽部（立憲自由党の院内会派）や大成会に属することになる者もいる。

以下、ここでは、それらのことを踏まえながら、当選人たちの所属が、総選挙の時から議会召集までの間にどのように変わったのかを明らかにしたい。

⑴　さまざまな党派・会派名および人数

第一回総選挙について研究が、これまで少なかった理由の一つは、当選人たちの選挙時の所属を確認することが困難なためであろう。文献や史料によって、党派・会派の名称がさまざまな上に、その人数にかなりの違いがあるのである。

たとえば、国会の正史ともいうべき『百年史　衆議院の部』の冒頭の一ページの「総選挙結果一覧（概数）」に書かれている「党派名」と「当選者数」は、次のようなものである。

大同倶楽部五四名　立憲改進党四三名　愛国公党三六名　九州連合同志会二四名　自由党一七名　自治派一二名　国権派一二名　保守中正派六名　京都府公民会五名　広島政友会四名　宮城政会四名　群馬公議会三名　京都公友会一名　無所属七九名　計三〇〇名

ただし、この本には、何を典拠として、これらの組織と人数を挙げているのかが書かれていない。さらにいくつかの疑問もある。たとえば、立憲改進党の四三名というのは、議会召集時の人数の四二人とほぼ同じである。しかし、改進党の当選人はもっと多かったのであり、それが、その後、かなりの者が立憲自由党や大成会に移ったり、無所属になったりしたのである。つまり、この四三名という数字は、総選挙の時点での実態を反映したものとはいえない。また、保守系の団体を見ても、国権派という組織は、総選挙の時の史料からは確認できないし、保守中正派、京都府公民会、宮城政会の人数も、実態とは違いがある。しかし、ここでは、あくまでも一つの資料として掲げておくことにする。

ただし、このように多数の「党派名」を人数の多い順に並べただけでは、その党派的特徴が分かりにくい。そこで、ここではそれらを、①自由党系、②立憲改進党、③非民権・政府系、④無所属の四つに大別してみよう。そうすると、①自由党系は、大同倶楽部・愛国公党・九州連合同志会・自由党・群馬公議会・京都公友会・広島政友会（内三名は無所属へ）で、[*38]合計一三六人となる。②立憲改進党は四三人、③非民権・政府系は自治派・国権派・保守中正派・京都府公民会・宮城政会で合計三九人である。④無所属は、広島政友会のうちの三人を加えると合計八二人となる。これが、『百年史　衆議院の部』の当選人を党派・会派別に大きく分類したものである。

次に、旧来より研究者たちが依拠することの多かった文献を二つ見てみよう。まず、大津『憲政史第三巻』であるが、同書は、「当時政界の情勢は混沌として、党派別其の鮮明を欠き、新選議員の所属別、正確ならざるものありと雖も、其の政派別を調査すれば、大体左の如し」とした上で、次の数字を挙げている（三三七ページ）。

大同倶楽部五五　改進党四六　愛国公党三五　保守派二二　九州同志会派二一　自由党一七　自治党一七　官吏一八　中立派六九　無所属二。

これを党派別に分類すると、自由党系は大同倶楽部、愛国公党、九州同志会派、自由党が合計一二八人となる。また、保守派と自治党を合わせた非民権・政府系は三九人である。さらに、大津は「官吏」という独自の分類項目を作り、一八人としているが、勅任官・奏任官・判任官のうちのどこまでを含むのかが分からない。三〇〇人の当選人のうちには、総選挙の前までに奏任官であった者は、郡長を含めると一八人よりもずっと多い。そもそも「官吏」を一つの項目にあげて、他の党派と並べているのは、どう見ても正しい分類ではない。

このほか、大津は、当選人名の一覧のところで、千葉県第八区などを選挙区から落としているが、それでも当選人の合計三〇二人の氏名を挙げており、この本は基本的に信頼を置くことができないものである。

次に、指原編『明治政史　第二十三編』の「衆議院議員の党派別数」の項では、「当撰《ママ》の議員或は既に政党に加入せしものあり、未た加入せさるものあり、而して判然其党別を為すも亦容易のことにあらす」とした上で、『時事新報』『大同新聞』『郵便報知新聞』『東京新報』の数字を挙げている。しかし、その表の区分は非常に分かりにくい。しかも、その数字は、当該の新聞に実際に記載されているものと一致しない。また、指原は「大同、報知の如きは既に公然機関新聞と称す、或は偏する所なき能はす」とつけ加えて、そこに挙げている数が必ずしも正確とはいえないことを自ら書いている。

このように、第一回総選挙の当選人たちの所属党派・会派の分類は、出典によって非常にまちまちである。それを確定することは、それ程にむずかしい作業なのである。そのことを一応ふまえつつも、以下、総選挙直後の新聞と、当選者を紹介した冊子とに拠りながら、この難問に迫ることにしよう。

具体的には、『朝野新聞』『国民新聞』『郵便報知新聞』『時事新報』『東京日日新聞』の五つの新聞と、岩崎栄太郎編『衆議院議員当選者一覧』、三好守雄編集『衆議院議員実伝』、木戸照陽編纂『日本帝国国会議員正伝』の三つの冊子に記載されている当選人の所属を確認することである。ただ、この五紙三冊でも、当選者たちの所属党派・会派の表記はきわめて多様である。そこでここでは、それらを自由党系、改進党系、非民権・政府系。中立系、無所属の五つに分類し、それらの合計を示しておくことにする。[*39]

このうちで、後半の三冊の書籍は、本章1⑴の「当選人一覧」で挙げた八冊のうちの三冊である。この中では、木戸のものが、当選人についていちばん詳しく紹介している。それでも、「主義未詳」としているのが一三人、空白が一人あるほか、三四人については取り上げておらず、全当選人を見るのには、必ずしも適切ではないかもしれない。ただ一応、参照のためにあげておくことにする。

この総選挙の時にまで長らく存在していた政党は、立憲改進党だけである。

自由党系の党派の分類は、五紙三冊によって、違いがあるが、「大同」「大同派」とあるのは大同倶楽部とし、「自由」は再興自由党とし、「愛国」は愛国公党として、それらはすべて自由党系の中に入れることにする。たとえば、『郵便報知新聞』は再興自由党と愛国公党を一緒にして「愛国自由」としているが、この両党はけっして良好な関係にあったわけではなかったし、このような名称は存在しなかったことをふまえつつも、自由党系の中に含めている。

また、岩崎編『衆議院議員当選者一覧』では、庚寅倶楽部と書いているものも自由党系とする。庚寅倶楽部は選挙運動中には政社として機能しなかったので、この名称を使うことは適切ではないが、自由党系であることに間違いはない。

また、以下の分類で、非民権・政府系と中立系とは、あくまでも本書によるものであり、原史料にはないものである。ただし、カッコ内の組織名と人数は、原史料のままである。

◎『朝野新聞』七月六日「各府県衆議院議員人名」

○自由党系一二七（大同四九、自由一五、愛国三三、進歩九、九州進歩二一）、○改進党四八、○非民権・政府系四一（自治一七、保守一、保守中正二三）、○中立四三、○未詳二五、○当選者名空白一六。

◎『国民新聞』七月七日

○自由党系一二二（大同および大同派五四、自由および自由派一四、愛国および愛国派および愛国公党三四、進歩一、九州進歩派一九）、○改進党四七（改進および改進党四七）、○非民権・政府系三六（自治一九、保守一六、保守党一）、○中立系六四（中立および中立派六四）、○所属空白二一、○当選者名空白一〇。

◎『郵便報知新聞』七月七日「衆議院議員当選者姓名表」

○自由党系一二三（大同五一、愛国自由五〇、九州同志会二二）、○改進党五三、○非民権・政府系三四（自治一六、保守一八）、○無所属七四、○当選者名空白一六。

◎『時事新報』七月七日「衆議院議員一覧表」

○自由党系一二一（大同五六、自由二四、愛国二三、庚寅倶楽部二、［群馬］公議会三、佐賀郷党四、広島政友会のうち一、［九州］同志会八）、○改進五二、○系非民権・政府三五（自治一一、国権一、中正三、［京都］公民会五、山梨同志会三、宮城政会三、会津協会二、紫溟会五、玄洋社二）、○中立七〇（独立六六、広島政友会のうち三、中立一）、○未詳九、○当選者名空白一三。

◎『東京日日新聞』七月八日「衆議院議員当選者一覧表」

○自由党系一二三（大同五五、自由二二、愛国二二、［京都］公友会一、［群馬］公議会三、羽陽正義会二、［九州］進歩派一八）、○改進党五四、○非民権・政府系三五（保守および保守中正一八、［京都］

公民会五、［名古屋］談話会一、宮城政会一）、○中立六三、○所属空白七、○当選者名空白一八。

◎岩崎栄太郎編『衆議院議員当選者一覧』（七月十二日発行）

○自由党系一二八（庚寅倶楽部一一一、九州進歩党一七）、○改進党五六、○非民権・政府系四二（自治党一五、保守党二七）、無党派六九、所属欄空白一、印刷不鮮明一、当選者名空白三。

◎三好守雄編輯『衆議院議員実伝』（八月一日発行）

○自由党系一二七（大同団結五六、自由党二三、愛国公党二七、九州進歩党二一）、○改進党四五、○非民権・政府系四一（自治党二〇、保守中正派二一）、○無党派八四、○所属空白一、○当選者名空白二。

◎木戸照陽編纂『日本帝国国会議員正伝』（八月十八日発行）

○自由党系一〇九（大同四五、自由一六、愛国三〇、九州進歩一八）、○改進党四四（改進四四）、○非民権・政府系三三（自治一一、保守一六、国民三、［京都］公民会員三）、○中立系六六（中立六一、独立一、無主義四）、○主義不詳一三、○当選者名空白一、○未収録三四。

表13は、右の五紙・三冊の分類を一覧表にしたものである。

なお、この表では必要以上にスペースをとらないように、最上段の分類の項目の表記を簡略化しているものもあるので、説明しておこう。

岩崎『一覧』と三好『実伝』で、「無所属」に分類しているものは、原文ではともに「無党派」とされているものである。

表13　当選人の5紙3冊の系派別人数

	自由党系	改進党	非民権・政府系	中立系	無所属	未詳	所属空白	印刷不鮮明	当選者名空白
朝野新聞	127	48	41	43		25			16
国民新聞	122	47	36	64			21		10
郵便報知新聞	123	53	34		74				16
時事新報	121	52	35	70		9			13
東京日日新聞	123	54	35	63			7		18
岩崎『一覧』	128	56	42		69		1	1	3
三好『実伝』	127	45	41		84		1		2
木戸『正伝』	109	44	33	66		13	1		34

(注)　分類項目やそれぞれの人数については本文参照のこと.

「未詳」は、それぞれの原文で使われている言葉をそのまま使ったものである。つまり、当選人名は書かれているが、その所属の欄には「未詳」と書かれているものである。『朝野新聞』『時事新報』では、この「未詳」が多い。

「所属空白」は、当選者名は出ているものの、その所属が書かれていないものである。これは原史料にはなく、分類のため使った用語である。『国民新聞』『東京日日新聞』では、空白が多いのである。

最後の「当選人名空白」も、やはり原史料にはなく、あくまでも分類上、使った用語である。つまり、選挙区の下の当選人名が空白になっているものである。これは五紙とも多い。その理由は、それらの発刊日が七月六日～八日であり、まだ当選人が決まっていない選挙区があるからである。特に埼玉県のほとんどの区では、この時期には当選人が確定していない。なお、木戸編『正伝』には、当選人のうちで収録されていない者もあるが、その者たちをこの「未詳」に含めている。

さらに、茨城県第四区と秋田県第一区では、のちに当選無効となる森隆介と大久保鉄作の名が当選人の欄に書かれているが、この二人については、「未定」とすべきものだが、できるだけ項目を増やさないために、この「当選人名空白」に入れておいた。また、鹿児島県第七区については、五紙のすべてが、のちに正式な当選者となる基俊良ではなく、水間良兼の名をあげている。したがって、正しくは「誤報」や「誤記」とすべきものであるが、やはり項目を増やさないために「当選人名空白」の中に入れておいた。このように、「当選人名空白」には、便宜上、この三人も含めていることを断っておきたい。

それにしても、これらの五紙三冊を比べると、党派・会派名はかなりの違いがある。その理由はいろいろある。まず、総選挙の時期には、いうまでもなく、まだ議会政党が確立していなかったことから、候補者たちが自らの政治党派を必ずしも明確にしていなかったのである。したがって、同一人物が、新聞・冊子によって、いろいろな組織に分類されているのである。たとえば、大同団結運動の過程で、中央の自由党系の組織は大同倶楽部、大同協和会（再興自由党）、愛国公党の三つに分裂していたが、地方によっては必ずしも三派に明確に分かれたわけではなかった。さらに、そもそも当時の報道は、今日のように事実をできるだけ正確に読者に伝えるということに徹していたわけではなく、党派的なバイアスがかかっていたことも少なくなかった。このようなことから、新聞や冊子などでは同一人物が違う派に分けられることもあったのである。

⑵　当選人たちの所属

このように、五紙三冊による位置づけに、少なからずあいまいさのあることは否定できない。それでも、全体を通して見ることによって、当選者たちが、総選挙の時には、どのような組織に属していたか、あるいは属していなかったかを、ある程度知りうる。そして、それらがほぼ共通しているものは、確定的なものとしても間違いないであろう。それでも、不明な者や、五紙三冊だけからは確定できない者があり、それらについては、可能な限り、郷土史や地方史の文献を当たった。それによって作成したのが、表14の「総選挙時」である。もちろん、これがすべて正しいと断言することはできない。しかし、当選者たちのそれまでの経歴や、総選挙前後の動きなどから、このように断定しても、ほぼ間違いないといえるだろう。

それを集計してみよう。まず自由党系であるが、自由党系の三派（大同倶楽部・自由党・愛国公党）は九六人である。このほかに自由党系の者は、九州の自由党系の団体の連合組織である九州進歩派（九州同志会とか九州進歩党ともいわれる）二六人と、やはり自由党系の地域組織である京都交友会一人、群馬公議会三人、広島政友会一人である。それらの合計は一二七人となる。

次に改進党系であるが、ここではのちに立憲改進党の院内会派である議員集会所に参加する者のほか、それまで明らかに改進党系の活動をしていたり、その組織に入っていたと思われる者を合わせると、合計五四人となる。

次に非民権・政府系は、のちに大成会に参加する者のうち、保守系・中立系の者を合わせた者が合計六一であり、それと地域名を冠した保守系の団体に所属する者、つまり京都公民会五人、名古屋談話会一人、秋田中正党二人、宮城政会三人、会津協会二人を含めると合計は七四人となる。

ここに属することになる者は、諸新聞が、総選挙の際には、「独立」「自治（あるいは自治党）」「中正派（あるいは保守中正派）」「国権派」「中立」などさまざまな組織名を使っており、しかも各紙によって違いがあるので分かりにくい。したがって、選挙の際に自由党系や改進党系であったことが明らかな者と、ほぼ一貫して無所属であった者以外で、のちに大成会が結成されると、それに参加する者を、この非民権・政府系にいれておくことにする。

無所属は、諸新聞が明確に「無所属」とした者と、総選挙の前後を通じて、特定の組織には所属していなかった者である。その数は、広島政友会のうちの三人も含めると四五人である。しかし、立憲自由党の院内会派の弥生倶楽部ができると、それに参加する者もいるし、逆に自由党や改進党から無所属になる者もいる。

ともかく、**第一回総選挙当選者の党派・会派別人数としては、ここに挙げた自由党系一二七人、改進党五四人、大成会系七四人、無所属四五人というのが、もっとも実態に近いものである。**[*40]

(3) 院内会派の成立

表14の右側の「議会召集時」は、総選挙から五か月近く後の十一月二十五日のものである。それは「総選挙時」とかなりの変化がある。つまり、七月一日に総選挙が行われて、その後、当選人がほぼ確定してから以後、当選人たちは、積極的に会合を繰り返し、十一月二十五日の第一議会召集までの間に、かなり異なった新たな党派・会派が作られていくのである。

それを促したのは、皮肉にも七月二十五日の集会及政社法の公布であった。これは、以前の集会条例をさらに厳しくしたものであるが、明らかに総選挙後の民権派の動きに制止をかけようとしたものである。特に第二十八条には「政社ハ委員若《もしく》ハ文書ヲ発シテ公衆ヲ誘導シ又支社ヲ置キ若ハ他ノ政社ト連結通信スルコトヲ得ス」とあり、民権系の政社の間で「連結通信」することができなくなったのである。

表14　第一回総選挙当選人および議会召集時議員党派・会派名

選挙区	氏名	総選挙時	議会召集時
【東京府】			
1	楠本　正隆	無所属	無所属
2	**谷元　道之**	**改進党系**	**立憲自由党**
3	**風間　信吉**	**無所属**	**立憲自由党**
4	藤田　茂吉	改進党系	立憲改進党
5	太田　実	非民権・政府系	大成会
6	高梨哲四郎	無所属	無所属
7	大谷木備一郎	非民権・政府系	大成会
8	津田　真道	非民権・政府系	大成会
9	芳野　世経	非民権・政府系	大成会
10	森　時之助	無所属	無所属
11	浅香　克孝	改進党系	立憲改進党
12	高木　正年	改進党系	立憲改進党
【京都府】			
1	浜岡　光哲	京都公民会	大成会
2	中村　栄助	京都公民会	大成会
3	松野新九郎	京都公民会	大成会
4	伊東　熊夫	京都交友会	立憲自由党
5	田中源太郎	京都公民会	大成会
5	石原半右衛門	京都公民会	大成会
6	神鞭　知常	無所属	無所属
【大阪府】			
1	粟谷　品三	非民権・政府系	大成会
2	豊田文三郎	自由党系	立憲自由党
3	浮田　桂造	非民権・政府系	大成会
4	中江　篤介	自由党系	立憲自由党
4	佐々木政行	自由党系	立憲自由党
5	菊池　侃二	自由党系	立憲自由党
6	俣野　景孝	非民権・政府系	大成会
7	東尾平太郎	自由党系	立憲自由党
8	横山勝三郎	自由党系	立憲自由党
9	佐々木政乂	非民権・政府系	大成会
【神奈川県】			
1	島田　三郎	改進党系	立憲改進党
2	山田　泰造	自由党系	立憲自由党
3	石阪　昌孝	自由党系	立憲自由党
3	瀬戸岡為一郎	自由党系	立憲自由党
4	山田　東次	自由党系	立憲自由党
5	中島　信行	自由党系	立憲自由党
6	山口佐七郎	自由党系	立憲自由党
【兵庫県】			
1	鹿島　秀麿	改進党系	立憲改進党
2	堀　善証	無所属	無所属
3	法貴　発	自由党系	立憲自由党
4	石田貫之助	自由党系	立憲自由党
5	魚住　逸治	改進党系	立憲改進党
6	高瀬藤次郎	自由党系	立憲自由党
7	内藤　利八	改進党系	立憲改進党
8	改野　耕三	自由党系	立憲自由党
8	柴原政太郎	自由党系	立憲自由党
9	佐藤文兵衛	改進党系	立憲改進党
9	青木　匡	改進党系	立憲改進党
10	佐野　助作	自由党系	立憲自由党
【長崎県】			
1	富永　隼太	九州進歩派	立憲自由党
1	家永　芳彦	九州進歩派	立憲自由党
2	朝長　慎三	九州進歩派	立憲自由党
3	牧　朴真	非民権・政府系	大成会
4	立石　寛司	九州進歩派	立憲自由党
5	宮崎　栄治	九州進歩派	立憲自由党
6	相良　正樹	無所属	無所属
【新潟県】			
1	**山際　七司**	**自由党系**	**国民自由党**
2	丹後　直平	自由党系	立憲自由党
2	加藤　勝弥	自由党系	立憲自由党
3	高岡　忠郷	自由党系	立憲自由党
4	西潟　為蔵	自由党系	立憲自由党
5	小林雄七郎	自由党系	立憲自由党
5	長谷川　泰	自由党系	立憲自由党
6	松村文次郎	自由党系	立憲自由党
7	関矢孫左衛門	改進党系	立憲改進党
7	本山　健治	改進党系	立憲改進党
8	室　孝次郎	改進党系	立憲改進党
8	**鈴木　昌司**	**無所属**	**立憲自由党**
9	**鵜飼郁次郎**	**自由党系**	**無所属**
【埼玉県】			
1	**天野　三郎**	**無所属**	**立憲自由党**
2	高田　早苗	改進党系	立憲改進党
2	清水　宗徳	自由党系	立憲自由党
3	真中　忠直	無所属	無所属
3	**間中　進之**	**無所属(死亡)**	
3補	**野口　褧**		**立憲自由党**
4	掘越　寛介	自由党系	立憲自由党
4	湯本　義憲	非民権・政府系	大成会
5	山中隣之助	改進党系	立憲改進党
【群馬県】			
1	新井　毫	群馬公議会	立憲自由党
2	竹井　懿貞	非民権・政府系	大成会
3	高津　仲次郎	自由党系	立憲自由党
4	木暮　武太夫	群馬公議会	立憲自由党

選挙区	氏名	総選挙時	議会召集時
5	湯浅　治郎	群馬公議会	立憲自由党
【千葉県】			
1	千葉禎太郎	自由党系	立憲自由党
2	浜野　昇	自由党系	立憲自由党
2	**成島巍一郎**	**改進党系**	**立憲自由党**
3	**大須賀庸之助**	**改進党系**	**無所属**
4	**岩崎重次郎**	**改進党系(死亡)**	
4補	**西村甚右衛門**		**立憲自由党**
5	板倉　中	自由党系	立憲自由党
6	板倉　胤臣	自由党系	立憲自由党
7	重城　保	改進党系	立憲改進党
8	安田　勲	改進党系	立憲改進党
【茨城県】			
1	渡辺　治	無所属	無所属
1	松延　玹	無所属	無所属
2	立川　興	自由党系	立憲自由党
2	大津淳一郎	改進党系	立憲改進党
3	飯村丈三郎	自由党系	立憲自由党
4	赤松新右衛門	非民権・政府系	大成会
5	色川三郎兵衛	改進党系	立憲改進党
6	関口八兵衛	改進党系	立憲改進党
【栃木県】			
1	**横堀　三子**	**無所属**	**立憲自由党**
2	新井　章吾	自由党系	立憲自由党
2	岩崎万次郎	自由党系	立憲自由党
3	田中　正造	改進党系	立憲改進党
4	塩田　奥造	自由党系	立憲自由党
【奈良県】			
1	今村　勤三	改進党系	立憲改進党
2	堀内　忠司	自由党系	立憲自由党
2	本間　直	無所属	無所属
3	桜井徳太郎	自由党系	立憲自由党
【三重県】			
1	栗原　亮一	自由党系	立憲自由党
2	**伊東　祐賢**	**改進党系**	**大成会**
3	天春　文衛	自由党系	立憲自由党
4	伊藤　謙吉	自由党系	立憲自由党
5	尾崎　行雄	改進党系	立憲改進党
5	北川　矩一	非民権・政府系	大成会
6	立入　奇一	改進党系	立憲改進党
【愛知県】			
1	堀部勝四郎	名古屋談話会	大成会
2	永井松右衛門	非民権・政府系	大成会
3	梶田喜左衛門	非民権・政府系	大成会
4	宮田慎一郎	非民権・政府系	大成会
5	森　東一郎	非民権・政府系	大成会
6	青樹　英二	非民権・政府系	大成会
7	端山忠左衛門	非民権・政府系	大成会
8	早川　龍介	非民権・政府系	大成会
9	今井磯一郎	非民権・政府系	大成会
10	加藤　六蔵	非民権・政府系	大成会
11	美濃部貞亮	自由党系	立憲自由党
【静岡県】			
1	井上彦左衛門	改進党系	立憲改進党
2	影山　秀樹	自由党系	立憲自由党
3	岡山　兼吉	改進党系	立憲改進党
4	岡田良一郎	非民権・政府系	大成会
5	**西尾　伝蔵**	**改進党系**	**大成会**
6	近藤　準平	非民権・政府系	大成会
7	依田佐二平	非民権・政府系	大成会
7	江原　素六	自由党系	立憲自由党
【山梨県】			
1	八巻　九万	非民権・政府系	大成会
2	田辺　有栄	無所属	無所属
3	古屋　専蔵	無所属	無所属
【滋賀県】			
1	杉浦　重剛	非民権・政府系	大成会
2	山崎　友親	自由党系	立憲自由党
3	大東　義徹	非民権・政府系	大成会
3	伊庭　貞剛	非民権・政府系	大成会
4	相馬　永胤	非民権・政府系	大成会
【岐阜県】			
1	天野　若円	非民権・政府系	大成会
2	清水　粲蔵	非民権・政府系	大成会
3	吉田　耕平	非民権・政府系	大成会
4	**矢野才次郎**	**改進党系**	**大成会**
5	長尾四郎右衛門	非民権・政府系	大成会
6	林　小一郎	自由党系	立憲自由党
7	中村　信夫	非民権・政府系	大成会
【長野県】			
1	**小坂善之助**	**無所属**	**立憲自由党**
2	島津　忠貞	自由党系	立憲自由党
3	堀内　賢郎	自由党系	立憲自由党
4	小里　頼永	自由党系	立憲自由党
4	江橋　厚	自由党系	立憲自由党
5	箕輪　鼎	非民権・政府系	大成会
6	中村　弥六	非民権・政府系	大成会
7	**伊藤　大八**	**改進党系**	**立憲自由党**
【宮城県】			
1	増田　繁幸	宮城政会	大成会

選挙区	氏名	総選挙時	議会召集時
2	**武者伝二郎**	**無所属**	**立憲自由党**
3	十文字信介	非民権・政府系	大成会
4	熱海孫十郎	宮城政会	大成会
5	遠藤　温	宮城政会	大成会
【福島県】			
1	佐藤　忠望	非民権・政府系	大成会
2	安部井磐根	非民権・政府系	大成会
3	河野　広中	自由党系	立憲自由党
3	鈴木万次郎	自由党系	立憲自由党
4	山口千代作	会津協会	大成会
4	三浦　信六	会津協会	大成会
5	白井　遠平	非民権・政府系	大成会
【岩手県】			
1	谷河　尚忠	自由党系	立憲自由党
2	伊東　圭介	自由党系	立憲自由党
3	**佐藤　昌蔵**	**改進党系**	**大成会**
4	下飯坂権三郎	自由党系	立憲自由党
5	大江　卓	自由党系	立憲自由党
【青森県】			
1	奈須川光宝	自由党系	立憲自由党
1	工藤　行幹	自由党系	立憲自由党
2	榊　喜洋芽	自由党系	立憲自由党
3	菊池　九郎	自由党系	立憲自由党
【山形県】			
1	**宮城　浩蔵**	**自由党系**	**無所属**
1	佐藤　里治	自由党系	立憲自由党
2	五十嵐力助	無所属	無所属
3	駒林　広運	自由党系	立憲自由党
3	鳥海時雨郎	自由党系	立憲自由党
4	丸山　督		
【秋田県】		自由党系	立憲自由党
1	二田　是儀	秋田中正党	大成会
2	成田　直衛	秋田中正党	大成会
3	佐藤　敏郎	自由党系	立憲自由党
4	斎藤　勘七	自由党系	立憲自由党
4	武石　敬治	自由党系	立憲自由党
【福井県】			
1	青山庄兵衛	自由党系	立憲自由党
2	杉田　定一	自由党系	立憲自由党
3	永田定右衛門	自由党系	立憲自由党
4	藤田　孫平	自由党系	立憲自由党
【石川県】			
1	松田吉三郎	自由党系	立憲自由党
1	**遠藤　秀景**	**自由党系**	**国民自由党**
2	相川久太郎	無所属	無所属
3	浅野　順平	改進党系	立憲改進党
4	神野　良	改進党系	立憲改進党
4	小間　粛	自由党系	立憲自由党
【富山県】			
1	関野善次郎	改進党系	立憲改進党
1	**磯部　四郎**	**自由党系**	
1補	**石坂専之介**		**立憲自由党**
2	田村　惟昌	改進党系	立憲改進党
3	**南　磯一郎**	**自由党系**	**国民自由党**
4	島田　孝之	改進党系	立憲改進党
【鳥取県】			
1	岡崎　平内	非民権・政府系	大成会
2	山瀬　幸人	無所属	無所属
3	松南　宏雅	非民権・政府系	大成会
【島根県】			
1	岡崎運兵衛	非民権・政府系	大成会
2	佐々木善右衛門	改進党系	大成会
3	高橋久次郎	非民権・政府系	大成会
4	菅　了法	無所属	無所属
5	**佐々田懋**	**改進党系**	**大成会**
6	吉岡倭文麿	非民権・政府系	大成会
【岡山県】			
1	小林　樟雄	自由党系	立憲自由党
1	坪田　繁	非民権・政府系	大成会
2	西　毅一	非民権・政府系	大成会
3	犬養　毅	改進党系	立憲改進党
4	坂田　丈平	非民権・政府系	大成会
5	渡辺　磊三	非民権・政府系	大成会
6	立石　岐	自由党系	立憲自由党
7	加藤平四郎	自由党系	立憲自由党
【広島県】			
1	豊田　実穎	改進党系	立憲改進党
1	渡辺又三郎	広島政友会	無所属
2	八田謹二郎	広島政友会	無所属
3	金尾　稜厳	広島政友会	無所属
4	赤川　霊巌	非民権・政府系	大成会
5	**脇　栄太郎**	**改進党系**	**無所属**
6	田辺三五郎	広島政友会	立憲自由党
7	佐竹　義和	非民権・政府系	大成会
8	倉田準五郎	改進党系	立憲改進党
9	**三浦　義建**	**無所属(死亡)**	
9補	**井上角五郎**		**立憲自由党**
【山口県】			
1	吉冨　簡一	無所属	無所属
1	末松　三郎	無所属	無所属
2	井上　正一	無所属	無所属
3	大岡　育造	無所属	無所属

選挙区	氏名	総選挙時	議会召集時
4	堀江　芳介	無所属	無所属
4	野村　恒造	無所属	無所属
5	吉川　務	無所属	無所属
【和歌山県】			
1	陸奥　宗光	無所属	無所属
1	和田　誉終	無所属	無所属
2	児玉　仲児	無所属	無所属
3	松本　鼎	無所属	無所属
3	関　直彦	無所属	無所属
【徳島県】			
1	**井上　高格**	**無所属**	**立憲自由党**
2	守野為五郎	改進党系	立憲改進党
3	川真田徳三郎	改進党系	立憲改進党
4	橋本久太郎	改進党系	立憲改進党
5	阿部　興人	改進党系	立憲改進党
【香川県】			
1	中野　武営	改進党系	立憲改進党
2	小西甚之助	自由党系	立憲自由党
3	**綾井　武夫**	**自由党系**	**国民自由党**
4	三崎亀之助	自由党系	立憲自由党
5	伊藤　一郎	自由党系	立憲自由党
【愛媛県】			
1	藤野　政高	自由党系	立憲自由党
1	長屋　忠明	自由党系	立憲自由党
2	石原　信樹	改進党系	立憲改進党
3	有友　正親	改進党系	立憲改進党
4	鈴木　重遠	自由党系	立憲自由党
5	牧野　純蔵	自由党系	立憲自由党
6	末広　重恭	自由党系	立憲自由党
【高知県】			
1	竹内　綱	自由党系	立憲自由党
2	片岡　健吉	自由党系	立憲自由党
2	林　有造	自由党系	立憲自由党
3	植木　枝盛	自由党系	立憲自由党
【福岡県】			
1	**津田　守彦**	**九州進歩派**	**大成会**
2	小野　隆助	無所属	無所属
2	香月　恕経	非民権・政府系	大成会
3	権藤　貫一	非民権・政府系	大成会
4	**佐々木正蔵**	**九州進歩派**	**大成会**
5	十時　一郎	九州進歩派	立憲自由党
6	岡田　孤鹿	九州進歩派	立憲自由党
7	堤　猷久	非民権・政府系	大成会
8	末松　謙澄	非民権・政府系	大成会
【大分県】			
1	元田　肇	非民権・政府系	大成会
2	箕浦　勝人	改進党系	立憲改進党
3	朝倉　親為	非民権・政府系	大成会
4	宇佐美春三郎	九州進歩派	立憲自由党
5	安東　九華	非民権・政府系	大成会
6	是恒　真楫	非民権・政府系	大成会
【佐賀県】			
1	松田　正久	九州進歩派	立憲自由党
1	武富　時敏	九州進歩派	立憲自由党
2	天野　為之	改進党系	立憲改進党
3	二位　景暢	九州進歩派	立憲自由党
【熊本県】			
1	佐々　友房	無所属	無所属
1	**前田案山子**	**九州進歩派**	**国民自由党**
2	木下　助之	無所属	無所属
3	古荘　嘉門	無所属	無所属
3	紫藤　寛治	無所属	無所属
4	岡次郎太郎	非民権・政府系	大成会
5	山田　武甫	九州進歩派	立憲自由党
6	松山　守善	九州進歩派	立憲自由党
【宮崎県】			
1	川越　進	九州進歩派	立憲自由党
2	安田　愉逸	九州進歩派	立憲自由党
3	三宅　正意	九州進歩派	立憲自由党
【鹿児島県】			
1	樺山　資美	九州進歩派	立憲自由党
2	折田　兼至	九州進歩派	立憲自由党
3	長谷場純孝	九州進歩派	立憲自由党
4	宇都宮平一	九州進歩派	立憲自由党
5	河島　醇	九州進歩派	立憲自由党
6	蒲生　仙	九州進歩派	立憲自由党
7	基　俊良	九州進歩派	立憲自由党

（注）　太字は党派・会派の変わった者.

このことから、民権系諸政社は、単一の組織を作ろうとして、かつての大同団結運動のような動きが出てきたのである。

まず、八月初め、大同団結運動の過程で分裂した旧自由党系の大同倶楽部・自由党・愛国公党の三派は、合同をめざして解散を決定する。そして、八月十二日、その三派をとりまとめる形で、九州進歩派（九州同志会）の松田正久（佐賀県第一区）・山田竹甫（熊本県第五区）・河島醇（鹿児島県第五区）が発起人となり、旧民権派を合同する協議会が開かれた。そこには、島田三郎・高田早苗など改進党の者も参加していた。しかし、結局、改進党は、党としては、その合同には加わらないことになり、谷元道之（東京府第二区）と伊藤大八（長野県第七区）の二人が参加することになる。ともかく、これがやがて九月十五日、立憲自由党の結成となっていくのである。

なお、この立憲自由党の結成に先だって、**総選挙で当選した自由党系四派の者が中心となり、院内会派の弥生倶楽部を結成した。**そこには、前述のように群馬公議会・京都公友会・広島政友会の者や、無所属の風間信吉（東京府第三区）・天野三郎（埼玉県第一区）・横堀三子《さんし》（栃木県第一区）・小坂善之助（長野県第一区）・武者伝二郎（宮城県第二区）・井上高格（徳島県第一区）も参加することになる。ただし、弥生倶楽部はあくまでも院内会派であり、政党である立憲自由党とは、組織としては別のものである。

また、当選者の死去・辞任により行われた四つの補欠選挙で当選した西村甚右衛門（千葉県第四区）、野口褧（埼玉県第三区）、石坂専之介（富山県第一区）、井上角五郎（広島県第九区）も、弥生倶楽部に加わる。というよりも、千葉県第四区以外の三区の補欠選挙は、すでに立憲自由党の結成後に行われたものであり、野口・石坂・井上の三人は、すでに立憲自由党に加盟していたのである。

ただし、総選挙の時には自由党系であった鵜飼郁次郎（新潟県第九区）は、十一月十日、立憲自由党を脱退して、無所属となる。また、九州同志会の津田守彦（福岡県第一区）と佐々木正蔵（福岡県第四区）は、弥生倶楽部には加わらずに、大成会に参加する。さらに、宮城浩蔵（山形県第一区）は、元司法省参事官であり、法律取調委員となっていながらも、総選挙の直前の一八九〇年三月に官を辞し、大同派の候補となっていたが、結局、弥生倶楽部には参加せず、無所属になる。以上のような結果、当選者のうちで立憲自由党に加盟し、弥生倶楽部に所属したのは、結局一三六人であった。

政党としての立憲自由党の結党大会は、九月十五日、芝公園の弥生館で開催された。ただし、この立憲自由党は、旧来の自由党系の組織が合同したものであることから、そこでは総選挙では候補になる資格のなかった大井憲太郎や落選した内藤魯一などの旧来の大物活動家も、依然として力をもっていた。

一方、**改進党の当選人たちは、八月三十日、議員集会所という会派を結成した。**しかし、そこに集まった者は総選挙の当選時に改進党や改進党系とされていた者たちの合計に比べると少なかった。前述の谷元道之や伊藤大八のように弥生倶楽部に参加した者がいたほか、大成会に加わった者や無所属になった者もいたからである。立憲改進党は、第一回総選挙の際に存在した唯一の全国的政党であったが、選挙後から議会召集の間に大きく数を減らすことになった。議会召集時に議員集会所に属した議員は四二人にとどまった。

また、**非民権・政府系や中立系の当選人たちも会合を繰り返していたが、八月二十二日、芝の愛宕館で議員会派として大成会を結成し、そこには六三人が参加した。**実は、この大成会の方が、弥生倶楽部や議員集会所よりも早く成立していたのである。その中心となったのは、芳野世経（東京府第九区）・杉浦重剛（滋賀県第一区）・大谷木備一郎（東京府第七区）などである。**その後、大成会への参加者は増えて、議会召集時には八二人にまでなる。**

この大成会には、報徳運動で有名な岡田良一郎（静岡県第四区）、改進党の活動家であった大岡育造（山口県第三区）、福島県会議長で自由党員であった山口千代作や三浦信六（二人は総選挙の際は会津協会に属していた）など、さまざまな者が集まった。また、総選挙の時には無所属であった者も参加している。したがって一概に政府系とばかりはいえないが、明らかに非民権派であった。

なお、愛知県の当選人一一人のうち一〇人が、また岐阜県の議員七人のうち六人が、さらに静岡県の当選人八のうち四人が大成会に所属するなど、当初はその四分の一が東海地方の議員であった。

また、大成会は、あくまでも議員たちの院内会派であり政党ではない。したがって、立憲自由党や立憲改進党などのように、下部組織や地方の団体をもっていたわけではない。**中江篤介（兆民）が議会開会後に、大成会のことを「吏党」と呼んで、反政府派である自由党と改進党の「民党」と区別したことから、大成会は政党のように見られがちだが、これはあくまでもレッテルである。**

大成会は院内会派にすぎなかったことから、政党に比べて結束が弱く、会派への入会と脱退がたえず繰り返された。そもそも会派結成の音頭をとった芳野世経と杉浦重剛が、議会開会直後の十二月二日に脱退してしまったことがそれを象徴している。愛知県の議員も、宮田慎一郎（第四区）と森東一郎（第五区）が十二月一三日に脱退し、宮田は無所属となり、森は弥生倶楽部に参加する。

さらに、翌年の第二議会になると、この会派を離れる者が続出して、一八九一年十二月二十五日の衆議院の解散時には四六名にまで減ってしまう。そして、この時点をもって、この会派は短い命を終えることになる。

話が少し先走ったので元に戻そう。議会召集が近づいた頃から、**立憲自由党に参加した旧大同倶楽部のうち、国家主義の立場を打ち出して脱党した者が、福岡玄洋社・熊本国権党など九州の諸社や広島政友会などとともに、国民自由党を結成した。**そのきっかけは、十月二十四日に山際七司（新潟県第一区）が立憲自由党を除名されたことであり、彼に同調する旧大同倶楽部の者などが、脱退して、新党を結成したのである。十一月二十三日に江東中村楼で開かれた国民自由党の大会と大懇親会には参加者が九〇〇人に達したという。そこには、稲垣示や庄林一正など、各地の民権運動で活躍したが、被選人資格がなかったり、落選してしまったために、国会議員になれなかった者たちも多数集まった。

総選挙の当選人で、山際に同調して、立憲自由党を脱党したのは、豊田文三郎（大阪府第二区）・遠藤秀景（石川県第一区）・南磯一郎（富山県第三区）・綾井武夫（香川県第三区）・前田案山子（熊本県第一区）で、皆、旧大同倶楽部系の者である。それに非民権・政府系の相良正樹（長崎県第六区）、佐々友房（熊本県第一区）・木下助之（熊本県第二区）・古荘嘉門（熊本県第三区）・紫藤寛治（同）が加わり、合計一一人となった。

しかし、旧自由党系の者と、非民権・政府系の者とは、以前は激しく対立していた者同士であり、この党は最初から同床異夢であった。そのため、豊田はすぐに立憲自由党に戻り、相良・佐々・木下・古荘・紫藤は脱党して無所属となった。こうして**国民自由党は、最終的には旧大同倶楽部の五人だけの少数政党となる。**なお、国民自由党の議員たちは、のちに十二月十八日になり、改めて院内会派としての

表15　時期別党派・会派別人数

<table>
<tr><th></th><th colspan="2">自由党系</th><th>改進党系</th><th>非民権・政府系</th><th>無所属</th><th>総数</th></tr>
<tr><td>総選挙直後（再選挙を含む）</td><td colspan="2">127</td><td>54</td><td>74</td><td>45</td><td>300</td></tr>
<tr><td>当選更正後</td><td colspan="2">125</td><td>54</td><td>76</td><td>45</td><td>300</td></tr>
<tr><td>補欠選挙による異同</td><td colspan="2">128</td><td>53</td><td>76</td><td>43</td><td>300</td></tr>
<tr><td>立憲自由党・大成会結成後</td><td colspan="2">136</td><td>42</td><td>82</td><td>40</td><td>300</td></tr>
<tr><td rowspan="2">議会召集時</td><td>弥生倶楽部</td><td>国民自由党</td><td>議員集会所</td><td>大成会</td><td>無所属</td><td></td></tr>
<tr><td>131</td><td>5</td><td>42</td><td>82</td><td>40</td><td>300</td></tr>
</table>

国民自由党を届出る。

この国民自由党の命運も短かった。中心となる山際七司が翌九一年六月に死去すると、他の議員たちも無所属となり、同年九月十二日に解散するのである。

このような経緯をたどって、総選挙の後は、かなり多数の組織に分かれていた当選人たちも、議会召集までには、弥生倶楽部（立憲自由党）、議員集会所（立憲改進党）、大成会、国民自由党の四つの院内会派と無所属になるのである。

表15は、その時点を基準として、総選挙からそこまでに至る経過を、改めて表にしたものである。まず、総選挙直後の当選人三〇〇人（再選挙で当選人二人を含む）となった者は、自由党系一二七人、改進党系五四人、非民権・政府系七四人、無所属四五人であった。

その後、裁判による更正決定で、自由党系の森隆介（茨城県第四区）と大久保鉄作（秋田県第一区）の二人が当選無効となる。代わって赤松新右衛門と二田是儀が正式な当選人となるが、一人は大成会に所属することになる。この更正決定後の数を改めて記せば、立憲自由党系一二五人、大成会系七六人となる。この数字は、第一回総選挙の結果としては、最も正確に近いものである。

だが、その後、四つの補欠選挙が行われる。死去・辞任した四人は、自由党と改進党が各一人、無所属二人であったが、この補欠選挙ではすべて自由党の者が勝利した。その四人だけの変化だけを見れば、結果は自由党一二八人、改進党五三人、大成会七六人、無所属四三人となる。

しかし、この補欠選挙が行われている間に、立憲自由党（弥生倶楽部）と大成会が結成されて、それにより大きな変化があった。そして、自由党一三六人、改進党四二人、大成会八二人、無所属四〇人となるのである。

自由党には、改進党から三人が、無所属から七人が合流した。ただし、自由党系の者二人は同党に加盟せず無所属となり、さらに九州進歩派のうち二人は大成会に参加した。

一方、改進党系の者では、前述の谷元道之（東京府第二区）と伊藤大八（長野県第七区）以外にも、成島巍一郎（千葉県第二区）が立憲自由党に加わったが、逆に旧民権派の合同の動きに反発する者は、二人が無所属となり、六人は大成会に入った。このようなことから、大成会は、議会召集時には八二人に達する。逆に、改進党は、表15からも分かるように、死去した岩崎重次郎（千葉県第四区）を含めると、総選挙時に比べて、合計一二人が少なくなった。

その後、国民自由党の成立と分解があって、議会召集の時点では、自由党は一三一人、国民自由党五人となる。これが、議会召集時のほぼ確定的な人数である。

したがって、**議会召集の際の党派・会派の人数は、政党名を正式に書くと、立憲自由党一三一人、大成会八二人、立憲改進党四二人、国民自由党五人、無所属四〇人である。**

なお、くどいようだが、立憲自由党と立憲改進党はあくまでも政党名であり、その所属議員たちの院内会派名は、それぞれ弥生倶楽部、議員集会所である。したがって、表14の「議会召集時」でも、正しくはそれらを使うべきであるが、「総選挙時」との対比を明確にするために政党名を使っている。

以上見てきたように、総選挙の時の当選人たちは、一貫して無所属であった少数者を別にすると、大半の者は議会召集時には所属の組織名が変わったのであり、後者をもって総選挙の時の組織名とすることはできない。

注

＊1　たとえば、その一例を挙げると、遠山茂樹・安達淑子『近代日本政治史必携』（前出、第二章注＊17）は、その「13　議会各派議席数変遷一覧」の「第1選挙（明治23・7・1）」には「第1議会」として、「彌生倶楽部一三〇、議員集会所四〇、大成会七九、国民自由党五、無所属四二」と書いているのである。しかも、その実数には違いがある。

＊2　一部の年表や研究書では、一八七二（明治五）年十二月三日以前の日付についても、太陽暦に直して書いたり、太陽暦と太陰暦を併記したりしているが、それは不要な誤りである。ペリーの来航以降、対外関係が生まれて、外交や貿易の文書や、外国人の書いたものなどには、太陽暦による日付で書かれているものがある。しかし、一八七二（明治五）年十二月二日以前は、太陰暦による日付が正式なものであり、その時期についての歴史叙述に太陽暦を用いるのは正しくない。

＊3　これらのうちで、①は以前に古書店で購入したものであるが、それ以外のものはすべて国立国会図書館・近代デジタルライブラリーからダウンロードしたものである。

＊4　印刷・発行の日付はこのようになっているが、内容から見て一八九〇年八月前半と推定される。

＊5　たとえば、香川県第五区の伊藤一郎が県会議員であった可能性がある。伊藤を入れれば、二〇一人になる。

＊6　大霞会編『内務省史』第一巻（原書房、一九七一年）六五五ページ。

＊7　J・R・ブラックについては、奥武則『ジョン・レディ・ブラック　近代日本ジャーナリズムの先駆者』（岩波書店、二〇一四年）が、これまでで最も詳細な研究であり、ブラックについての旧来の誤りをただすとともに、不明であった事実を明らかにした大著である。

＊8　拙著『自由民権の文化史』（筑摩書房、二〇〇〇年）の表5（二〇四～二〇五ページ）参照。

＊9　そのうち、雑誌だけの者が四人いるが、当時の雑誌は、現在のように新聞と明確に異なる質のものではない。何しろ、『東京曙新聞』の前身が『新聞雑誌』（一八七一年五月創刊）という新聞であったということが、その事実を雄弁に物語っている。

＊10　『毎日新聞』七月二十四日の雑報「岩崎重次郎氏」には、岩崎は「快瘉に赴かずして就任に堪ゆる見込なければとて去る七月十二日断然石田県知事へ向け辞撰書を差出したる由」とある。

＊11　『毎日新聞』八月七日雑報「岩崎重次郎氏死去す」。

＊12　『朝野新聞』八月五日の「千葉県第四区衆議院議員」では、そのことが報じられているが、投票日がいつであったかは書かれていない。

＊13　富山県第一区の当選人の磯部四郎の辞退について、「辞任」とか「辞職」とかしている史料も目につく。しかし、まだ衆議院議員になる前に自ら辞めたのであるから、「辞退」とするのが正しい表現である。

＊14　「当選更正」という言葉が、その当時、使われていたことを示すために、念のために新聞記事を一つ引いておくと、『毎日新聞』一八九〇年七月二十八日の雑報には「秋田県第一区の当撰更正」として、「前号も記載せし如く秋田県第一区に起こりし……」と出ている。この場合の「前号」とは、七月二十六日の雑報「投票効力有無裁判の弁論大要」である。

＊15　第一回総選挙では、それが終わってから、いろいろな裁判が起こっている。この七件は、衆選法第十二章に基づく訴訟として、あくまで現在、確認しているものにすぎない。

＊16　『郵便報知新聞』八月十二日「青森県第一区の当選訴訟」による。

＊17　『郵便報知新聞』八月六日「松山守善氏の辞職」、同・八月八日「一は改選一は訴訟」では、松山は、自らの得票の中に不正投票があったと聞いて一時は、いさぎよく辞職し、改めて再選挙をすると決意したと書かれているが、実際にはそうではなく、松山は議員となり、そのために訴訟が長引くのである。

＊18　『郵便報知新聞』八月八日「一は改選一は訴訟」。

＊19　『毎日新聞』八月十三日の雑報「当選無効の訴訟」。

＊20　これについては、『朝野新聞』十一月十四日雑報「不正投票の裁判」という記事があり、この訴訟がなかなか決着しなかったことを示している。

＊21　たとえば、茨城県第五区では、七九一票を得て次点となった大久保端造が、七九六票で当選人となった色川三郎兵衛を相手として、衆選法第九十一条と九十九条（選挙人に金銭物品などを授与して、当人への投票を依頼したり、他人への投票を抑止した場合には、その当選は無効となる）に基づいて訴院を起こしている（『毎日新聞』八月十二日「衆議院議員当選訴訟」など）。

＊22　『郵便報知新聞』八月十七日「栗原亮一氏当選を取消す理由」。

＊23　以上の秋田中正党の部分は、真辺将之「議会開設前夜における保守党中正派の活動と思想」（『史観』第一四二冊、二〇〇〇年三月）による。なお、『秋田県史　第五巻　明治編』六二ページや『秋田大百科事典』（秋田魁新報社、一九八一年）によれば、奉天社は士族授産結社であり、当初は就産社と称したが、有栖川宮熾仁親王から「奉天」の社号を下賜されたことにより、奉天社と改称したという。

＊24　『秋田魁新報』一八九〇年七月四日の「本県第一区撰挙場状況」。

＊25　この訴訟に関しては、基本的に『秋田魁新報』七月十七日の「対審公判傍聴筆記」による。

＊26　この当選更正については、東京の大新聞にも、ある程度出ているが、関谷男也編纂『帝国衆議院議員実伝』（同盟書房［大阪］、一八九〇年八月二十四日）の「追加之部」の「追録」には、「裁判言渡書」の全文が載っており、最も詳しいものなので、ここでは基本的に同書によることにする。ただし、これはきわめて文意の取りにくい文章

である。

＊27 『政戦記録史』一八ページでは、茨城県第四区の無効は四四票となっているが、ここでは。注＊26に掲げた本にしたがうことにする。

＊28 青木昭・市川彰・冨長融『常総の自由民権運動』（崙書房、一八七八年）第二章第二節「同舟社の成立と常総政社の発展」および『茨城県史　近現代編』（一八八四年）第一章第四節「自由民権運動」による。

＊29 森については、相沢一正「森隆介研究のノート――その生涯の概観――」（『茨城県史研究』第九号・第一〇号、一九六七八年・六八年）がもっともまとまった研究であり、本稿もそれによるところが多い。

＊30 以下、館野については、館野芳之助『自由東道　全』（古河市史資料第七集として復刻、一九八〇年）の小島晋治「解説」によるところが多い。

＊31 『毎日新聞』は、その差を一四票としているが、ここでは裁判言渡書にしたがっておく。

＊32 『茨城県史料　近代政治行政編ⅳ』一一九ページ。

＊33 杉村の当選が確定した日について、『百年史　院内会派衆議院の部』は七月二十三日とし、『政戦記録史』は七月二十三日としている。

＊34 『百年史　衆院』一六・一七ページ、および『政戦記録史』五二ページ。

＊35 『政戦記録史』一〇三～一〇四ページによる。

＊36 この時の選挙干渉の様子とその議会での論議については、川田瑞穂『片岡健吉先生伝』（一九三九年。復刻版は湖北社〔一九七八年〕）十～十二節に詳しい。

＊37 『政戦記録史』一〇三～一〇四ページによる。

＊38 広島政友会の総選挙での当選人は四人であったが、その後、一人が立憲自由党に参加し、三人が無所属となるので、それを踏まえて二つに分けている。

＊39 いうまでもないことであるが、この五紙三冊が当選人としている者は、その発行時の時のものであり、再選挙・補欠選挙・当選更正の前のものである。

＊40　ただし、わずか数人だが、所属を明快に断定できない者がいる。たとえば津田守彦（福岡県第一区）は、五紙三冊の中で、三紙一冊が「九州進歩党」あるいは「九州同志会」としており、自由党系とみなされているので、表14では一応、「九州進歩派」に入れておいた。だが、津田が、民権期や大同団結運動期において、自由党系の運動に参加した事実は確認できない。今後とも資史料に当たることによって、より真実に近い姿に迫っていきたい。

第四章　第一回総選挙の選挙戦

この章では、第一回総選挙の選挙戦の具体的な様子を見ることにする。

1では、全国の二四七区で展開された選挙戦の地域的な特徴を概観しておく。

2では、民権派が圧勝した県の例として栃木県を取り上げる。次の3では、その反対に民権派がほぼ完敗した県の例として愛知県を取り上げる。この2と3では、そのような結果となった理由をも考えてみることにする。

1　当選人の党派・会派の地域別特徴

第一回総選挙には、地域ごとにかなり似通った選挙結果となる特徴が見られる。表16は、全国四五府県を八つのブロックに分けて、各府県ごとの当選者の党派・会派を見たものである。なお、この表には、再選挙と更正決定による当選人は入れているが、補欠選挙の当選人は入れていない。また、自由党系と改進党を合わせて「民権派合計」という項目を加えている。

ここからは、かなり地域的な特徴が浮かび上がってくる。全体としてみれば、①民権派が圧勝した地

表 16　第一回総選挙当選人府県党派・会派別人数

	府県	定数	自由党系	改進党系	民権派合計	非民権・政府系	無所属
東北	青　森	4	4		4		
	岩　手	5	4	1	5		
	秋　田	5	3		3	2	
	宮　城	5				4	1
	山　形	6	5		5		1
	福　島	7	2		2	5	
	小　計	32	18	1	19	11	2
関東	茨　城	8	2	3	5	1	2
	栃　木	5	3	1	4		1
	群　馬	5	4		4	1	
	埼　玉	8	2	2	4	1	3
	千　葉	9	4	5	9		
	東　京	12		4	4	4	4
	神奈川	7	6	1	7		
	小　計	54	21	16	37	7	10
甲信越・北陸	新　潟	13	9	3	12		1
	長　野	8	4	1	5	2	1
	山　梨	3				1	2
	富　山	5	2	3	5		
	石　川	6	3	2	5		1
	福　井	4	4		4		
	小　計	39	22	9	31	3	5
東海	静　岡	8	2	3	5	3	
	愛　知	11	1		1	10	
	岐　阜	7	1	1	2	5	
	三　重	7	3	3	6	1	
	小　計	33	7	7	14	19	

	府県	定数	自由党系	改進党系	民権派合計	非民権・政府系	無所属
近畿	京都	7	1		1	5	1
	大阪	10	6		6	4	
	滋賀	5	1		1	4	
	奈良	4	2	1	3		1
	和歌山	5					5
	兵庫	12	6	5	11		1
	小計	43	16	6	22	13	8
中国	岡山	8	3	1	4	4	
	広島	10	1	3	4	2	4
	鳥取	3				2	1
	島根	6		2	2	3	1
	山口	7					7
	小計	34	4	6	10	11	13
四国	香川	5	4	1	5		
	徳島	5		4	4		1
	愛媛	7	5	2	7		
	高知	4	4		4		
	小計	21	13	7	20		1
九州	福岡	9	4		4	4	1
	大分	6	1	1	2	4	
	佐賀	4	3	1	4		
	長崎	7	5		5	1	1
	熊本	8	3		3	1	4
	宮崎	3	3		3		
	鹿児島	7	7		7		
	小計	44	26	2	28	10	6
	合計	300	127	54	181	74	45

域、②民権派が圧勝とまではいえないが多数を占めた地域、③民権派がほぼ半数であった地域、④民権派が少数派になった地域の四つに分けられる。

まず①であるが、民権派が圧勝したのは、四国、甲信越・北陸、関東の三つのブロックである。つまり、四国は二一人中二〇人（九五・二％）、甲信越・北陸は三九人中三一人（七九・五％）、関東は五四人中三七人（六八・五％）である。特に四国では徳島に無所属が一人いるだけで、ほかの県では全員が民権派である。甲信越・北陸も、富山・福井では全員が民権派であり、新潟も一人の無所属を除けば他は民権派である。ただし、山梨では民権派の当選人が一人もいなかった。この山梨を除けば、ブロック全体の民権派の比率は約八六・一％である。

また関東でも、千葉・神奈川では全員が民権派である。栃木でも一人は無所属の横堀三子であるが、横堀は下野倶楽部芳賀支部（大同倶楽部系）の支持を受けており、実質的には自由党系である。また、群馬も一人以外は民権派である。東京府以外の六県では、四二人中三三人（七八・六％）である。

四国と関東は、もともと自由民権運動が盛んであったところであり、一八八四年末に、中央では自由党が解散したり、改進党の総理・副総理が脱党するなど、運動の後退が見られたあとも、その組織やエネルギーが残っており、それが第一回総選挙にまで持続していたことが、圧勝の大きな要因となった。また、信越・北陸地方では、大同団結運動が積極的に展開された結果、旧民権派の組織を再建されたことが、総選挙での勝利につながったといえる。

次に②の民権派が優勢であったのは、九州と東北である。九州は四四人中二八人（六三・六％）、東北は三二人中一九人（五九・四％）である。これらの地域でも、九州では佐賀・宮崎・鹿児島の三県で、民権派が議席を独占し、長崎でも七人中五人を占めた。東北でも青森・岩手の二県で、民権派が議席を独占した。そして、そのことがブロック全体の民権派の比率を上げることになった。しかし、その他の県では、民権派が圧勝したとはいえず、むしろ少数派になった県もある。

このうち、東北についていえば、民権派が勝利した県が多い要因として、ここでも大同団結運動によって、旧自由党系の組織が再建されたことが挙げられる。それを明白に示しているのは、青森・岩手・秋田・山形・福島の五県での民権派の当選者一九人のうち一八人が自由党系であるが、そのほぼ全員が「大同派」（大同倶楽部系）であるということである。

③の民権派がほぼ半数の地域は、近畿である。民権派は四三人中二二人（五一・二％）で、かろうじて過半数を制した。だが、それは兵庫が一二人中一一人、奈良も四人中三人と、この二県で民権派が圧勝したからである。そのほかでは、大阪が一〇人中六人とわずかに半数を超えたが、京都・滋賀ではそれぞれ一人にすぎず、和歌山にいたってはゼロである。

最後の④の民権派が少数派になったのは、中国と東海である。特に中国は、三四人中一〇人（二九・四％）にすぎない。岡山が八人中四人で半数であるものの、他の県ではみな民権派が少数派であり、山口ではゼロである。

その次に民権派の少ないのが東海であり、三三人中一四人（四二・四％）である。三重だけは民権派が圧倒しているが、逆に愛知・岐阜の二県では、民権派は一八人中わずかに三人にすぎず、特に愛知では、一一人中一人である。この二県では、民権派がほぼ完敗したといってもよい。

この④の中国や東海では、民権運動が活発でなかったわけではない。ただし、関東や四国では、一八八四年末に中央で民権派の後退があってから以後も、県会では旧自由党系や改進党の者が多数派を占めるなど、地域の組織が一定の勢力を保ち続けていたことに比べると、この地域の民権派の組織の持続力は弱かったといわざるをえない。さらに、東北や北信越の一部の県のように、大同団結運動が盛り上がって、旧自由党系の組織が再建されたわけでもなかった。

ただし、東海地方の中でも、三重県だけは、七人中の六人を民権派が占めた。しかし、そのうちの三人は、県内で活動していた者ではない。第一区の栗原亮一は、元鳥羽藩士であるが、早くより民権運動に参加し、板垣退助の信頼が厚かった。一八八二年に板垣が自由党内の反対を押し切って渡仏した時も付き添ったし、一八八九年末に板垣が愛国公党結成の準備を始めると率先して活動した。いわば板垣商店の番頭格的な存在である。また、第四区の伊藤謙吉は、もともと内務省書記官であったが、以前、三重県大書記官として赴任したことにより、三重県との関係ができて、大同団結運動には積極的に参加し、大同倶楽部の候補者となった。さらに、第五区の尾崎行雄は、いうまでもなく改進党の中心人物の一人である。この三人は、三重県の民権運動と直接に関係のあった者ではなく、名士としての評価が高かったことが当選につながったのである。

しかし、愛知・岐阜県での当選人のほとんどは、非民権派であり、地域の有力者として、地元での実績によって、地域の代表者にふさわしいとされた者たちである。そして、彼らは多くは、当選後、大成会に加盟するのである。なお、愛知県の具体的なありさまは、のちに詳しく見ることにする。

以上のように、当選人の党派・会派には、地域的特徴があったのである。

2　民権派の相克――栃木県の選挙戦――

ここでは、民権派が圧勝した地域の一例として栃木県の場合を取り上げて、具体的な選挙戦について見ることとする。[*1] ただし、民権派が圧勝したといっても、民権派の候補者が政府系の候補者を破ったのではない。栃木県では、候補者の多くが民権派であり、彼ら同士が五議席を激しく争ったのである。[*2] そのことから、この節のタイトルを「民権派の相克」とした。

なお、栃木県の選挙戦の様子を詳しく知りうるのは、基本的には当時の『下野新聞』（以下、『下野』と略記する）を見ることができるからである。したがって、ここでも同紙の記事に大きく依拠している。また、『毎日新聞』にも、同県の選挙運動についての記事が載っている。このほかに参照にした主な文献は、斎藤良夫『明治大正県下政界秘史』（下野印刷株式会社、一九二六年）、『栃木県議会史』第一巻（一九八三年）、『栃木県史　史料編・近現代二』（一九七六年）、『栃木県史　通史編6・近現代二』（一九八二年）、『栃木県歴史人物事典』（下野新聞社、一九九五年）などである。そのほかについては、適宜、付記する。

⑴　選挙区の概要

表17は、栃木県の選挙区とその選挙人数、さらには有力候補者を党派別に見たものである。また、図2は栃木県の選挙区である。

表 17　栃木県選挙区と選挙人

選挙区	郡	定員	現住人口	選挙人数	有力候補者党派		
					自由党	改進党	無所属
1	河内・芳賀	1	177,244	3,652	1	1	1
2	下都賀・上都賀	2	219,247	3,633	2	2	2
3	安蘇・梁田・足利	1	138,006	1,574	1	1	1
4	塩谷・那須	1	129,673	1,627	1	1	1
合計	9	5	664,170	10,486	5	5	5

（注）　現住人口は『栃木県史　通史編 6・近現代一』（1982 年）の表 4-8（348 ページ），選挙人数は『大日本政戦記録史』の「第一回総選挙」による．

この表17では、定員一人の第一区の選挙人数が、人口に比して定員二人の第二区よりも一九人多いというアンバランスが目につく。第一区は河内郡の宇都宮町周辺から芳賀郡の益子村や真岡町あたりまではほとんどが平野であり、水田が多いために、高額地租納入者も多いのである。選挙人が三六五二人というのは、一人区としては全国の降順で四番目である。第二区も、下都賀郡では平野部が多いが、上都賀郡の北西部は山間地域であるために、こうした逆転が起こったのである。ただし、栃木県は関東平野の北部にあり、大都市も海浜部もなく、さらに山間部だけの選挙区もないので、それほど極端な一票の格差は起こっていない。

(2)　栃木自由党と栃木改進党

A　有力な元・現県会議員による選挙戦

表18は栃木県の主要候補者一六人とその得票数および主要経歴などを掲げたものである。太字が当選人である。

栃木県の選挙戦の特徴の第一は、一六人中、実に一五人が元・現県会議員であることである。しかもそのうちの五人、つまり安生《あんじょう》順四郎・横堀三子・小峯新太郎・田中正造・新井章吾は議長経験者であり、一八七九年四月の栃木県会開設以来の議長全員が顔を並べているのである。

図2　栃木県郡および選挙区（1890年）

さらに二人が副議長の経験者であり、五人が常置委員の経験者であった。

特徴の第二は、その一五人が政党（栃木自由党と栃木改進党）に属したことがあることである。政党に属さなかったのは、第四区の坂部教宣だけである。彼は那須郡烏山町出身で県吏となり、その後、塩谷郡長になった人物である。

ただし、県会初代議長の安生順四郎は、議員の時には改進党に属していたが、上都賀郡長に抜てきされて以後は改進党とは無関係であり、選挙の際には無所属であった。また、安生の次に議長となった横堀三子も、やはり芳賀郡長に任じられて議員を辞職したので、選挙の際には無所属であった。

総選挙の主要候補者および得票数

主要経歴	選挙後党派
国会開設請願書総代。84年4月第2代県会議長。三島通庸県令と対立。85年4月芳賀郡長	立憲自由党
代言人。宇都宮町会議員。88年4月から県議。90年4月県会副議長	
大阪事件の渡韓隊長。憲法発布大赦で出獄。再興自由党常議員。90年4月第5代県会議長	立憲自由党
訓導。戸長。84年6月から県議。大阪事件連座するも無罪。再興自由党常議員	立憲自由党
83年西水代村事件で集会条例違反逮捕。14年6月から県議。87年10月下野倶楽部結成発起人	
79年12月の県会開設から県議。85年4月第3代県会議長。86年4月栃木県農商課長に転ず	
79年4月初代県会議長。83年11月辞任し、上都賀郡長に就任。保晃会を設立し副会長となる	
81年8月から都賀演説会開催。82年月7月より県議。上都賀郡の改進党の中心人物	
74年左院出仕。80年水戸裁判所勤務。82年7月～86年3月県議。86年下都賀郡蚕糸業組合副組長	
国会開設建白書総代。『栃木新聞』編集長。栃木改進党の中心人物。86年4月第4代県会議長	立憲改進党
織物買継業。第41国立銀行頭取。『足利新報』『下野新聞』社長。両毛鉄道会社副社長	
国会開設請願書総代。官吏侮辱・集会条例違反等で5回入檻。愛国公党結成に尽力	立憲自由党
旧烏山藩士。栃木県学務課出仕。塩谷郡長	
大田原藩大参事。那須郡初代郡長。85年6月当選以後、県議。那須郡の改進党の中心人物	
戸長、区長、学区取締などを歴任。塩谷郡学務課長。82年7月補選以後県議。90年6月満期退任	
戸長、区長、学区取締などを歴任。83年11月補選当選以後県議。90年3月満期退任	

政戦記録史刊行会編『大日本政戦記録史』（1930年）による.

表 18　栃木県における第一回

区	候補者	得票数	年齢	族籍	住所	県議	県会会派	選挙時党派
1	**横堀　三子**	1,839	37	平民	芳賀郡祖母井村	●	栃木自由党	無所属
	中山丹治郎	1,609	37	平民	下都賀郡姿村	現▲	栃木自由党	愛国公党
	その他	29						
	無　効	7						
2	**新井　章吾**	2,526	34	平民	下都賀郡吹上村	現●	栃木自由党	再興自由党
	岩崎万次郎	1,720	37	平民	下都賀郡野木村	現◎	栃木自由党	再興自由党
	田村順之助	998	31	平民	下都賀郡水代村	現◎	栃木自由党	愛国公党
	小峯新太郎	697	36	平民	下都賀郡豊田村	●	栃木改進党	立憲改進党
	安生順四郎	547		平民	上都賀郡清洲村	●	栃木改進党	無所属
	横尾　輝吉	242	34	平民	上都賀郡粟野村	現◎	栃木改進党	立憲改進党
	長谷川　展	80	44	平民	下都賀郡栃木町	○	栃木改進党	立憲改進党
	その他	11						
	無　効	40						
3	**田中　正造**	797	48	平民	安蘇郡小中村	現●	栃木改進党	立憲改進党
	木村半兵衛	672	33	平民	足利郡小俣村	現○	栃木自由党	再興自由党
	その他	3						
	無　効	4						
4	**塩田　奥造**	541	40	平民	那須郡西那須野村	▲	栃木自由党	愛国公党
	坂部　教宣	366		士族	那須郡烏山町	−		無所属
	藤田　吉亨	323	50	士族	那須郡大田原町	現○	栃木改進党	立憲改進党
	和田　方正	199	39	平民	塩谷郡片岡村	◎	栃木改進党	立憲改進党
	見目　　清	97	41	平民	塩谷郡北高根沢村	◎	栃木改進党	立憲改進党
	その他	2						
	無　効	7						

（注）　太字は当選人．
得票数は，『下野新聞』1890 年 7 月 4 日・6 日，『栃木県史』史料編・近現代一，
県会の現は現職，●は議長，▲は副議長，◎は常置委員，○は議員の経験者．

以上の二つの点から、栃木県における第一回総選挙の特徴は、自由党と改進党の有力な元・現県会議員による選挙戦であったということができる。

B　栃木自由党と栃木改進党

民権運動史の通説では、一八八四年十月の自由党の解党と同年十二月の改進党の分裂（大隈総理、河野副総理の脱党）によって、民権運動は後退し、衰退に向かうといわれてきた。**民権運動の「終焉」としている研究者も少なくない**。しかし、栃木県においては、けっしてそうではなかった。周知のように、一八八二年六月三日の集会条例改正追加が出されて、政治結社が支社を置くことや、結社同士が連絡を取りあうことが禁じられたことから、政党の支部は置くことができなくなり、自由党の地方部は解散を余儀なくされた。しかし、**各地の党員たちは、支部を解散して以降も、連絡機関の形をとって形を存続させていた**のである。栃木県では下野自由党（栃木自由党）と栃木改進党がそれである。

下野自由党については、『栃木新聞』八二年九月二十六日の記事に、「自由党総理板垣退助が洋行の事ハ、東京二、三の新聞に見へしかど……、既に本日の広告欄内にもある如く、当下野自由党よりも右の事件に付、何か打ち合わせのことあるよしにて党員深尾重城氏が至急上京されたる趣き」とあり、同日第四面の広告欄には「板垣総理洋行ニ付キ至急ノ件アリ深尾重城ヲシテ上京セシム委細ハ後ヨリ詳報スベシ此旨党員諸君ニ告ク／明治十五年九月二十一日／下野自由党員」（傍点は稲田）とあるので、同年九月には、すでに下野自由党という組織が存在していたことを確認できる。ただし、この下野自由党は、規約を作ったり、役員を置いたりしていたわけではない。もし、そのような体制をとれば、集会条例に基づいて、政社としての届け出をしなければならず、そうすると他の組織との連絡は禁止されてしまうからである。下野自由党に限らず、当時の地方政党とか地域政党と呼ばれるもののほとんどは、規約や役員体制をもつ政社ではなく、基本的には、連絡組織であったのである。

しかし、地方政党の実際の役割は、単なる連絡機関に終わらずに、結集の拠点となったところにある。**政府は、集会条例の改正・追加により、政党の活動に規制を加えて、その弱体化をはかろうとしたが、それは逆に地方の党員たちの結束を強めることになったのである。そして、その中心となったのは、府県会議員である。**下野自由党の場合は、横堀三子や塩田奥造などである。なお、下野自由党は栃木自由党ともいわれることが多いので、以下、栃木自由党で統一する。

一方、改進党についても、『栃木新聞』九月二十六日の記事に、「先月中結党の式を行ひたる同地の改進党諸氏には本月下旬、東京改進党の弁士を聘して一大政談会を催さるる由なり、期日は未だ定まらさることなれは確定次第報道すへす」とあるので、やはり一八八二年八月には存在していたと思われる。ただし、この改進党も、やはり政社としての体制はとらずに、あくまでも党員たちの連絡機関であり、結集の拠点であった。そして、同年十二月に、田中正造たち県会議員十数人が、東京の改進党に入党して以降[*3]、県会議員たちが中心的役割を担っていくことになる。

栃木自由党と栃木改進党は、以上のようなものであった。しかし、**それは政社でないがゆえに、中央の自由党が解党したり、改進党が分裂したりしても、その影響を受けることなく存続することが可能であった。**そしてそれは、栃木県に限らず、各地の地域政党の場合もほぼ同じであった。それが存続していたからこそ、その後の**三大事件建白運動**、**大同団結運動**、**条約改正反対運動**、**条約改正断行運動が展開**

表 19　栃木県会議員郡別党派人数

改選時	第3回(84年6月)			第4回(86年3月)			第5回(88年3月)			第6回(90年3月)			のちの選挙区
郡名	改	自	中	改	自	中	改	自	中	改	自	中	
河　内	1	2	2	1	2	2	1	4			5		第一区
芳　賀	1	1	2	3	1	1	3	1	1	2	2	1	
上都賀	1	2	1	2	2		2	1	1	2	2		
下都賀	2	2	1		4	1		5			5		第二区
寒　川		1			1			1			1		
安　蘇	4			4			4			4			
足　利		2	2		3	1		4			4		第三区
梁　田	2			2			2			1	1		
塩　谷	3			3			3				3		第四区
那　須	2	1	2	3	1	1	4		1	4	1		
合　計	16	11	10	18	14	6	19	16	3	13	24	1	37 ～ 38

(注)　「改」は改進党,「自」は自由党,「中」は中立. 芳賀郡は, 第 4 回より 1 人増員. 齋藤良夫『明治大正県下政界秘史』(1926 年) によるが, 一部は『栃木県議会史』第一巻 (1983 年) により修正.

されていくのである。大同団結運動においては、全国各地に、○○倶楽部とか○○会というような組織が作られていくが、その中心的な担い手は、地域政党の者たちであった。

　表19は、栃木県会内での両党の議員が明確になって以降の議員数の変化を見たものである（なお、この表には臨時選挙による変化は入れていない）。ここでは、両党以外の中立議員の数が一貫して減り続けており、第一回総選挙の頃には、ほとんど両党議員によって占められることが歴然としている。

　また、議長は投票で選ばれるので、当然ながら両党員である。一八七九年四月の県会開設以来、議長を務めていた安生順四郎は、八二年十二月に改進党に入党した。しかし、安生が八三年十一月に上都賀・下都賀郡長に就くために辞任した後は、自由党の横堀三子が議長となった。その後も、改進党の小峰新太郎・田中正造、自由党の新井章吾が議長に選ばれた。また、副議長も両党員であった。つまり、栃木県会は、実質的に自由・改進両党が握っていたのである。

Ｃ　総選挙前の栃木自由党と栃木改進党

以上のように、両党には、県会の議長・副議長や常置委員などの役職を務めた実力者がたくさんいたのである。しかし、そのことから、総選挙に際しては、候補者を調整することは容易ではなく、結局、両党とも骨肉を削る相克が展開されることになる。当時の両党の事情は、以下のようなものであった。

まず栃木自由党であるが、幹部の塩田奥造・中山丹治郎・田村順之助らは、大同団結運動の盛り上がった一八八八年十二月十五日に、**下野倶楽部を結成した。この組織は全国の旧自由党系の動きと連携したものである。**その後、憲法発布に伴う大赦により、大阪事件で捕らえられていた新井章吾などの国事犯が出獄してきてから、大同団結運動は二派に分裂するが、塩田・中山・田村など下野倶楽部の大半は、政社派の大同倶楽部との関係をもつことになった。大井憲太郎や新井章吾たちが結成した非政社派の**大同協和会に加わったのは、新井以外では、岩崎万次郎や木村半兵衛などで、あまり多くはなかった。**

自由党は長い間、県会内では少数派であったが、一八九〇年三月の第六回半数改選では大きく勝利した。そして翌四月の議長選挙では、憲法発布の大赦で出獄し、この時の選挙で県会に復帰した「国士」の新井章吾を栃木自由党のシンボルとして推して、改進党の田中正造を破った。だが、それはあくまでも改進党に対抗する限りでの結束であって、党内の対立はその後さらに強くなった。

周知のように、政社派・非政社派の対立が激しくなることを危惧した板垣退助が、愛国公党の結成を提案したが、それに反発した大同協和会は、九〇年一月に再興自由党を結成した。すると、板垣は両者の合同が困難となったと判断して**愛国公党の結成に踏み切った。そして、下野倶楽部の多数派は、その動きに同調する。**五月十日に東京の木挽町厚生館で開催された愛国公党結党式には、栃木県から五五人の者が参加した。ただし、**下野倶楽部の中でも芳賀支部の者たちは、愛国公党には加盟しなかった。**

このようにして、栃木自由党は、大同団結運動以後の旧自由党の組織的分裂の影響をもろに受けて、**多数派の愛国公党、少数派の再興自由党、一部の下野倶楽部芳賀支部（大同倶楽部系）というように、三派に分かれて、そのまま選挙戦を戦うことになる**のである。

一方、改進党も事情が複雑であった。そもそも栃木改進党は、民権派のうちで、自由党に属さない者たちの集団であった。県会議員たちにも地域の名望家が多く、一体性はあまり見られなかった。一応は、田中正造が中心的存在であったが、上都賀郡の横尾輝吉、那須郡の塩谷道博なども大きな力をもっていた。

たとえば、田中が八八年四月に議長選挙で再選されたのは、彼が自由党の塩田奥造と提携して、自由党の票も集めたからである。この時、田中の得票は二三票であったが、次点は同じ改進党の横尾輝吉の九票であった。一方、副議長選挙では塩田が二二票で当選したが、それは改進党の田中系の議員が塩田に投票したためである。次点は改進党の横尾輝吉と塩谷道博で、ともに六票であった。

このように組織的統一のない栃木改進党ではあったが、一八八九年後半に、大隈重信外相の進める条約改正に賛成して改進党が進めた条約改正断行運動では、一致して行動した。県内各地での演説会を開くとともに、条約改正断行建白書の提出のために尽力したのである。改進党の条約改正断行運動は、旧自由党系や国家主義団体の条約改正反対運動に対抗するものであったが、同年九月末までに、全国から条約改正断行建白書が一二〇通出されたことが確認できる。しかし、その中の四四通が栃木県のものであり、全国で最多であった。これが、栃木改進党が一体となって進めた唯一の運動であった。

だが、大隈外相が遭難し、政府も条約改正交渉を中止したために、断行運動を推進した改進党への支持は急落する。そして、一八九〇年三月の県会議員半数改選で、改進党は大敗北を喫し、県会内で長らく保っていた第一党の座を自由党に譲り、議長選挙でも田中正造が自由党の新井章吾に敗れた。つまり、**改進党は、このような逆風の中で、第一回総選挙を迎えざるをえなかったのである。**

以下、各区の選挙戦を見ていくことにする。

(3) 第一区（河内・芳賀郡）の選挙戦——自由党系候補者同士の戦い——

A　星亨の断念

第一区の二郡の県会での勢力を見ると、宇都宮町を中心とする河内郡は、もともと改進党の勢力は弱く、定員五人のうち一人が在籍していただけであった。しかし、自由党の中にも、県会をリードするような有力議員はいなかった。このような状況に目をつけたのが、中央の旧自由党の幹部の星亨である。国会議員になることに強い意思をいだいていた星にとって、自由党の勢力が強くても大物のいない河内郡は、絶好の地域であった。

星は一八八七年五月、宇都宮町に住所を移して、総選挙のための基盤を作り始めた。しかし星は、同年十二月二十五日の保安条例で三年間の皇居外三里追放となる。さらに、翌八八年七月三日、井上外相による条約改正に対する谷干城らの意見書などを秘密出版したことから、出版条例違反として軽禁錮一年六か月で石川島監獄に収監された。その後、憲法発布に伴う大赦で出獄したが、常事犯の秘密出版犯罪人隠匿罪にも問われており、それが刑期後三年以内であったことから、被選人には欠格者であった。そのことから、星は八九年四月に米欧への視察旅行に出かけて、帰国するのは総選挙後の一八九〇年十月である。

一方、芳賀郡は、改進党の方が自由党よりも勢力の強いところであった。しかし、九〇年三月半数改選（芳賀郡の改選は一人）では、改進党の前職が自由党の新人に敗れたことから、議席数は、改進党二、自由党二、中立一となった。芳賀郡の改進党の古参議員の久保三八郎は、そのような逆風を察知して、候補者としての名乗りを上げなかった。

B　中山丹治郎（愛国公党）と横堀三子（無所属）

この区の自由・改進両党の中では、自由党の**中山丹治郎**（一八五四〜一九〇〇）だけが出馬することになった。中山は、都賀郡石橋宿（のち下都賀郡石橋町、現・下野市）の旧家の生まれで、戸長を務めたが、その後、一八七九年に代言人の免許を得て、宇都宮江野町で開業した。その後、間もなく、自由党系の運動に参加する。八八年秋、大同団結運動が盛り上がった頃、中山は塩田奥造・田村順之助らとともに下野倶楽部を結成した。その後、八九年五月に大同団結運動が二派に分裂した際には、前述のように、中山・田村・塩田たちは下野倶楽部に残った。しかし、**九〇年五月五日に愛国公党が結党されると、その大半が加盟することになり、その結党式には栃木県から五五人が参加した。**そのことから、板垣退助は栃木県を愛国公党の重要拠点の一つと位置づけて、六月二十日に中山丹治郎を応援するために宇都宮に来ている。

しかし、第一区には、もう一人の有力な候補者がいた。芳賀郡祖母井村（現・芳賀町）の**横堀三子**（一八五二〜一九一四）である。横堀は、栃木の民権運動の早い時期からの指導者の一人であり、一八八〇年十一月十一日に、県下七郡の八七二五人の署名を集めて呈出された国会開設請願書の二人の総代の一人である。もう一人の総代は塩田奥造であるが、上京した二人は、間もなく開かれた国会期成同盟第二回大会に参加した。

横堀は、その少し前、同年二月の県会議員補欠選挙で当選し、さらに翌八一年一月には副議長に選出された。そして、八三年十一月、議長の安生順四郎が辞任して上都賀郡長となったことから、八四年四月、第二代目の議長に選出された。横堀は、名実ともに、栃木自由党のリーダーであったのである。

横堀が県会議長であった期間は、福島県令の三島通庸が栃木県令をも兼ねた時期とほぼ重なる。三島はその後、内務省に戻り土木局長に昇進し、後任の県令には樺山資雄が着任する。すると、翌八五年二月、横堀は芳賀郡長に任命されて、県会議長を辞任した。栃木自由党のトップにあった者が、内務省官吏である郡長になったことは、自由党には打撃であった。

総選挙を四か月余にひかえた一八九〇年二月二十五日、横堀は芳賀郡長を辞して（正式な非職は五月十八日）、選挙に向けての準備を始めた。横堀には、郡下の町村長や町村議員などのほかに、下野倶楽部芳賀支部という強いバックがあった。彼らは依然として下野倶楽部にこだわりをもっており、塩田奥造や中山丹治郎ら下野倶楽部の主力が愛国公党に加盟することに反対した。そのために、彼らは、愛国公党に加盟した中山を支持せず、横堀の支持に回ったのである。

横堀は一八八〇年の国会開設運動以来、芳賀郡の民権運動の先覚者であったので、郡内の民権派には、まだその威光が残っていたのである。また、芳賀支部の者には、河内郡の中山ではなく、同じ芳賀郡の横堀を支持したいというローカリズムが働いた面もあった。

C　自由党同士の争い

選挙戦では、相手の地盤にも運動を広げていく必要があるので、横堀が河内郡で、また中山が芳賀郡で、演説会・懇親会を開いたのは当然である。それが最高潮に達したのが、中山が六月六日に真岡町で開いた自由政談演説懇親会である。真岡町は芳賀郡の中心の町であり、中山がそこで演説会を開くことは、横堀の地盤になぐり込みをかけたことを意味した。

『下野』六月十日の記事によると、会場の海潮寺には、「逆天者亡、順天者勝」（天に逆らう者は亡び、天にしたがう者は勝つ）と大書した二本ののぼり旗がひるがえり、さらに「自由万歳」と大書した額も掲げられていたという。そこには、栃木県の自由党のリーダーの一人でありながら、郡長に就いた「裏切り者」である横堀の当選は絶対に阻止するという強い意思が表われている。

この日の演説会には、中山のほかに新井章吾など四人の弁士が登壇した。新井は再興自由党の幹部であり、本来は愛国公党と対立関係にあり、実際、後に見るように、自分の第二区では同党の田村順之助と戦っていたが、自由党の「不倶戴天の敵」の横堀を倒すために、中山の応援にかけつけたのである。

新井が登壇すると拍手喝采が起こり、「新井章吾万歳」という声が飛んだという。新井は大阪事件の首謀者の一人として長らく獄中にあったが、それは我が身を賭して国家の未来の隆盛に捧げた犠牲的な行為であり、自由党員やその支持者たちからみれば、新井は「国士」であり、当時の栃木県の英雄であった。聴衆は千人を超えたというが、彼らは、その新井をはじめ弁士たちが、かつては栃木県の民権運動のリーダーでありながらも、郡長に就いた「裏切り者」の横堀に対して、どのように弾劾するのかを聞きに来た者が少なくなかったと思われる。この日の演説会が、中山派による横堀攻撃の場であったことを捉えないと、「逆天者亡、順天者勝」の意味は理解できない。[*4]

D　投票結果

第一区の投票結果は、横堀が一八三九票、中山が一六〇九票で、横堀が二三〇票の差をもって接戦を制した。次点の中山の獲得した一六〇九票というのは、前述（本書一二五ページ表10）のように、一人区の落選者としては全国で最多得票であった。

横堀を支持していた者の中には郡内の町村長などもいたであろう。しかし、彼が当選したのは、やはり下野倶楽部芳賀郡支部という組織の力があったからであり、それは芳賀郡における彼の地盤の強さを示している。さらに、『下野』には、候補者を出さなかった改進党の支持者たちも、横堀を応援している記事がいくつか載っている。たとえば六月三十日の「大内村の懇親会」では、改進党の元県会議員の鯉淵次儀（田野村）が、自由党の内訌を楽しむかのように、大内村での横堀の懇親会に出席して、雄弁をふるったことが書かれている。

なお、当選した横堀は、八月二十五日に結成される立憲自由党に最初から参加し、自由党の衆議院議員として、弥生倶楽部に所属することになる。

⑷ 第二区（上都賀・下都賀郡）の選挙戦——自由・改進両党の乱戦——

A 候補者の乱立

第二区は定員二人区であるが、有力候補者が七人も現われて乱戦となった。そのうち、自由党と改進党はともに三人である。つまり、**自由党は新井章吾**（再興自由党、第五代県会議長）、**岩崎万次郎**（再興自由党、県会常置委員）、**田村順之助**（愛国公党、県会常置委員）であり、**改進党は小峯新太郎**（元県会議長・常置委員、栃木県農商課長）、**横尾輝吉**（県会常置委員）、**長谷川展**（改進党、元県会議員、栃木町会議員）である。このほか、**無所属の安生順四郎**（初代県会議長、上都賀・下都賀・寒川郡長）も、県会に在籍中は改進党員であった。

このように、七人全員が県会議員の経験者であり、新井・岩崎・田村・横尾の四人は現職である。また、安生・小峯・新井の三人は議長経験者であった。さらに、長谷川を除く六人は、常置委員にも就いたことのある県会の実力者であった。これらの面々が、二議席を争ったのであるから、当然ながら、自由党対改進党の争いだけでなく、両党内の骨肉の争いともなったのである。

なお、二人区の投票は、二名連記制なので、二人のコンビがかみ合っている場合には有利となることが多いが、この区もその典型的なところとなった。

B 自由党の三人

自由党の三人の中で、**新井章吾**（一八五六〜一九〇六）は、栃木県の民権家としては、全国的にその名の知られた者である。一八八〇年春頃から、隣家の塩田奥造とともに、郷里の下都賀郡吹上村や隣の栃木町など周辺の町村で演説会を開催していた。新井は早くから自由党に加盟し、八三年四月の第二回自由党定期大会で常議員に選ばれた活動家であった。しかし、八五年の大阪事件で渡韓隊長となったことから、重懲役九年の刑を受けて、名古屋監獄に入獄していた。八九年二月、憲法発布の大赦で出獄した後、大井憲太郎・内藤魯一らとともに、非政社派の大同協和会を結成して常議員となり、さらに九〇年一月二十一日、再興自由党が結成されると、やはり常議員に選ばれた。

県会議員としての新井の経歴は、一八八二年二月の補欠選挙で当選したことに始まる。しかし、翌八三年九月十六日に茨城県古河町の利根川河畔で行われた常総武両野五国競漕大船遊会で行った演説により、官吏侮辱罪として重禁錮八か月、罰金三〇円などの宣告を受けて、八四年六月十九日から八五年二月十八日まで、栃木裁判所既決監に入獄した。その後、大阪事件により再度、入獄した。しかし、憲法発布の大赦で出獄した翌年、つまり九〇年三月の県会議員半数改選で当選して議員に復帰し、さらに第五代議長に選ばれたのである。

新井は、大同協和会→再興自由党の幹部であるとともに、大阪事件の中心人物の一人として重罪を負って入獄したことから、「国士」として広く尊敬を受けて、県会議長に選ばれた。そのことから、第一回総選挙ではきわめて有利な選挙戦を進めることになる。また、栃木自由党の顔として県内を回ったが、第一区で中山丹治郎の応援演説をしたことは、前述の通りである。

岩崎万次郎（一八五二〜一九一二）は、再興自由党のもう一人の候補者であるが、新井よりも四歳年上である。一八八二年八月に自由党に加盟するが、八四年六月の県会議員半数改選で当選し、九〇年四月に常置委員に選ばれた。

一八八九年五月、大同協和会の結成に加わり、さらに翌九〇年一月二十一日の再興自由党結成に参加し、常議員に選ばれている。岩崎は、大同協和会への参加以降は、新井とほとんど共同歩調をとった。二人区での投票は、二名連記制なので、新井と組んだ岩崎の選挙戦は、きわめて有利なものとなった。

愛国公党の**田村順之助**（一八五八～一九三九）は、一八八三年頃から、西水代村内で組織した育英会の演説会で集会条例違反に問われ、四人の者とともに逮捕され収監された（西水代村事件）。それが裁判で無罪放免になった後、八四年六月の第三回県会議員半数改選で当選し、八六年四月には常置委員となった。

田村は、一八八七年十月、塩田奥造らと下野倶楽部を結成した。やがて大同派が二つに分裂し、県内でも新井章吾らが大同協和会を作ったが、田村・塩田らの主力はそれには加わらずに下野倶楽部に留まった。さらにその後、愛国公党の結成の動きが起こると、下野倶楽部の多くの者とともにそれに加盟する。

総選挙を前にして、栃木自由党は五月二十日に宇都宮の臼峯館で各区の候補者の選定会議を開いたが、田村は欠席した。第二区では、再興自由党の新井と岩崎の力が強く、二人が推薦されることがほぼ決まっていたからである。田村は協同会という独自の組織を作り戦いを続けたが、第二区での再興自由党と愛国公党との対立は、自由党同士ながら、暴力をも辞さない剣呑なものとなった。

C　改進党の三人

改進党の三人の中で、最初に名乗りを上げたのは、**小峯新太郎**（一八五三〜？）である。小峯は一八七九年四月の第一回県会議員選挙で当選し、ついで八一年一月、県会に常置委員が置かれた時、最初に選出された実力者である。八四年三月には副議長に、翌八五年四月には議長に選出された。しかし、翌八六年三月第四回半数改選で落選したことから、栃木県農商課長となっていた。

第一回総選挙は、そのような小峯にとっては、起死回生の機会だったので、辞官して候補者となった。ただ、県吏となって改進党を離れていたので、最初は無所属であった。しかし、六月十日頃、上・下都賀郡の改進党員が候補者選定会議を開き、小峯を改進党に復籍させて、横尾輝吉と提携するように決めたことから、小峯は大いに意を強くしたようである。

その**横尾輝吉**（一八五五〜一九一九）は、田中正造と並ぶ栃木改進党の大物の一人である。都賀郡口粟野村（のち上都賀郡粟野村、現・鹿沼市）の旧家の生まれで、東京専門学校で学んだ。一八八二年七月、第二回県会議員半期改選で当選し、以後も連続当選して県議を続けており、早くから上都賀郡の改進党の中心人物であった。しかし、党内では田中正造と対立することがしばしばあった。

横尾は、衆議院議員になる意思を早くからもっていたが、前述のように、上・下都賀郡の改進党員たちの会議では、元改進党員の小峯新太郎の復党を認めて、横尾と小峯を連名にして応援することを決めた。しかし、横尾は小峯との関係が以前から良くはなかったので、このコンビには消極的であった。

改進党のもう一人の候補者の**長谷川展**（一八四五〜？）は、栃木城内（のち栃木町、現・栃木市）の生まれで、幕末期に江戸に出て、昌平坂学問所に入った。維新後は、長らく官吏生活を続けたが、一八八二年七月の県会議員半数改選で当選して改進党に属する。しかし、八六年三月の半数改選では次点で落選したので、その後は下都賀・寒川郡蚕糸業組合の副組長を務めていた。

長谷川は当初、候補者となる意思はなく、横尾輝吉の選挙運動の参謀役になるつもりであった。しかし、上・下都賀郡の改進党員たちの決定した横尾・小峯のコンビに対して、横尾が不満であり、長谷川と組むことを望んだので、横尾の意を汲んだ改進党員たちが、長谷川を候補者に仕立てたのである。

かくして、改進党からも三人の候補者が出ることになった。しかし、新井・岩崎という再興自由党の強力なコンビの前に、改進党候補者が食い込むことは困難であった。実際に、改進党の票は分散することになる。

D　無所属の安生順四郎

この区には、もう一人の有力候補者として**安生順四郎**（一八四七～一九二八）がいる。安生は、都賀郡久野村（のち上都賀郡久野清洲村、現・鹿沼市）の旧家の生まれで、若くして小区戸長や学区取締役、さらに第二大区副区長となった。また、安生は早くより酪農に目をつけ、一八七六年、近くの粕尾村に発光路牧場を設立し、洋牛を飼育した。さらに、日光の文化財や名勝の保存のために一八八〇年、保晃会を設立して副会長となった。会長には、最後の会津藩主の松平容保をかつぎ出したが、実質的な会長は安生である。

安生は、一八七九年四月の第一回県会議員選挙で当選して、初代議長に選ばれ、以後も再選された。そして、八二年十二月、安生は田中正造たちとともに改進党に入党した。しかし、一八八三年十一月、議長を辞任し、上都賀郡長となり、のちに下都賀郡長をも兼ねる。そのことから改進党との関係は悪くなった。

安生の支持者は、上都賀・下都賀郡長の時に町村長であった者や保晃会の関係者に限られた。また、政党の強い選挙での当選は難しいと判断して、特に選挙運動はしなかった。票が割れた時には、当選の可能性もあると期待していたようである。

E　選挙戦

第二区のうちで下都賀郡は、もともと自由党の強いところであり、一八八六年三月の県会議員半数改選以降九〇年三月まで、全五議席をほぼ独占していた。そして、九〇年三月の半数改選では、前年に憲法発布に伴う大赦で出獄していた新井章吾が当選して県会に復帰し、議長に選ばれたのである。

総選挙においても、新井は知名度からして圧倒的に優位であった。また、その新井と一心同体となって行動することの多かった岩崎万次郎も、その恩恵を受けて、やはり優利であった。定員二人区の投票では二名連記制なので、投票人たちも同じ党派の候補者の名を書くことが多かったからである。

『下野』六月二十二日の「衆議院議員候補者彙報（其九）」の「第二撰挙区近況」には、「今日の有様にては、其大勢を占め確然動かざるものハ再興派にして、新井岩崎両氏の点数ハ、共に二千票以上に達したるを以て、全派の人々ハ敵地に侵入するの方針を採らず、目下防禦の策にのみ汲々たるもの丶如し」と書かれている。この時期の『下野』には、再興自由党寄りの記事が少なくないが、その分を差し引いても、かなり確度の高い予測といえよう。

この二人のために最も割を食ったのが、愛国公党の田村順之助であった。田村はもともと栃木自由党の中心人物の一人であり、大同団結期には、塩田奥造や中山丹治郎らとともに、下野倶楽部を作り活動していた。しかし、新井が憲法発布の大赦で出獄してきてからは、はじき出された形となった。

『下野』は、再興自由党の新井・岩崎と愛国公党の田村との対立や暗闘については、何度か記事に取り上げているが、同紙の六月十六日には次のような記事がある。「本月初旬上都賀郡北犬飼村大字茂呂に於て、元愛国党員の政談演説会を開きし時の如きは、元自由党の壮士が出席弁士を先き廻りして妨害し、加之二十余名も会場へ出張し、気に食ハぬ奴は山椒のステツキを戴《いただ》かすぞと云はぬ斗《ばか》りの体《てい》にて張臂《はりひじ》して居たりしが、弁士は為めに少数にて、満足の結果をえざりしを得意顔に足踏み鳴らして帰り去りしとなん」。

元愛国党というのは愛国公党のことであり、ここでは田村のことである。また元自由党というのは再興自由党のことであり、実質的には新井・岩崎派のことである。第一回総選挙では全国的に、壮士が横行し、対立候補に対して、さまざまな暴力行為や嫌がらせを繰り返していた。それは自由党対改進党との間のみならず、このように自由党内部でも見られたのである。壮士たちは、選挙人の家を回って、自らの候補者に投票することを強要したばかりでなく、このように演説会での妨害も繰り返していたのである。

『下野』七月三日には「新井章吾氏狙撃せらる」と題する記事が載っている。それは、三十日の夜に新井が壬生《みぶ》ツ原で、何者かに六連発銃を放たれたが、傷は受けなかったというものである。ただし、翌四日の同紙には、新井の名前入りで、この記事は事実無根なので取り消して欲しいという要求が載っている。

一方、改進党では、上・下都賀郡の党員による候補者選定会議の決定と、横尾輝吉の思惑とには齟齬があり三人が候補者となったが、もともと上都賀郡ではともかく、下都賀郡では地盤が弱かった同党は、苦戦を強いられることになった。

F　投票結果

投票結果は、先の『下野』六月二十二日の「第二撰挙区近況」の通りに、新井章吾が圧倒的な第一位で、また岩崎万次郎も第二位で当選した。次点の田村順之助は岩崎に大きく引き離された。改進党の三人は票が割れて、三人合計でも一〇一九票にすぎず、次点の田村を少し上回っただけであった。

このようにして、圧倒的な名声と強固な地盤をもつ再興自由党の新井章吾が、同党の岩崎万次郎を引き連れて、当選をはたした。第二区では、候補者が多く、しかも自由党・改進党同士が争ったので、形の上では乱戦となったが、選挙戦は、当初から新井・岩崎コンビが優勢であり、そのまま押し切ったといえる。

(5) 第三区（安蘇・足利・梁田郡）の選挙戦——改進党と自由党との死闘——

A　田中正造

第三区は、改進党の田中正造と自由党の木村半兵衛の二人の選挙戦となった。栃木県で、自由党と改進党の候補者が一対一のデスマッチを繰り広げたのはこの区だけであり、それだけに壮絶な選挙戦となった。

田中正造（一八四一〜一九一三）は、早くより栃木県の民権運動のリーダーの一人であった。一八七九年八月二日に創刊された第二次『栃木新聞』の編集長になり、翌八〇年二月に県会議員補欠選挙で当選する。その直後、第三回地方官会議を傍聴するために上京し、同じく傍聴のために上京していた各地の府県会議員たちの会合に出席して、一府九県の二七人の有志による国会開設建白書の署名人となった。その時、東京府会副議長であった沼間守一と知り合い、田中は帰郷してすぐの同年三月、足利・佐野で嚶鳴社演説会を開いている。

また、同年十一月には、安蘇・足利・梁田・下都賀・芳賀の五郡と群馬邑楽郡の合計六八四人の国会開設建白書の総代の一人となり、元老院に提出した。そして、その時に国会期成同盟第二回大会にも参加した。さらに、翌一八八一年十一月の自由党結成大会に参加したが、田中は民権派を総結集した政党の樹立を期待していたので、土佐派主導の自由党には加盟しなかった。ただし、翌八二年三月に結成された改進党にも入党しなかった。しかし、両党の合同が不可能なことが明確になったことから、同年十二月、県会議員十数名とともに中央の改進党に入党する。そして、以後は栃木改進党の中心人物になり、一八八六年四月に県会議長に選ばれ、以後四年間務めたのである。

第三区の三郡のうち、**安蘇郡は圧倒的な改進党の勢力の強いところであり、**一八八二年十二月に正造たちが改進党に入党して以降、県会議員（定員四人）は、つねに改進党が独占していた。そのような結果になったのは、田中が民権期に、安蘇結合会（のち中節社）を組織して、国会開設建白書を提出して以来、活動を続けてきた結果である。また**梁田郡も、やはり改進党の地盤であり、**八八年まで県会議員

（定員二人）は改進党が占め続けていた。

足利郡でも改進党の勢力が弱かったわけではないが、それ以上に自由党の強いところであった。**足利郡**の県会議員の定員は、八四年六月半数改選の時に、一人増えて四人になったが、**常に自由党が圧倒的な力をもち、改進党からは当選人が出なかった**。つまり、安蘇郡とはまったく反対のところであったのである。

B　対抗馬・木村半兵衛

木村半兵衛（一八五六～一九三四）は、右のような足利郡を地盤としていた。木村家は足利を代表する織物買継商であるが、当主は代々、半兵衛を名乗っており、この半兵衛は四代目で、本名は勇三である。

父の三代目半兵衛は、一八七二年に小俣村戸長に就いたが、七七年に栃木町に設立された第四十一国立銀行（創業は翌七八年）の頭取となり、さらに七九年には足利支店長になった。また、七九年四月の開設の栃木県会では、最初からの議員であった。しかし、一八八六年三月に五十四歳で急死する。そして、勇三が家督を継ぎ、四代目半兵衛になるが、彼が引き継いだ資産は、純財産三万三三〇〇円のほか、田一七町歩、畑六町歩、山林一三〇町歩、小作人三五人、小作米約三〇〇俵であったという[*5]。

勇三は、父の存命中から、地域の近代化と取り組んでいた。一八七五年頃、人心の啓発や物産の改良をはかるために弘業談話会を作り、東京から田口卯吉などを招いて演説会を開いていたが、一八八二年八月、足利工商会に発展させた。さらに、地域の織物業の発展をめざして、足利・梁田・安蘇の三郡と群馬県の邑楽・山田の二郡を合わせて会員千余人の「足利物産区画」を作った。

彼はさらに、両毛鉄道（現・両毛線）の敷設にも尽力し、両毛鉄道会社の副社長となる。社長には田口卯吉をかつぎ出した。鉄道は、一年後の八八年五月二十二日、小山・足利間が開通する（小山・高崎間の全線開通は一八九〇年十二月二十六日）。両毛鉄道が開通したことで、足利織物の輸送は大きく伸びることになるが、木村のねらいはそこにもあった。

このように、木村は三十歳代のうちから、栃木県の西南部の商業界では抜きんでた存在であった。そして、一八八八年三月に第五回栃木県会議員半数改選で当選し、以後、県会議員を続ける。木村は自由党に所属したが、議員になったのが遅かったので、栃木自由党の主力である塩田奥造・中山丹治郎・田村順之助などとは距離を置いていた。そして、新井章吾たちが再興自由党を結成すると、それに参加する。しかし、総選挙に際して、第三区の自由党員の中には、木村に対抗できる者はなく、当然の如くに候補者になった。

かくして、第三区の選挙戦は、田中対木村のデスマッチとなった。それは改進党対自由党の対決であるともに、安蘇郡対足利郡との対決でもあった。それだけに、選挙戦は壮絶なものとならざるをえなかったのである。

C　選挙のメディアとしての『下野新聞』

文明開化に対して鋭い嗅覚をもっていた木村は、すでに一八八一年から、足利町で県内三番目の新聞『叢鳴珍談』を発刊していたが、翌八二年一月三十日、それを『足利新報』と改題した。同紙は、その後、同年九月に栃木町の第二次『栃木新聞』と合併して、『栃木《とちぎ》新聞』となる。つまり、田中正造がかつて編集長を務めていた『栃木新聞』は、木村の『足利新報』に吸収合併されて、『栃木新聞』になったのである。そして、栃木県庁が宇都宮に移転した後の三月七日、『栃木新聞』は新たに『下野新聞』となる。これは県内最初の日刊紙である。

選挙戦において、ニューメディアである新聞を握っている者は、圧倒的に有利であった。『下野』の社長は影山禎太郎であったが、実権は社主の木村が握っていた。そして、木村と影山は県会議員であったが、ともに再興自由党に属していたので、**総選挙に際しての『下野』の基調は、改進党よりも自由党に、また自由党三派の中では再興自由党に視点を置いたものとなった。**もちろん新聞であるから、改進党や自由党内の他派の候補者の動向についての記事も出ている。しかし、第二区の場合では、再興自由党の新井章吾と岩崎万次郎の動きについては、愛国公党の田村順之助や改進党の候補者たちよりも多く報じており、選挙戦の景況についても、新井らが圧倒的に優勢であると報じていた。

そして、**第三区の場合は、極端に木村に偏した記事が見られる。特に、選挙戦が激しさを増す六月後半には、それが露骨になってくる。**たとえば、木村派のことを「中立派」とし、あたかも木村が不偏不党の候補であるように表現している一方で、改進党や田中派のことを「反対党」とか「反対派」としている。

また、六月二十日の「不穏の挙動」という記事は、次のようなものである。

陰険の策卑劣の手段の終に克《よ》く其効を奏せざるのみならず、日に増し其勢力の減縮して、最早他の術策の施すべきものなきに至りしゆゑの窮迫手段にや、昨今梁田郡久野村梁田村辺にてハ其地の某党員亀岳某とか云へるもの巨魁となり、近傍の博徒破落戸《ならずもの》の類十四五名を語らへ、テンデに六尺棒或ハ太き梶棒の類を携へしめ、其内二三の首将らしき奴輩は、何れも仕込杖抔を打振り、如何なる積りにや一同跣足《はだし》にて昼夜絶へず梁田宿をはじめ其近傍を横行し、木村派の人々を見る時は其後先になりて逐ひ回し、今にも打ちかゝらんとする如き脅嚇《きようかく》の処行を為し居る由にて、同地方の穏和を好む人々には珍事にても出来ねばよいがと、何《いず》れも眉をヒソメ居るよし。穏かならざる挙動と云ふ可し

つまり、梁田郡の改進党員・亀岳某が、近傍のならず者一四、五人に六尺棒や太い梶棒などを持たせて、梁田宿やその近傍を横行し、木村派の者を見つけると追い回したり、打ちかかろうとするなど、脅迫しているというのである。

D　デスマッチの様相

『下野』にはこのほか、田中派が行ったさまざまな行為、つまり木村派の演説会への妨害、飲食の供応、金銭による買収などが、いろいろと載っている。

しかし、木村派が暴力を行使したことも、まさに〝語るに落ちる〟ように書かれている。たとえば、『下野』六月十九日第一面のほぼ全面を使った二つの長い記事は、田中の盟友の島田三郎が、六月十五～十七日の三日間、田中の応援のために、梁田郡久野村と、足利・佐野町で演説会を開いた時の様子を

書いたものである。それによれば、島田が演説しようとすると、木村派が「ノーノー」を強く叫んだので、演説はうまくいかなかったというのである。特に、木村の地元の足利での演説会では、島田たちが会場を確保できずに、やむをえず近くの空き家で開いたが、そこでも木村派が「ノーノー」の声をあげたので、島田たちはほとんど演説ができずに逃げ出したとある。

両派による攻撃は、相手が自分の地盤で演説会を開いた時には、特に強いものとなり、双方の壮士や支持者たちが壮絶な泥試合を展開した。この十九日の他の記事には、木村派が田中の地盤である安蘇郡赤見村大字出流原で「学術演説」会を開こうとした時、田中派の壮士が棍棒のようなステツキを振りまわし、木村の支持者の家に闖入《ちんにゅう》して暴言を放ったり、会場の貸主にはそれを断るように脅迫したり、演説を聴きに来た者には、会場に入った者にはあとでひどい目をみると脅したり、さらには同村の者を集めて牛飲馬食させ、会場に乱入させるなど、まさに言語道断の限りを尽くしたように書かれている。

ただし、これらの『下野』の記事は、針小棒大な表現とばかりはいえない。田中正造の六月六日の板橋六郎・橋本吉郎あてのハガキには、「本日出流原ニ開き候反対演説会ハ又大失敗セリ。演題ヲ終ラズシテ閉会ス。（四十分ノ演説ナリ。呵々。）」[*6]とある。ここには、「又」とあるので、以前にも田中たちが木村派の演説会で、このような妨害をしていたことが分かる。さらに、田中は最後に「呵々」と書いており、〝オレの地盤の（安蘇郡）出流原で演説会を開いたからこうなったのだ。ザマーみろ！〟というような気分が表われている。『下野』の表現はともかくとして、出流原での演説会に関する記事は、事実として起こっていた可能性が高いと見るべきであろう。

第一回総選挙の際には、**買収、脅迫、供応、**さらには**壮士による暴力沙汰などが、全国的に起こっていた。特に定員一人区で有力候補者が二人の場合は、否応なしに生きるか死ぬかのデスマッチとなり、**それぞれの支持者たちや運動員、特に壮士たちが泥試合・闇試合をくり広げた。そして、田中正造も木村半兵衛も、そのような戦いの中に身を置いていたのである。

『下野』の社主である木村は、記事だけでなく、寄書（＝投書）や広告をも使って、紙面操作をした。寄書の一つを引けば、二十七日「我第三区改進党ノ挙動ニ付テ　瀬涯漁人」は、第三区の選挙戦を「中立派」（木村派）と「歓心派」「歓心党」（田中派）との争いであるとし、その上で、腕力は野蛮時代の遺風であるのに、「歓心派」は「腕力ヲ使用シテ党勢ヲ仮装シ、金銭ヲ以テ撰挙人ヲ陥ラシムル等、其乱暴的挙動卑劣的所為、殆ンド言語ニ尽シ難シ」と書いて、田中派が腕力や金力の限りを尽くしていると非難しているのである。

E　選挙広告

公告の利用は、さらに巧妙であった。**新聞の広告欄は、すでに第一回総選挙の時から、選挙運動の手段として積極的に使われていた**のである。六月の中旬以降、『下野』の第四面には、ほぼ毎日、候補者たちを推薦する広告が載っている。六月十九日の旗をたくさん立てた勇ましい絵入りの広告は、愛国公党の支持者たちによるもので、第一区の中山丹治郎と第四区の塩田奥造を推薦したものである。旗は、合計一四本あり、それぞれ「山林払下」「非職官吏」「愍党《みんとう》利権派」「秘密賄賂手掛」「無主義」「強迫調印」「投票売買」「自由平等主義者綱領」「大義名分」「忠君愛国」「一以貫之」「政務調査」「正々堂々」「地租軽減」と書かれている。

前半の七つは、第一区の中山の対立候補者である横堀三子を批判したものである。横堀は、前述のように、栃木自由党の元リーダーであり、県会議長であったが、一八八五年二月、芳賀郡長に抜てきされて党を離れた。それは自由党からすれば許せない「裏切り」であった。ここでは、元郡長という権限を使って、「強迫調印」「投票売買」などの悪どいことをしていると非難しているのである。

後半の七つは、中山と塩田の主張を掲げたものであるが、「一以貫之」「正々堂々」は横堀への批判でもある。「自由平等主義者綱領」と「忠君愛国」が一緒に出ているのは、当時の民権派の思想のあり方を示している。

そして、左上には、「安蘇郡醤油製造家」による正造の推薦文が出ている。これと同じものは、六月十六日以降、数回載っている。しかし、二十四日の第四面広告欄の第一段には、「下野新聞第千二百九十五号より引続き、田中正造君をして衆議員議員候補者に賛同すと、本郡醤油製造家より、最も立派なる広告有之候得共、聞〔く〕処に依れは、単に三、四の製造家私見に過きす、依て此段を広告す／安蘇郡醤油製造家」（原文、読点なし。／は改行）として、それがごく一部の者の推薦でしかないことが書かれているのである。

また、それとほぼ同じ内容であるが、同じ面の第三段には、「安蘇郡醤油製造家の名を以て、田中正造君を第三区衆議員議員候補者選定に賛同の旨広告あれとも、我々同業者は之に賛同せす」というものが、「安蘇郡醤油製造家／和田源八／池沢八十」の二人の名で出されている。彼らは、それに続いて「足利郡小俣村／木村半兵衛君／我々同業者ハ、同君ヲ本県第三区衆議員議員候補者ニ撰定スルノ議ニ賛同ス」と書いている。しかも、二十八日になると、先の「下野新聞第千二百九十五号より引続き……」で始まる文面の広告が、それまで第一段だけであったのに、二段抜き黒枠で出されるようになる。つまり、正造は、自分たちが正式に推薦した候補者ではないと主張しているのである。

その後も、**『下野』の広告欄には、田中や改進党への支持を取り消すという氏名入りのものが掲載されている。**さらに、投票日の七月一日の第三面の下二段の広告欄のほとんどは、田中への支持を取り消して、木村を支持するというもので埋められている。**このような広告が、かなりひんぱんに掲載されたことは、候補者としての田中のイメージ・ダウンになったと思われる。**

以上のような記事・寄書・広告による世論誘導は、現在から見れば、公正さに欠けた行為のように見える。しかし、当時の新聞、特に地方紙では、ある党派や特定の候補者に有利な報道や紙面作りをすることは、けっして珍しいことではなかった。というのは、地方紙の場合では、民権派、特に自由党系の者が、社長や社主、さらには編集長・記者を務めることが多かったからである。つまり、『下野』に見られた露骨な木村派支持の姿勢は、別に『下野』に限ったものではなく、当時の新聞ではかなりの程度、行われていたことであった。そして、読者もまた、それらのことを、踏まえながら読んでいたものと思われる。

F　開票結果

この区の得票は、田中が七九七票を取り、六七二票の木村と、三票の影山禎太郎を抑えて当選した。壮絶なバトルのわりには、その差は大きかった。田中の実績と知名度が、木村の財力とメディアの力を破ったといえる。
第一回総選挙をいろいろな角度から検討した末松謙澄「二十三年ノ総撰挙」（第二章前出）には、次のような一文がある。「撰挙競争ハ左《さ》ナガラ戦争ニ殊ナラズ、互ニ遊説員ヲ馳セ、各地ニ賛成ヲ募リ、又敵境ニ入リテ已ニ敵ニ帰セルモノヲ説服スル等多事亦極《きわま》ル、此等ノ事之ヲ切込ト唱ヘ進撃ト称シ攻落シタリト誇リ防キ止メタリト叫フ等、総テ戦争用ノ言語ヲ用ユルコト、各地共概ネ然ラサルナシト云フ」。つまり、選挙戦はまさに戦争さながらに、「切込」「進撃」「攻落」「防キ止メ」などの戦争用語が使われていたというのである。栃木県第三区のありさまも、別に特別なことではなかったのである。[*7]
なお、田中と木村との戦いは、その後も第六回総選挙（一八九八年八月）まで繰り返される。しかし、毎回、田中の勝利となる。特に第五回（一八九八年三月）は、正造の一〇七五票に対して木村は七八票にすぎず、第六回（一八九八年八月）でも、正造の七六四票に対して木村は四六票という大差で敗北する。その頃、田中は足尾銅山鉱毒問題で闘っていた。選挙人たちには、金力のある木村よりも、地域の問題と闘う田中の方を強く支持したことの現われであろう。

⑹ 第四区（塩谷・那須郡）の選挙戦——自由党の作戦の勝利——

A　改進党の三人

第四区の選挙戦は、**改進党の藤田吉亨・和田方正・見目清**の三人と、**自由党の塩田奥造、無所属の坂部教宣の五人の争い**であった。

塩谷郡・那須郡は、もともと改進党の勢力の強いところであった。特に塩谷郡は、一八八四年六月の県会議員第三回半数改選から一八八八年三月の第五回半数改選まで、定員三人のすべてを改進党が独占していた。中でも和田方正と見目清の二人は、常置委員に就いたこともある有力な議員であった。しかし、一八九〇年三月の第六回半数改選では全員が改選期に当たっていたが、すべて落選してしまった。

那須郡（定員五人）では、さらに改進党が優勢であり、一八九〇年三月の第六回半数改選でも、それほどには大きな打撃は受けなかった。この郡には、藤田吉亨と塩谷道博という二人の有力議員がおり、特に藤田は有能な活動家であり、のちに見るように、田中正造も評価していた人物である。

しかし、このように実力者が多かったことから、総選挙が近づいても、候補者を調整する動きは、まったく起こらなかった。県会議員選挙は、郡単位の中選挙区制をとっており、そこでの当選人たちの多くは、それぞれの地域の名望家であり、したがって支持者たちの力も強く、自分の意思だけで、進退を決められない面があった。当初は、四人が相手の出方をうかがっていた。やがて、那須郡の塩田は一八九〇年三月の県会議員選挙（三人改選）で第三位に終わったことから、出馬をとりやめた。だが、藤田・和田・見目には降りる意思はなく、結局、改進党からは三人が候補者に出ることになったのである。

三人の中で最も有力であったのは**藤田吉亨**（一八三九〜一九二三）である。藤田は大田原藩士伊藤買山の末男として生れたが、同藩の藤田六郎の養子となり、明治維新直後の混乱期に大田原藩少参事に就いている。一八七三〜四年、大田原宿戸長を務めた後、栃木県警部となり、真岡および佐野の警察署長を経て、一八七九年には那須郡初代郡長に任命された。しかし、三島通庸が県令の時の八五年五月に、郡長を辞任する。「田中正造昔話」は、三島通庸が県令の時に「三島の面《つら》を見るすら快《こころよ》しとせずして」郡長を辞職した者として藤田・佐藤信哉・倉持正作の三人を挙げ、「官吏中精神の確なる者」と評価している。[*8]

藤田は郡長を辞任した後、同年六月の補欠選挙で当選し、改進党に所属する。以後、県会議員を続けたが、その間、一八八九年四月、町村制の施行により大田原町が成立した際には、町長選挙に当選して初代町長にもなった。しかし、県会議員との兼務は多忙であったことから、同年八月に町長を辞任して、県会議員だけを続けた。一八八九年十一月三十日に、藤田は、田中正造・横尾輝吉・矢部盛徳とともに県下五〇二人の総代として、条約改正断行建白書を提出する。その頃、**藤田は県内の改進党のリーダーの一人になっていた**のである。

和田方正（一八五〇〜一八九五）は塩谷郡岡村（のち片岡村、現・矢板市）の旧家の生まれで、戸長、区長、学区取締などを務め、その後、塩谷郡学務課課長となった。一八八二年二月、県会議員補欠選挙で当選し、同年十二月、田中正造らとともに改進党に入党した。以後、八四年四月〜八六年三月には常置委員にもなっている。和田については、史料が少なく詳細は分からない。

三人目の**見目清**（一八四八〜一九〇四）は、塩谷郡大田村（のち北高根沢村、現・高根沢町）の生まれで、明治維新後に戸長などを歴任している。民権運動とのかかわりは早く、一八八〇年十二月六日、同郡大谷村の阿久津譲とともに、塩谷・那須両郡有志人民二七〇人の総代として、「国会開設建言書」（＝建白書）を提出している。一八八三年十一月の県会議員補欠選挙で当選し、八八年四月には常置委員に選ばれている。見目は、県内有数の資産家であり、一五人の貴族院議員多額納税者互選人の一人であった。しかし、貴族院議員選挙に先立って六月十日に行われた互選会では、一票しか入らず落選した。

B　自由党の塩田奥造

第四区の自由党には、右のような改進党の実力者たちに対抗できるような者はいなかった。そのことから、自由党員たちの間では、以前から民権家として全国的に著名な荒川高俊を候補者とすることを暗黙の了解としていた。荒川は那須郡黒羽田町（のち黒羽町、現・大田原市）の生まれであるが、一八七九年十月、東京で山川善太郎などとともに、演説結社・北辰社を作り、毎月、定期的な演説会を開き、さらに『北辰雑誌』も発行しており、早くからの民権家として知られていたのである。[*9] その後、筆禍・舌禍によって入獄を繰り返していたが、一八八九年九月五日、下都賀郡壬生町の興光寺での条約改正中止の演説会の最中に、脳溢血で倒れて死去した。

第四区の自由党にとって、荒川の急死は衝撃であった。改進党の強い地域にあって、それに対抗できる者は、他にいなかったからである。そこで、**四月二十六日、有力者四十余人が大田原町で会合を開き、「自由主義者」の候補者を決めるための候補者選定会議を開いた。**[*10] **そして、投票総数四三票の中で、塩田奥造が三八票という圧倒的多数を得て、候補者に選ばれたのである。つまり、塩田は、**第四区の自由党の支持者たちによって、**「輸入候補」になったのである。**

塩田奥造（一八四九～一九二七）の生まれ育ちは下都賀郡吹上村（現・栃木市）である。塩田家は吹上藩の郷士であり、代々、名主を務める旧家であったことから、吹上藩校の明立学校で学んだ。一八七五年大区長、七七年下都賀郡学区取締となった。新井章吾とは隣家同士であったので、早くから行動を共にすることが多く、二人は一八八〇年五月頃から毎月、吹上村や栃木町で演説会を開催していた。ただし、塩田は新井の七つ年上である。

同年十一月十一日、横堀三子とともに、芳賀郡ほか六郡八町一〇宿二九三村八七二五人の総代として上京し、国会開設請願書を呈出した。翌十二月の県会議員半数改選で当選し、八二年七月には、早くも常置委員に選出されている。ただし、栃木自由党のリーダー的存在であったことから、八四年九月に加波山事件が起こった際には、犯人逃亡幇助の罪により逮捕され、半年間、入獄した。

塩田は、八六年三月の県会半数改選で再び当選し、同時に常置委員にも再任された。当時、自由党は県会内では少数派であったが、八八年四月の議長選挙では、改進党内の不統一を利用して、田中正造と組み、田中を議長に当選させ、自分は副議長となったのである。一八八七年十月、大同団結運動が高まってくると、中山丹治郎・田村順之助らと発起人となり、下野倶楽部を結成した。

塩田は資産家であったので、『自由新聞』『めざまし新聞』『公論新報』など、東京の自由党系の新聞の刊行に際しては醵金していた。また積極的な活動家であったので、官吏侮辱罪・集会条例違反等で入檻することが五回に及んだ。

憲法発布による大赦の後、大同団結運動が二派に分裂した時に、下野倶楽部の多くは、新井章吾たちが組織した大同協和会には加わらずに、河野広中たちの大同倶楽部に属した。そのために塩田は、若い時からの盟友であった新井とは違った道を歩むことになる。しかし、下都賀郡では、再興自由党への支持が強く、下野倶楽部にとどまっていた塩田は、一八九〇年三月の県会議員半数改選で落選した。さらに、追い打ちをかけるように、総選挙に際しても、第二区の自由党の大勢は、再興自由党の新井・岩崎万次郎のコンビを候補者に推した。そのために、塩田は第二区内では、浮いた存在になっていたのである。

そのような時に、第四区の自由党員たちが、塩田の実績と知名度は、改進党に十分に対抗できると判断して、候補者に推したのである。それは塩田にとっても渡りに舟であった。さっそく依頼を受諾して、西那須野村に寄留し、自由党員たちの支援を受けて選挙戦を展開したのである。

しかし、この区には、もう一人の有力な候補者の**坂部教宣**がいた。旧烏山藩の士族で、栃木県学務課に出仕した後、塩谷郡長を務めていた。坂部は、第一回総選挙における栃木県の有力候補者一六人の中で、県会議員にならなかった唯一の者である。しかし、坂部は那須郡烏山町の出身であり、かつ塩谷郡長を長らく勤めていたので、両郡には知己が多く、自分はこの第四区の代議士にふさわしいと自認して、四月二十日過ぎに辞表を出して、選挙運動を始めていた。

C　自由党に有利な選挙戦

選挙戦では、候補者を塩田一人にしぼった自由党が圧倒的に有利であった。塩田は彼らの支持を得て、演説会を各地で開いた。塩田の演説会には、旧友の新井章吾も、自由党内の対立を超えて応援にかけつけている。

一方、改進党の三人の中では、藤田が積極的な運動を展開した。しかし、和田方正と見目清には活発な運動は見られない。和田は、国会議員になる意思がどれほどあったのか疑問にさえ思われる。彼は、名望家であれば、結果はともかく、候補者となるのが地域の代表としての務めであると考えていたようである。また見目は、六月十日の貴族院議員多額納税者互選会で落選が決まってから、総選挙への出馬を最終的に決めたので出遅れた。もっとも、見目もまた、候補者とはいうものの、和田と同じく積極的に運動した跡は見られない。

最後に、坂部教宣のねらいは、自由・改進両党に属さない中立や無所属の選挙人の票をまとめることであり、それまでの郡長の実績も強調していた。

D 開票結果

投票結果は、塩田が五四一票を得て当選した。やはり候補者を一人にしぼった自由党が勝利したのである。それに対して、改進党では、藤田が三二三票、和田が一九九票、見目が九七票であった。三人を合計すれば六一九票であり、塩田よりも七八票も上回っていたのである。改進党がまとまって藤田を候補者としていれば、当選する可能性は十分あったであろう。しかし、それは現在の時点からの見方であり、名望家といわれた地域の有力者同士には、そのような意識は生まれにくかった。その点では、地元に大物がいなかったが故に、「輸入候補」の塩田を押し立てて運動して成功した自由党とは対照的な結果となった。

一方、その間隙をぬって、那須郡生まれにして塩谷郡長であった坂部が両郡にわたって三六六票を集めた。坂部の票の中には、自由党の支持者でありながら、よその者の塩田にはどうしても入れたくないという者たちのものも含まれていたようである。ただし、次点とはいっても、塩田からはかなり離れていた。

(7) 栃木県の選挙戦のまとめ

以上見てきたように、栃木県の第一回総選挙は、ほぼ完全な民権派同士の戦いとなった。ただし、対立の構図は各区で異なっている。つまり、第一区では自由党同士の戦いが、第二区では自由党と改進党がそれぞれ三人ずつの戦いが、第三区では自由党と改進党との一対一のデスマッチが、第四区では自由党一人と改進党三人との戦いが、展開されたのである。そこに、郡と郡とのローカリズムによる対立が加わったが、それが表面に強く出ることはあまりなかった。

五人の当選人のうち、横堀三子・新井章吾・岩崎万次郎・塩田奥造はやがて結成される立憲自由党（弥生倶楽部）に加盟する。田中正造は、いうまでもなく立憲改進党（議員集会所）に所属した。

前述したように、旧来の民権運動史では、一八八四年十月の自由党の解党と同年十二月の改進党の分裂（大隈総理、河野副総理の脱党）によって、民権運動は衰退に向かうとされることが多い。しかし、それは全国的な事実を踏まえたものではない。その二年前の一八八二年六月に集会条例改正追加があり、政党の支部が置けなくなったことから、各地の活動家たちは、連絡機関としての地域政党を形式的に作り、そこを結集の拠点としていたのである。

すでによく知られていることであるが、栃木県は、自由・改進両党の党員数の多いところであった。一八八四年の自由党員数は二七三人で、全国第二位の多さである。[*11] また、改進党も、一八八八年四月以前に、すでに二〇四人で、全国第一位であり、[*12] やがて栃木県は「改進党の本丸」とも呼ばれるようになる。しかも、これらはあくまで東京の両党の本部に登録されている党員数である。

両党の勢力の強さは、その後も持続して、栃木県会は、長らく議長・副議長・常置委員の全員を、改進・自由の両党員が占めていたのである。大同団結運動やその後の条約改正反対運動あるいは断行運動の盛り上がりは、このような背景によるものであった。栃木県の第一回総選挙の選挙戦も、その延長線で展開した。したがって、それは基本的には民権派同士の選挙となり、そこに中立の者や政府系の者の入り込む余地は、ほとんどなかったのである。

もっとも、民権派の候補者が多すぎたことから、その調整も行われた。自由党は一八九〇年五月十日頃に宇都宮の臼峯館で候補者選定のために会議を開き、第一区では愛国公党の中山丹治郎を、第二区では再興自由党の新井章吾と岩崎万次郎を、第三区では木村半兵衛を、第四区では塩田奥造を推すことを決めた。第四区では、区内に改進党に対抗できる実力者がいなかったので、県内では著名な塩田奥造を選んだのである。

一方、第二区の改進党も、小峯新太郎と横尾輝吉をコンビとして決定したが、横尾はそれを受け入れずに、長谷川展と組んで運動を展開したが、よい結果にはならなかった。

このように、候補者の調整をしたり、著名な者を呼んでくること（いわゆる「輸入候補」）は、栃木県だけではなく、他府県でも見られたことでもあった。

以上が栃木県の選挙戦の概要であるが、民権派が県会の多数を占めた関東の千葉県や神奈川県でも、似たような対立の構図が見られたといえる。そして、それは関東に限らず、民党がほぼ完勝した四国四県、さらには北陸などでもそのようであったといってもまちがいはないであろう。

3　民権派の敗北――愛知県の選挙戦――

ここでは、1の④（二七四ページ）の民権派が少数派になった地域として、愛知県の総選挙を見ることにする。愛知県では、前述のように、定員一一人の中で民権派は当選人が一人であり、完敗に近い結果になった県である。そして、一〇人の当選人は、総選挙の後には大成会に加盟するのである。

愛知県における第一回総選挙についてのまとまった研究は、残念ながら見当たらない。新旧の『愛知県史』や県下の市町村史にもほとんど出ていないのである。それは、編集者たちの関心がなかったというだけではなく、手がかりがなかったためでもあろう。その当時、愛知県で出されていた新聞には、名古屋市だけでも『新愛知』『金城新報』『扶桑新聞』があったが、この三紙をはじめ、選挙運動の時期の県内の新聞は、現在残っていないのである。ここでは、『愛知県議会史』第一巻（明治篇上）（一九五三年）と郷土史関係の本を手がかりにしながら、愛知県の選挙戦に迫っていくことにする。

⑴　選挙区の概要

表20は、愛知県の選挙区とその選挙人数などを見たものである。また、図3は愛知県の選挙区である。第一区の名古屋市は、当時すでに人口が一五万人を超えており、四つの区からなる大都市であった。ただ、名古屋は商都であるので、選挙人数はわずかに五〇九人にすぎず、全国二一四の一人区の中では、昇順で二八位である。

表20　第一回総選挙時の愛知県の選挙区と選挙人数

選挙区	市・郡	現住人口	選挙人数	1票の重み
1	名古屋市	157,496	509	1
2	愛知郡	121,960	1,915	0.27
3	東･西春日井郡	130,611	2,380	0.21
4	丹羽郡，葉栗郡	108,633	1,608	0.32
5	中島郡	107,091	2,292	0.22
6	海東・海西郡	121,187	2,411	0.21
7	知多郡	144,330	1,838	0.28
8	碧海郡，幡豆郡	197,083	3,072	0.17
9	額田郡，東･西加茂郡	130,606	1,289	0.39
10	宝飯郡，南･北設楽郡	115,775	821	0.62
11	渥美郡，八名郡	122,014	637	0.80
	合計	1,456,786	18,772	0.30

(注)　現住人口は『愛知県統計書　明治二十一年』，選挙人数は『大日本政戦記録史』(1930年) の「第一回総選挙」による.
「1票の重み」は第1区の選挙人を1とした場合のものである.
数字は原史料による.

それに対して、選挙人数が二千人を超えている選挙区は、尾張部では、第三区（東春日井・西春日井郡）、第五区（中島郡）、第六区（海東・海西郡）の三つがあった。これらの区は濃尾平野の南部であり、特に第五区と第六区は、木曽川東部の水田地帯である。また、三河部の第八区（碧海郡・幡豆郡）は現住人口が二〇万人に近い上に、矢作川下流の水田地帯であることから、選挙人数は三〇七二人であり、全国の一人区の中では、降順で一三番目であった。表20の「1票の重み」からも分かるように、第八区の一票は、第一区の〇・一七票の価値しかなかったのである。

一方、第十区は南・北設楽郡の三河山間部であり耕地が少ない。また、第十一区は、渥美郡は渥美半島の大半を占める海浜部であるが、当時はまだ愛知用水が引かれておらず耕地が少なく、住民も漁民が多かった。なお、渥美郡役所のあった豊橋町は、東海道線が引かれて間もない頃であり（豊橋駅の開業は一八八八年）、まだ大きな町ではなかった。さらに、八名郡は三河山

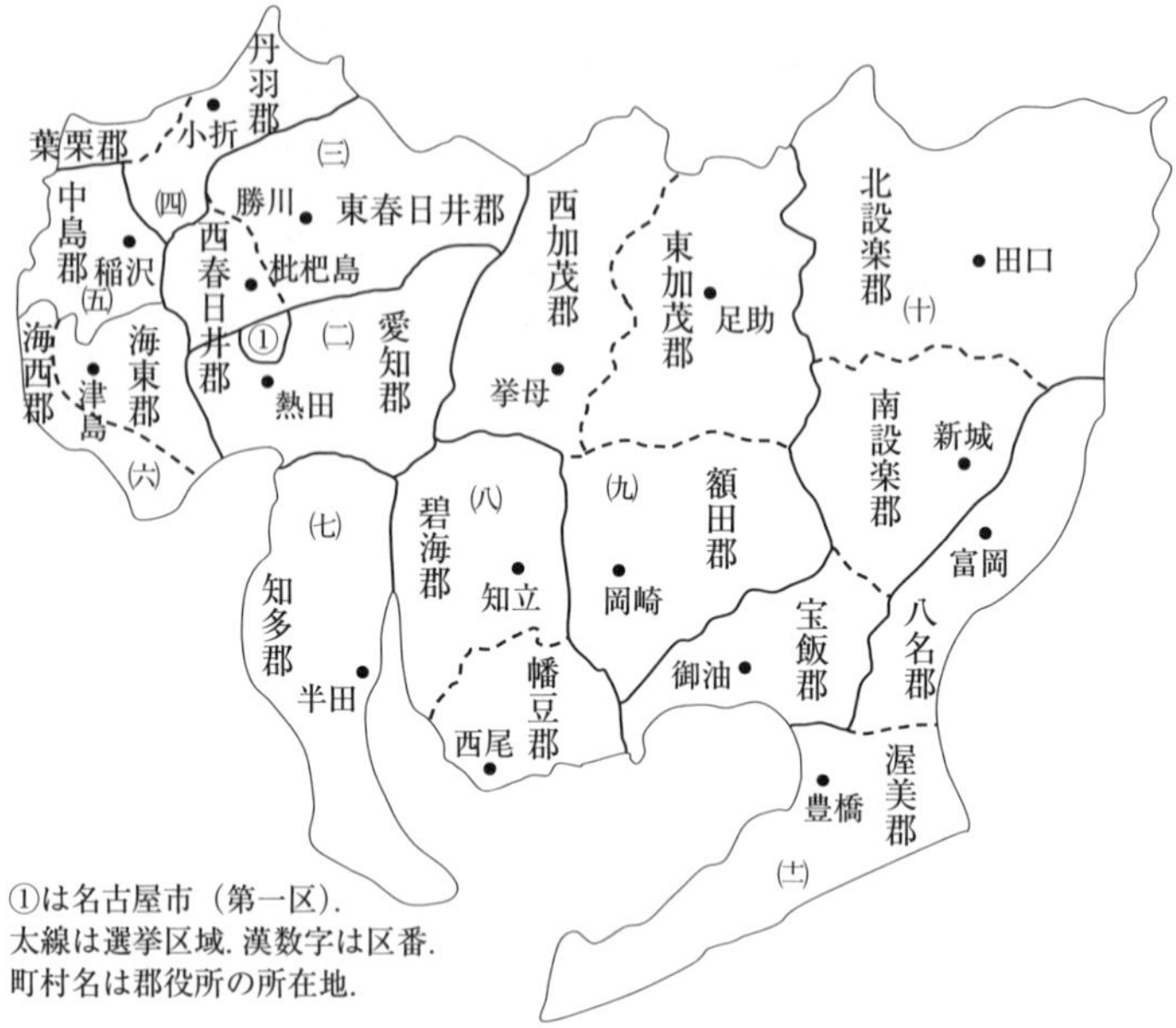

図3　愛知県市郡および選挙区（1890年）

間部である。

右の第十区と第十一区の選挙人数は少なく、特に第十一区の六三七人は全国の一人区では昇順で三四位である。この両区の一票は、平野部の第三区・第五区・第六区・第八区に比べてずっと重く、むしろ第一区（名古屋市）に近い。

このように、愛知県には、選挙人数の多い平野部の選挙区と、選挙人数の少ない都市部・山間部・海浜部の選挙区がすべてそろっている。この意味では、愛知県の選挙区は、全国のミニチュア版ともいえる。

(2) 主要候補者の略歴

ここでは、当選人および主要候補者が、どういう者であったかを見ておくことにする。

表21は、全一一区の主要候補者三六人と、その得票数および経歴を掲げたものである。ただし、第三区の天野左衛門、第五区の日比野明、第六区の福田孫一、第七区の横山春太郎については、手掛かりが見つからなかったので、経歴等は空白にしてある。

この三六人の候補者の特徴を、全国的な傾向と比べながら見ておこう。

まず第一に、族籍は、六人が不明であるが、残りの三〇人の中で、二一人が平民であることである。特に一一人の当選人は全員が平民である。当選人に平民が多いのは、関東から中国地方にかけて広く見られることである。

第二に、元・現県会議員が多いことである。その数は二九人であり、八割を超えている。さらに、そのうち議長経験者が四人、副議長経験者が三人、常置委員経験者が九人いる。議長・副議長経験者にも、以前に常置委員であった者が多い。当選人だけを見ても、第二区の永井松右衛門を除く一〇人が、県会議員の経験者である。しかも、そのうち議長が三人、副議長が三人である。

第三に、郡長の経験者が五人いることである。当選人のうちでも、第六区の青樹英二と第七区の端山忠左衛門の二人がそれである。

この第二・第三のことは、前述のように、全国的に見られたことである。

第四に新聞関係者であるが、これは特に多いわけではない。当時の愛知県で最も発行部数が多い新聞は『新愛知』であったが、同紙は大同団結運動期以降、大同協和会→再興自由党の機関紙的な存在であった。そして、総選挙では、社長の大島宇吉が第三区で、副社長の国島博が第一区で、それぞれ次点であった。このほか、第二区の永井松右衛門が『愛知絵入新聞』を、第七区の端山忠左衛門が『東海新

主要候補者および得票数

主要経歴
代言人，名古屋海産商組合頭取，名古屋米商会所副頭取 代言人。民権活動家。『新愛知』副社長
明治生命保険会社副社長。東京米穀倉庫会社社長など 農業。元戸長 代言人 名古屋米商会所頭取
地租改正反対運動の指導者。東春日井郡書記 戸長。民権活動家。『新愛知』社長 戸長。小区長
戸長。村会議長。丹羽郡書記。葉栗郡書記 古知野銀行頭取 丹羽・葉栗郡長 活版印刷業
戸長。池織工場（結城縞）設立
代言人。津島紡績社長。中島郡長   代言人 不動産貸付業
染業職。『東海新聞』発行。南設楽郡・八名郡長 酒醸造業 南設楽郡長
戸長。三河分県運動の指導者 元重原藩藩大参事。民権活動家。三河交親社結成
戸長。肥料商。三星会社社長。蓄積会社社長 代言人。法律事務所開設。民権家 元小美代官。戸長。
廻漕業。宝飯中学校創立。共奨社・東参倶楽部設立 酒造業。設楽大同倶楽部設立 醸造業。戸長。北設楽郡長。北設楽報徳会設立
代言人。名古屋法律学校創立。大同協和会に参加 渥美郡の大商人。田原商談会結成 医師。元戸長

7ページ，『新愛知』および『時事新報』の7月上旬記事などから合成。
◎は常置委員経験者，○はそれ以外の議員．

表21　第一回総選挙愛知県

選挙区	氏名	得票数	属籍	年齢	現住所	県議	党派
1	**堀部勝四郎**	235	平民	62	名古屋市船入町	現▲	名古屋談話会
	国島　博	134	士族	39	名古屋市東角町	現○	再興自由党
	その他合計	34					
2	**永井松右衛門**	803	平民	35	愛知郡鳴尾村	−	
	加藤　勝寿	584	平民	43	愛知郡前浜村	◎	改進党
	吉村　明道	352	士族	37	名古屋市研屋町	現◎	再興自由党
	墨　卯兵衛	95	平民		名古屋市伝馬町	現◎	再興自由党
	その他合計	9					
3	**梶田喜左衛門**	995	平民	40	東春日井郡田楽村	○	
	大島　宇吉	903	平民	38	東春日井郡小幡村	現○	再興自由党
	船橋茂十郎	183	平民	37	西春日井郡北里村	現◎	
	天野左衛門	145				−	
	その他合計	31					
4	**宮田慎一郎**	451	平民	36	葉栗郡佐千原村	現▲	
	石田　養助	392	平民	44	丹羽郡今市場村	現◎	大同倶楽部
	松山　義根	367	士族	49	丹羽郡楽田村	○	
	岡田　利勝	212	士族	35	名古屋市梅園町	現◎	再興自由党
	その他合計	38					
5	**森　東一郎**	1,967	平民	42	中島郡三輪村	現●	
	日比野　明	91				−	
	その他合計	36					
6	**青樹　英二**	889	平民	47	海西郡東市江村	●	
	三輪　重秀	528	平民	32	海西郡早尾村	○	自由党
	福田　孫市	326				−	
	小塩　美之	268	士族	35	名古屋市桑名町	現◎	再興自由党
	加藤喜右衛門	204	平民	32	海東郡津島村	現○	
	その他合計	22					
7	**端山忠左衛門**	752	平民	45	知多郡阿久比村	●	
	天野伊左衛門	701	平民	36	知多郡乙川村	現○	
	横山　春太郎	65				−	
	榊原　由一	47				−	
	その他合計	57					
8	**早川　龍介**	1,649	平民	36	碧海郡中島村	現▲	
	内藤　魯一	1,020	士族	43	碧海郡上重原村	現●	再興自由党
	その他合計	34					
9	**今井磯一郎**	489	平民	49	西加茂郡平井村	◎	
	福岡　精一	388	士族	34	額田郡岡崎町	現○	大同倶楽部
	柴田　正厚	267	士族	44	額田郡小美村	現○	
	その他合計	67					
10	**加藤　六蔵**	574	平民	31	宝飯郡前芝村	現○	
	原田新三郎	117	平民	33	南設楽郡海老町	現○	大同倶楽部
	古橋源六郎	58	平民	39	北設楽郡稲橋村	○	
	その他合計	23					
11	**美濃部貞亮**	230	平民	37	名古屋市小田原町	現○	庚寅倶楽部
	広中鹿次郎	205			渥美郡田原村	−	
	鈴木　麟三	151	平民	38	八名郡七郷村	現◎	
	その他合計	8					

(注)　各区氏名のトップの太字は当選者．得票数は，鈴木清節『三河憲政史料』205～
県会議員の現は現職(1890年4月22日現在)，●は議長経験者，▲は副議長経験者，

聞』を発行したが、ともに短期間で終わっている。ただし、この二人は民権派ではない。

第五に代言人であるが、その資格をもっていた者は七人が確認できる。そして、五人は自由党系の者である。そのうち、第九区の福岡精一と第十一区の美濃部貞亮は、代言人業を主要な職業としていた。特に美濃部は、大阪事件被告の大井憲太郎や新井章吾など四人の裁判が名古屋重罪裁判所で行われた際には、その弁護人を務めた。一方、自由党系でない二人、つまり第一区の堀部勝四郎は代言人として活動が短かったし、第六区の青樹英二は活動が確認できない。

このように、新聞の発行・編集人や代言人として長らく活動した者は、ほぼ民権派に限られるといってもよい。

以上のことをふまえて、改めて表21の「党派」を見てみよう。民権派は、旧自由党系（再興自由党、大同倶楽部、自由党、庚寅倶楽部）が一二人、改進党が一人で、合計一三人であり、その比率は四割にも満たない。

このうち、「自由党」というのは、『愛知県議会史』第一巻（明治篇上）で、「自由派」あるいは「自由党」と書かれているものである。ただし、第六区の三輪重秀は、大同団結運動の分裂後の旧自由党三派のどこに属していたのかは不明である。「庚寅倶楽部」は、第一回総選挙の投票日が一か月余に迫ってきた一八九〇年五月半ばに、旧自由党三派が合同をめざして作った全国的な政社であるが、実質的には組織としては機能しなかった。ただ、愛知県でも、美濃部貞亮が中心となり、一応は結成されたのである。美濃部は、大同協和会（再興自由党）と大同倶楽部の両方とも関係がよかった者である。

表21の「党派」で改進党は第二区の加藤勝寿だけである。ただし、『愛知県議会史』第一巻（明治篇

上）に「改進党」と書かれているだけであり、それ以外には、今のところ確認できない。愛知県では、もともと改進党の勢力は弱く、一八八九年後半の条約改正反対運動が盛り上がった時に、中止建白書は一八通出されているが、断行建白は一通も出されていない[*13]。

「名古屋談話会」も、表21には第一区の堀部勝四郎だけしか出ていないが、これは名古屋区（のちに市）選出の議員たちが所属していた会派であり、『愛知県議会史』第一巻（明治篇上）では、それ以前のものも合わせると一〇人が確認できる。また同書では、多くの場合、「名古屋談話会（保守派）」と書かれており、保守的な会派であったと思われる。

これらのことを踏まえながら、以下、各区の主要候補者たちの具体的な経歴を見ていくことにする。

(3) 各区の主要候補者たち

A　第一区（名古屋市）

当選人となった**堀部勝四郎**（一八二九〜一八九六）は名古屋藩士の子で、幼名は庄三郎であるが、長じて父の名を継いだ。しかし、明治維新の後、家禄を奉還して平民となり、船入町に呉服太物類の店を開き、さらに親戚吉田家の遺業を譲り受け、海産問屋業をも兼ねた。また、近隣の紛議の仲裁を依頼されることが多くなったことから法律を学び、一八七六年九月代言人試験に合格して免許を得た（ただし、七九年七月、廃業している）。

一八七九年五月、愛知県会の創設とともに名古屋区選出の県会議員となり、九〇年四月には副議長となる。そして、伊藤忠左衛門、片野東四郎、奥田正香などの名古屋各区選出の議員たちと名古屋談話会を結成した。愛知県会では、財政をめぐって名古屋区と郡部との対立が強まり、一八八二年度から県会は連帯・区部・郡部の三部制になるが、堀部はその当初から八四年五月まで名古屋区部会副議長を、その後八七年十二月まで同議長を続けた。つまり、連帯会の副議長と名古屋区部会議長の兼職の時期があったのである。連帯とは全県下の議題を扱う議員全員による部会である。

さらに、一八八〇年には名古屋区会議員となり、八一年・八三年に議長となる。八九年二月、名古屋市制施行により名古屋区会が名古屋市会となったことから、改めて市会議長に選出された。

また一方、一八八一年名古屋商法会所の創立に尽力し、同年十月、会頭に推された。その後、名古屋海産商組合頭取、名古屋米商会所肝煎、同副頭取をも務めた。さらに一八八二年名古屋精藍会社を組織し同社取締役となる。このように、**堀部はまぎれもなく、商都名古屋を代表する人物であった。**

次点となった**国島博**（一八五一～一九〇六）も名古屋藩士の子である。早い時期に代言人の資格を得たが、やがて岡崎に移り、一八八二年三月、三陽自由党を組織した。その党員は一一二～三人であったという。[*14] その後、名古屋に戻り、一八八八年一月名古屋区選出の県会議員となり、翌八九年からは名古屋市会議員も兼ねた。また同年五月五日に刊行された『新愛知』の副社長となる。

国島は再興自由党の中心的な活動家であるが、県内で有数の雄弁家として、各地の演説会の弁士をつとめることが多かった。また、理論的にも優れた活動家でもあったことは、総選挙の運動中の一八九〇年六月に行った四つの演説を収めた山口二郎編『愛知県第壱区名古屋市衆議院議員候補者国島博君 演説筆記』（新愛知社）からうかがうことができる。そこでは、再興自由党の主張でもある政党内閣（議員内閣制）や政費節減について、きわめて具体的に、かつ理路整然と述べられているのである。たとえば政府の税制を批判する場合には、欧米先進国の場合と比較して述べているし、歳出入を批判する際にも、公債発行や諸税賦課について、明治初めからの経年の数値を挙げており、きわめて説得的である。また、出版集会の自由や対等条約の締結などはいうまでもなく、徴兵年限の短縮や選挙権の拡大など、民権運動の正統派としての主張も見られる。**国島は理論家としてもレベルの高い活動家であった**のである。

さて、投票結果であるが、国島の得票数は、堀部の得票の六割にも満たなかった。商都名古屋にあっては、民権派の活動家ではあった国島も、堀部勝四郎の力には及ばなかったのである。

しかし国島は、総選挙で堀部の当選が決まると、〝被選人の資格をもつ堀部勝四郎という同姓同名の別人が犬山町にもおり、堀部勝四郎と名前だけ書かれているだけで、名古屋市船入町の堀部勝四郎と書かれていない二〇三票は無効である〟として、名古屋始審裁判所に訴訟を起こした。『新愛知』も、それを全面的に支持して、一三四票を得た国島が当選人であるとする論説・記事を展開した。しかし国島は敗訴し、その後、大審院に控訴したが、却下された。[*15]

B　第二区（愛知郡）

この区の当選人となった**永井松右衛門**は一八五四年十二月、愛知郡牛毛荒井村（のち鳴尾村、現・南区笠寺）の大地主永井匡威の次男に生まれた。幼名は冬季三郎《ときさぶろう》。名古屋藩校明倫理堂に学ぶことを許された。一八七二年二月に家業を継いだが、同年、名古屋病院（のち愛知病院）の創立委員となり初代監事となった。同病院は西本願寺名古屋別院で開業するが、横浜より洋医ヨングハンスを招聘した。

一八七六年、国立銀行改正条例の発布に際して、中村道太・中尾寛二・関根銀三らと豊橋に第八銀行を創業して、取締役に就任した。また、七四年の名古屋博覧会の幹事を務めた。さらに一八八八年、名古屋で成文社を興して活版事業を始め、『愛知絵入新聞』を発行したが五か月で休刊したという。

一八八一年、中村道太らと横浜正金銀行創立の発起人に名を連ね、同銀行神戸支店の支配人となった。八六年、東京米商会所の肝煎となり、活動の場を東京に移し、八八年には明治生命保険会社副社長、翌八九年東京米穀倉庫社社長、九〇年東京莫大小《メリヤス》会社社長として、商工業の多方面で手腕を発揮し、同年には東京商業会議員となった。

このように、**永井は、金融・商工界で広く活躍する著名人であった**。なお、作家の永井荷風は、兄久一郎の子であり、松右衛門の甥である。

第二区における主要候補者のうちで、永井以外の三人は、元・現県会議員である。次点の**加藤勝寿**（一八四六～一九〇二）は、一八七九年五月の県会設立時から愛知郡選出の議員となるが、八〇年一月に、一度は辞任した。しかし、再び議員となり、九〇年四月まで議員を続けていた。加藤は主要候補者の中では、唯一の改進党員である。ただし、加藤および当時の愛知県の改進党については、詳らかにしうる史料がほとんど見当たらない。

落選した**吉村明道**（一八四九～一九〇六）は代言人であったが、一八八八年一月～九二年四月に名古屋区選出の県会議員となり、以後議員を続けて、常置委員にも選ばれている。総選挙の時には、再興自由党に属していたが、それ以前の活動については、確認できない。

また、同じく落選した**墨卯兵衛**（生没年不明）は、ほぼ一貫して名古屋区（市）選出の県会議員を続け、総選挙の時も現職であった。民権運動の早い時期からの活動家であり、総選挙の時には再興自由党に属していた。

第二区では、このように民権派の候補者が三人いたこともあって、永井松右衛門は、得票が過半数には及ばなかったにもかかわらず当選した。**永井は県会議員の経験者ではなかったが、多方面における活躍が、選挙人たちから、県会議員の候補者たちより、強い評価を受けた**のである。

C　第三区（東春日井・西春日井郡）

当選人となった**梶田喜左衛門**（一八五〇〜一九〇七）は、春日井郡田楽《たがら》村（のち鷹来村、現・春日井市）の大庄屋梶田家の第十一代の当主である。幼くして犬山藩の儒学者柴山判田（あるいは判男）に学んだ。文久年間から明治初期の凶作に際して、しばしば村民のために賑恤《しんじゅつ》を行ったという。一八七三年に戸長、七四年に小区長となった。

梶田の名が広く知られるようになったのは、春日井郡での地租改正反対運動においてである（春日井郡が東・西に分かれるのは、一八八〇年二月五日である）。地租改正に際して、それに異論を唱える郡民たちが何度も県庁に請願したが聞き入れられなかった。そこで、梶田は林金兵衛らとともに、四二か村の総代として東京の地租改正事務局に哀願書を提出するために、一八七八年一月末に上京した。しかし、なかなか受理されず、逆に県庁を経て出すようにといわれたことから、半年後の同年七月下旬に帰県した。

その後、郡民たちの中には、天皇への直訴をめざす動きが見られたので、梶田たちは、十一月下旬、再び訴願のために上京した。その最中の七九年二月に至り、旧藩主徳川慶勝より救済金三万五千円を下賜され、反対運動に中止を懇諭されたので、それを受け入れた。最終的には、愛知県が二年後の一八八一年に地価の更訂を行うことを保障したことにより、この運動は収束する。[*16]

この年、林金兵衛が東春日井郡長に就くと、梶田も同郡書記となった。梶田はさらに翌一八八二年十月、東春日井郡選出の県会議員となり、八四年十一月まで務める。また同年、**地域の盛昌をはかり、実業の進歩改良を促すために、自力社を起して社長となり、郡民の授産に務めた。**

なお、総選挙の当選人たちを紹介する冊子や新聞のプロフィール紹介では、梶田が春日井郡の地租改正反対運動の中心人物であったかのように書いているものも多い。しかし、この運動の中心人物はいうまでもなく林金兵衛である。ただし、梶田もまた、地域の代表者であったことも事実である。梶田がのちに一八八二年十月、県会議員に選ばれたのも、さらに第一回総選挙で当選したのも、地域の者たちの支持が強かったからである。

次点の**大島宇吉**（一八五二〜一九四〇）は、春日井郡小幡村（現・名古屋市守山区）の名字帯刀を許されていた旧家に生まれた。[*17] 名古屋での民権運動に加わり、一八八四年には、民権結社公道協会による政府転覆計画の一員となった。そして、大島渚などが起こした警官殺傷事件（平田橋事件）の嫌疑からのがれるために一時、高野山に籠もった。

その後、一八八六年一月に東春日井郡選出の県会議員となり八九年一月まで務め、さらに九〇年四月以降も選出された。

大島の生涯の最大の事業は新聞経営である。まず、一八八九年五月十日『絵入愛知新聞』を出したが、検閲が厳しく七月四日に廃刊を余儀なくされた。しかし、翌五日『新愛知』と改題して発行し、以後**『新愛知』は旧自由党系、さらに再興自由党の機関紙的存在となり、愛知県内最多の発行部数を誇るようになる。**

一八八七年十月三日、後藤象二郎が東京芝公園の三縁亭で開いた大同団結のための懇談会には、中島信行・尾崎行雄・星亨・肥塚龍・犬養毅など旧自由党・改進党の指導者七〇余人が招待されたが、愛知県からは内藤魯一と大島が招かれた。それは、当時の愛知県の民権派の中での大島の位置の高さを示している。

ただし、得票数は梶田喜左衛門に九二票及ばずに惜敗した。

また、**船橋茂十郎**（一八五四〜一九一七）は春日井郡小木村（のち北里村、現・春日井市）旧家の生まれで明治初年代に戸長や小区長を務めた。一八八二年五月〜七月、八八年一月〜九〇年四月、東春日井郡選出の県会議員となった。

D　第四区（丹羽・葉栗郡）

当選人となった**宮田慎一郎**（一八五四〜一九三二）も名家の嗣子で、明治初期より戸長、学区取締、村会議長などを務め、郡書記となった。一八八〇年二月、県会議員に選出されて、八二年十月まで常置委員副委員長、凶荒予備蓄積委員、治水委員、所得税調査委員などを務めた。さらに一八九〇年四月、再び県会議員となり、のち副議長に選ばれた。

宮田は第一回総選挙で当選したが、他人と争ってまで国会議員になることを嫌い、一期だけで退き、

以後は尾西鉄道の弥富・津島間の敷設に尽力し、一九九八年四月に開通させる。さらに、宮田用水組合の初代理事長になるなど、地域の発展に貢献する。

次点の**石田養助**（一八四六〜一九二三）は、丹羽郡今市場村（のち布袋村、現・江南市）に生まれた。一八八〇年十月〜八四年五月、八六年一月〜八八年一月および九〇年四月以降、丹羽郡選出県会議員となった。また、古知野銀行頭取にもなっているが、その時期は明らかではない。また、民権運動との詳細なかかわりも不明であるが、大同団結運動の分裂の時には、愛知県内では少数派の大同倶楽部に属した。

落選した**松山義根**（一八四一〜一八九六）は、一八七九年五月の県会開設とともに丹羽郡選出の県会議員となった。しかし、翌八〇年三月、丹羽・葉栗郡長に任命されて辞任した。その後、八八年一月〜八九年十月、再び県会議員となった。その他のことは不明である。

同じく落選した**岡田利勝**（一八五四〜一八九五）は、民権期には自由党名古屋部の中心人物の一人として活躍し、一八八二年三〜五月の板垣退助の東海地方遊説に際しては、名古屋を代表して岡崎まで迎えに行っている。

一八八八年一月、名古屋区選出の県会議員となった。大同団結運動やその後の時期にも活躍し、名古屋区（のちに市）のみならず県内の演説会でも弁士を務めた。国島博とともに、県内を代表する雄弁家である。

この第四区では、大同倶楽部の石田養助と再興自由党の岡田利勝の二人が出馬して自由党系の票を分け合うことになり、ともに落選した。両者の調整が首尾よくいけば、宮田慎一郎の票を上回り、民権派が当選した可能性もあった。

Ｅ　第五区（中島郡）

当選人となった**森東一郎**（一八四七〜一九三三）は代々、庄屋を務める旧家の生まれで、一八七四年以降、戸長・学務係・地租改正顧問を務めた。一八七九年五月の県会開設時から議員に選出され、八四年五月まで務め、八二年五月には副議長に選ばれた。しかし、八四年の通常県会の終了後に辞職して、その後は**尾州特産の結城縞の改良に力を注ぎ**、彼の生産した織物は、同年十一月の丹羽・葉栗・中島三郡連合織物共進会において、県知事一等賞を得た。

一八八七年一月、再び県会議員に選出され、**同年九月からは県会議長となり**、**八九年二月十一日の憲法発布式式典に参列する**。**一八九〇年五月に県会議員の任期が終わってからは、織物改良に尽力するつもりであったが、支持者たちに推されて衆議院選挙に出馬した**。この区では他に有力候補者がいなかったので、圧倒的な得票で当選した。

Ｆ　第六区（海東・海西郡）

当選人となった**青樹英二**（一八四三〜一九一六）は、美濃国安八郡四郷村の豪農片野万右衛門の次男として生まれた。幼時に大垣藩士井田徹助より教えを受けたが、一八六二（文久二）年より約一年半、中国・四国・九州の各地の碩学鴻儒を訪ねながら遊歴するという経験をもった。一八六八（慶応四）年、美濃国笠松代官所支配地が大垣藩に移管されることになると、それに反対して太政官直轄となることを求める動きが起こった際に、総代に推されて京都に上り、願意を上申して認められたという。このことは、いくつかの文献に書かれているが、英二が京都の新政府にどのようなことを働きかけたのかは不明である。

さらに同年、**安八郡が洪水の被害を受けた際に、再び郡中総代として復旧工事の嘆願をして、工費二万円を下賜された。これらの功績により、英二は郡民から大きな信望を得ることになった。**

一八七一年三月、海西郡東条村（のち東市江村、現・弥富市）の豪農青樹家の婿養子となり、七五年戸長、七六年地租改正村位選定委員などを務めた。

一八七九年五月の県会開設の時より八二年五月まで議員を務めたが、その間、八〇年五月第二代議長に選出され、同年十月までその任にあった。その後は県会議員選挙には出なかったが、八四年五月再び県会議員に選出された。しかし八六年四月に辞任する。それは、その二月前の同年二月、木曽川外三川四一三か村連合会議員に当選し、さらに翌三月木曽川外三川四一三か村治水委員となり、**地元の治水事業に力を注ぐためであった。**

その後、一八八七年四月に中島郡長に任じられて、**福田川・富田川はじめ、その他の悪水路の改修に努めたが、**八九年十月依願免官となる。

青樹は生涯を通じて、私財を投じて治水や干拓事業に力を注いだが、その功績は現在でも評価されている。

次点の**三輪重秀**（一八五七〜?）は、一八九〇年四月、海西郡選出の県会議員となり、総選挙の時は現職であった。民権運動にどのようにかかわったのかは不明であるが、県会では自由派に属した。

また、落選した**小塩美之**（一八五四〜一九四〇）は、青年期までも動向は不明であるが、代言人の資格を得ていた。一八八八年一月、名古屋区選出の県会議員となり、さらに大同団結期以後は、名古屋の再興自由党の活動家の一人として、演説会などで活躍している様子は、『新愛知』の記事から知りうる。ただし、総選挙では、自由派から先の三輪重秀と小塩美之の二人が出馬したことから票が分散した。もっとも、両者を合わせても青樹には九三票届かなかった。

五位で落選した**加藤喜右衛門**（一八五七〜一九二三）は、不動産貸付業を営み、一八八四年五月以降一九〇二年七月まで数回、海東郡選出の県会議員となった。なお、三二六票を得て三位となった**福田孫市**に関する文献や資史料は、今のところ見当たらない。

G　第七区（知多郡）

当選人となった**端山忠左衛門**（一八四五〜一九一五）は、碧海郡大浜村（現・碧南市）の鍋田与平治の三男として生まれたが、その後、知多郡植大村（のち阿久比村、現・阿久比町）の染物業端山家の養子となった。しかし、養父の死去により家産が傾いたことから、一八七七年、改正染法を伝習するために、五代友厚が館主を務める大阪の朝陽館に入った。その修行中に、さらなる改良法を発見して課長に進言したが、旧法を墨守する課長には、聞き入れられなかった。しかし、館主の五代はそれを認めるとともに、端山が一八七九年に名古屋杉ノ町三丁目に染業織工場を建設する際には支援したという。

一八七九年五月〜八二年九月と八四年一月〜八六年四月、県会議員となり、八一年一月〜八二年十月には第三代議長に就き、さらに八四年五月〜八六年四月にも再び議長に就任した。しかし、任期明けの直後、南設楽郡長に任じられ、ついで八名郡長をも兼ねて、九〇年三月まで務めていた。

次点の**天野伊左衛門**（一八五四〜一九四〇）は、知多郡乙川村（現・半田市）の酒醸造業者である。一八八六年一月〜八八年一月と九〇年四月以降、知多郡選出の県会議員となった。総選挙での得票数は、端山に五一票及ばす惜敗した。

H　第八区（碧海・幡豆郡）

当選人となった**早川龍介**（一八五三〜一九三三）は、碧海郡中島村に生まれた。早川家は代々、旗本小笠原氏の代官である。廃藩置県により、旧三河国が額田県となった時期に区長となり、一八七五年の地租改正掛となった。一八八〇年五月〜八二年六月、八四年五月〜八五年十月と九〇年四月以降、県会議員に選出され、そのうち最初の八〇年五月〜八二年六月には副議長を務めた。

早川は、今井磯一郎や加藤六蔵らと並んで、三河分県運動（愛知県から旧三河国を分離して、単独の県にしようとする運動[*18]）**のリーダーの一人であり**、一八九〇年一月、その建白書を元老院に提出する際の有志総代となった。

早川の政治的な立場について、木戸照陽編纂『日本帝国国会議員正伝』（田中宋栄堂、一八九〇年八月）には、「其政治上の思想は、未だ何れの政党にも関係せずとも云ひ或は国粋保存の熱心家にして保守主義を確守せりとも云ひ未だ何れか詳かにするを得ず」とある。

次点の**内藤魯一**（一八四六〜一九一一）は福島藩家老職の家に生まれたが、戊辰戦争の際、福島藩が奥羽列藩同盟に入ることに反対して同志二十余名と脱藩し官軍に従軍した。明治維新期に福島藩が三河重原藩（現在の刈谷市）に転封された後、内藤は藩大参事に就き、山林原野の開墾に力をいれたことから、廃藩置県後に秩禄処分が実施されても、旧同藩の士族の貧窮は免れたといわれている。

一八七九年、民権結社の三河交親社を結成し、さらにそれを尾張にも拡大し、三月の愛国社第二回大会には、三河・尾張の交親社員一二四名の総代として参加している。また、翌八〇年三月の第四回大会にも出席し、それに続いて国会期成同盟が結成されると、中心人物の一人となり、同年秋の国会期成同盟第二回大会の後の「自由党結成準備会」にも加わった。また、翌八一年八月には、彼の憲法草案「日本憲法見込案」が『愛岐日報』に数回にわたり掲載された（ただし、一部未発見）。同年十一月に自由党が結成されると幹事に選ばれた。

内藤は、**愛国社→国会期成同盟の系譜を引く自由党の中心人物の一人であるが**、一八八四年一月に自由党の青年活動家たちを集めて訓練する有一館が創設されると館長になるなど、全国的な民権家としても知られた。一方、一八八二年十月～八四年五月と八八年一月以降、碧海郡選出の県会議員となった。そして、**八八年一～十一月および九〇年五月以降は議長を務めていた**。[*19]

しかし、選挙結果は、早川が内藤にかなりの差をつけて当選した。内藤の民権運動での実績は、必ずしも得票には結びつかなかったのである。

―　第九区（額田・東加茂・西加茂郡）

当選人となった**今井磯一郎**（一八四一～一九〇九）は、東加茂郡仁王村（のち豊栄村、現・豊田市）に、太田新蔵の四男として生まれたが、二十三歳の時に西加茂郡平井村の今井尚六の女婿となった。今井家は旧家であり、藩政期より藩士の扱いを受けていた。維新後は戸長、学区幹事、学区取締などを務め、地租改正に際しても郡議員および県議員となった。また、肥料会社の三星会社を興して社長となったほか、蓄積会社社長にもなっている。一八八〇年八月〜八一年六月、八二年十月〜八三年三月、八四年五月〜八八年一月、県会議員に選出された。また、**今井も三河分県運動の中心人物の一人であった。**

次点の**福岡精一**（一八五五〜一九四二）は岡崎藩士福岡新蔵の次男として生まれた。若くして上京して法学を修めて代言人となり、帰郷して岡崎に法律事務所を開いた。**一八八一年頃から自由民権運動に参加し、**内藤魯一と並んで**三河を代表する民権家として活動した。大同団結運動では大同倶楽部に属した。**

福岡は、第一回総選挙では敗れたが、のちに第七回総選挙（一九〇二年八月十日）で当選し（立憲政友会所属）し、以後五期連続当選する。

落選の**柴田正厚**（一八四五〜一九一〇）は、小美村《おい》（現・岡崎市）に置かれた岡崎藩の小美代官の家に生まれた。維新後は小美村戸長などを務めた。一八八二年十月〜八三年三月と八九年九月以降、額田郡選出の県会議員となり、そのまま総選挙を迎えた。

総選挙では、早川・福岡・柴田の三者の争いとなったが、地元の名士である早川が二人を振り切って勝利した。

J　第十区（宝飯・南設楽・北設楽郡）

当選人となった**加藤六蔵**（一八五八〜一九〇九）は、宝飯郡前芝村（現・豊橋市）の生まれであり、加藤家は祖先が新田開発の功により郷士であった。また、廻漕業を営む豪家であり、代々「前芝の殿様」といわれていた。幼くして豊橋の儒学者穂積静軒の門に入り、一八七四年九月、上京して慶応義塾に学び、七八年四月に帰郷した。その後は、種・苗・農具・肥料などの農事改良に力を注ぐなど、地域の発展に尽力した。また、一八八四年、宝飯中学校の設立を計画し、その基礎を築いた。また、その後も郡内の有志と国府村に宝飯銀行を作り、その収益を中学校の維持のために用いている。

一八八六年一月に県会議員に選出され、以後ずっと当選を続けた。その間、八二年、共奨社を開設して定期的に会合し、政治・法律・経済・哲学などを考究するとともに、演説会や討論会を開催した。さらに八八年七月、**東三河五郡の政治・農事・商工業などの改良進歩をめざして、有志者数百名を集めて、豊橋に東参倶楽部を設立した。加藤は当時の宝飯郡を代表する名望家であった。**

次点の**原田新三郎**（一八五七〜一八九三）は南設楽郡海老村（のち鳳来町、現・新城市）の酒造業者である。大同団結運動期の一八八九年十月に、設楽大同倶楽部を設立し旧自由党組織の再建を図った。翌九〇年四月に初めて南設楽郡選出の県会議員となった。

落選の**古橋源六郎**（一八五〇〜一九〇九）は、北設楽郡稲橋村（現・豊田市）に、古橋源六郎暉兒《てるのり》の長男として生まれ、幼名は英四郎であるが、長じて源六郎義眞を名乗った。古橋家は代々酒造業を営み、郡内では抜きん出た名家である。明治維新後、稲橋村戸長などを務め、一八七八年には北設楽郡長に任命された。さらに八二年十月に北設楽郡選出の県会議員となるが、その年に結成された立憲帝政党の活動に専念するため、三か月で辞任した。八四年には北設楽郡報徳会を設立し、報徳運動にも力を入れた。八六年八月、再び北設楽郡長に任ぜられ、同年十月には東加茂郡長をも兼務した。

古橋父子の名前と活動は、今日ではかなり知られているが、第一回総選挙での得票数はきわめて少ない。古橋の地元の北設楽郡が山間部であり、選挙人数が少なく、蒲郡・豊川・国府など東三河南部の宝飯郡を地盤とする加藤六蔵はいうまでもなく、南設楽郡の原田新三郎にも及ばなかったのである。

K　第十一区（渥美・八名郡）

当選人となった**美濃部貞亮**（一八五三〜一九〇四）は、伊勢国鈴鹿郡生まれである。法学を学ぶために一八七五年に上京し、北洲社に入り磯部四郎の下で学び、一八八一年代言人の資格を得た。その後、仁杉英と共編で『治罪法詳解』（東京報告社、一八八一〜一八八二年）を著している。一八八四年に、名古屋法律学校を設立し、法学生を薫陶する一方、名古屋代言人組合の中心として活躍した。特に、大阪事件被告の大井憲太郎・小林樟雄・新井章吾・館野芳之助の四人の再審が一八八八年五月から名古屋重罪裁判所で開かれると、その弁護人を務めて評判を得た。鈴木清節『三河憲政史料』（一九四一年）には「大阪事件の弁護人として其法廷に於ける弁論は幾多の先輩大家を凌ひで満廷の礼賛を博した」（二〇八ページ）とある。

一八八八年五月、名古屋区選出の県会議員となり、**大同団結運動に参加したが、一八八九年五月、同派の分裂に際しては、大同協和会に属し、再興自由党に参加した。**しかし、**大阪事件の弁護人での活躍や、広く自由党系の者たちの信頼を得ていたので、愛知県庚寅倶楽部の代表的な存在となった。**

なお、この総選挙に先立って、美濃部は自らの出身地である三重県第二区の有志からも候補者に推されていたし、さらに名古屋の有志からも愛知県第一区の候補者になるように要請を受けていた。しかし、美濃部は第一区の自由党の候補者を地元の国島博に譲り、第十一区の候補者に回った。第十一区には、村松愛蔵・川澄徳次・八木重治らの有力な民権活動家がいたが、被選人の財産資格がなかったり、欠格者であったりした。そこで、**第十一区の三郡の自由党とその支持者たちは、愛知県庚寅倶楽部の美濃部を輸入候補として招いた**のである。

次点の**広中鹿次郎**（生没年不明）は、一八七一年に家督を相続したが、広中家は田原藩御用達商人であり、鹿次郎は第十三代である。一八八六年二月には、山内庄助・前田又平・野村五兵衛らとともに田原商談会を結成した。

落選した**鈴木麟三**（一八五二〜一九〇）は、八名郡七郷村（のち能登勢村、さらに鳳来町。現・新城市）に生まれたが、生家は医業であり、若くして東京の医科大学予備門に入った。しかし、医師となることを諦めて帰郷し、七郷村戸長などを務めた。『愛知新聞』一八七八年一月十五日の雑報欄には、「去る十二日袋町の明治義塾に於て演説会の発会にて愛岐日報の幹事鈴木才三及び宮本千万樹、萱生奉三、鈴木麟三、前島長発の諸先生達が例の明弁を揮ッての演説にて聴衆殊に多かりしと云ふ」とある。鈴木は、宮本千万樹らと一緒に、名古屋で最も早く政談演説会を始めた一人である。[*20] 一八八〇年十月〜九二年二月と一八九九年九月〜一九〇三年九月まで八名郡選出の県会議員を務めたが、その間に民権運動やその後の組織と積極的な関係は確認できない。

選挙戦は、美濃部・広中・鈴木の三者の争いとなった。しかし、渥美郡・八名郡は、自由党の勢力が強いところであったことから、輸入候補の美濃部が辛勝ながらも当選した。それに対して、広中は地元の渥美郡内の有権者の票しか集めることができず、また鈴木麟三も八名郡内の票しか集められなかったものと思われる。しかし、広中の得票は、美濃部に肉薄しており、もし第十一区の選挙区が渥美郡だけであれば、当選していた可能性もあったであろう。

(4) 民権派の敗北

A 当選人たち

愛知県における第一回総選挙では、民権派の当選人は一人しかおらず、残りの一〇人は当選後に大成会に加盟する者たちである。この選挙を総括するということは、民権派が完敗に近い結果になった理由を明らかにすることである。

まず当選人となった者について整理しておくことにする。

第一区の堀部勝四郎は、早くから県会議員となり副議長となっただけではなく、一八八九年に名古屋市制施行とともに開設された名古屋市会の初代議長でもあった。また、名古屋商法会議所会頭（のち名古屋商業会議所幹事）をはじめ、名古屋米商会議所副頭取、名古屋精藍会社取締役などを務め、実業界の大人物として、その名は広く知られていた。一方、対抗馬の再興自由党の国島博は、早くからの民権活動家であり、その雄弁は県内では広く知られていたし、さらに民権派の新聞『新愛知』の副社長でもあった。しかしながら、商都名古屋にあって、国島の得票数は、堀部の得票の六割にも満たなかった。

次に第二区の永井松右衛門は、地元にとどまらず、第八銀行の取締役や横浜正金銀行神戸支店支配人となり、さらには東京に出て東京米商会所肝煎、明治生命保険会社副社長、東京米穀倉庫社社長、東京莫大小《メリヤス》会社社長、東京商業会議員など、多方面で活動していた。彼の活躍ぶりは、郷土の誇りであり、選挙人の中には、永井こそが自分たちの代表であると思う者も少なくなかったのであろう。したがって、永井は、県会議員ではなかったが、第二区では民権派が乱立してその票が割れたということもあり、当選したのである。

また、第三区の当選者梶田喜左衛門は、林金兵衛と並んで春日井郡の地租改正反対運動のリーダーであった。この運動を通じて、梶田が林とともに、粉骨砕身して活動したことにより、旧藩主から救済金三万五千円を与えられたのであるというイメージが、地域の者たちの中に植えつけられることになった。同区で次点となった大島宇吉は、『新愛知』の社長であり、同紙は彼の人物を広く宣伝したが、地域に浸透した梶田の名声には及ばなかった。

第四区の宮田慎一郎と第六区の青樹英二の二人が当選したのは、木曽川下流の地域にあって、治水に尽力したことが評価されたからである。特に青樹は、治水のみならず、干拓事業に多額の私財を投じており、その姿は、まさに地域の代表にふさわしいものであった。ただ、この二つの区でも、やはり自由党系の候補者が複数出て票が割れたことが、彼らの当選を利した面も強い。

第五区の森東一郎は、特産の結城縞の改良に尽力し、地場産業を発展させたことが評価されたこと、県会議長を務めるなど著名人であったこと、さらに他に有力候補者がいなかったことなどから、ほぼ無競争で当選した。

この点では、第七区の端山忠左衛門も似ているところがある。端山も染物技術の改良に成功したのである。その上に、県会議長になり、さらには県内の二つの郡の郡長を務めたことなども評価されたといえる。

第八区の早川龍介と第九区の今井磯一郎は、単に地域の名望家であるだけでなく、ともに三河分県運動のリーダーであった。尾張国と三河国は古来、地域的対立を繰り返してきた。そして、一八七一年の廃藩置県で、三河国は岡崎を県庁とする額田県となったが、翌七二年、額田県は愛知県（旧尾張国）に統合されて消滅することになったのである。三河分県運動は、その額田県の復活をめざした運動であり、統合以降、長く続いていたものである。そして、この二つの選挙区で次点となった内藤魯一と福岡精一は、県の内外に知られた民権運動の活動家であったが、地域に大きな力をもった早川と今井には及ばなかった。

第十区の加藤六蔵は「前芝の殿様」と呼ばれるほどの名望家という点では、早川や今井よりもさらに大きな存在であった。ただし、単に資産が大きいというだけではなく、宝飯中学校の設立のために私財を投じたことをはじめとして、地域の農事・商工業の発展のために尽力した。もっとも、同区の原田新三郎も古橋源六郎も、南設楽郡や北設楽郡を代表する名望家であった。しかし、宝飯郡の選挙人数は、その二郡よりもはるかに多かったことから加藤が圧勝した。

以上のように、**第一区から第十区の当選人は、ほとんどが地域の有力者や名望家であった。そして、早い時期から、それぞれの地域の問題と積極的に取り組み、時には私財を投じて、その解決のために尽力した。また、商工業活動によって、広くその名を知られており、自分たちの地域の代表にふさわしい人物という認識が広まっていた。当選人となった者はこれらの点で共通している。**したがって、「衆議院議員＝ほとんど地主」という図式が実態の表層のほんの一部でしかないことが明らかとなる。

そのような中にあって、第十一区だけは違っていた。この区で当選した美濃部貞亮は当時、名古屋で活躍していた代言人であり、「輸入候補」であった。それにもかかわらず、**美濃部が当選したのは、渥美郡・八名郡ではもともと自由党の勢力が強かったからである。**そのために、県内でただ一人の自由党系の当選人となったのである。

しかし、全体として見れば、愛知県の第一回総選挙で、民権派は完敗に近い形となった。そして、第一区～第十区の一〇人の当選人たちは、総選挙後には、大成会に参加する。先の表16で見たように、愛知県は、当選人たちが大成会に参加する比率が最も高い県であった。

B　民権派の敗北の背景

愛知県の第一回総選挙で、民権派が完敗に近い形になった理由を見ておこう。

第一には、やはり民権派の勢力が弱かったことである。先に見た栃木県をはじめとして民権派が圧勝した県では、県会議員のほとんどが民権派であった。しかし、愛知県会では、民権派が多数を占めることはなかった。特に改進党はきわめて微力であった。

表22は、『愛知県議会史』第一巻（明治篇上）第八章に記載されている明治年間の議員在職年数の中から、一八九〇年四月二十二日、つまりこの年の通常会の初日に在籍した議員たちの「当選当時の党派」の欄を抜き出して、党派・会派別にまとめたものである。同年四月の前半には、県会議員の半数改選が実施されており、この表は、その直後のものである。なお、いちばん左側には、のちの第一回の総選挙の選挙区を加えている。

この表からも分かるように、議員総数は八三人であるが、自由党は一九人（約二三％）であり、さら

表22　愛知県会党派・会派別議員数　1890年4月

選挙区	市・郡	定員	自由党	名古屋談話会	空欄
1	名古屋市	33	12	6	15
2	愛知郡	3			3
3	東春日井郡	3			3
	西春日井郡	3			3
4	丹羽郡	3	1		2
	葉栗郡	2			2
5	中島郡	3			3
6	海東郡	3			3
	海西郡	2			2
7	知多郡	3			3
8	碧海郡	3	1		2
	幡豆郡	3	1		2
9	額田郡	3			3
	西加茂郡	2	1		1
	東加茂郡	2			2
10	南設楽郡	2			2
	北設楽郡	2			2
11	宝飯郡	3			3
	渥美郡	3	2		1
	八名郡	2	1		1
	合計	83	19	6	58

（注）『愛知県議会史』第一巻（明治篇上）（1953年）より作成．自由党は「自由派」をも含む．

に改進党は一人もおらず、民権派は少ない。ただし、愛知県会には、民権派だけではなく、他の会派もほとんどなく、名古屋区（のちに市）選出の議員たち六人による「名古屋談話会」があるだけである。つまり、愛知県会には、自由党と名古屋談話会のほかに、会派はなかったのである。そして、「当選当時の党派」の欄には、何も書かれていない空欄の者が五八人いるのである。

しかし、それは、この時期に限らず、一八七九年五月の県会開設の時からほぼ同じであった。この時までの全期間を含めても、「自由派」あるいは「自由党」と、「名古屋談話会」の以外にはほとんどないのである。わずかに愛知郡の加藤勝寿のところに「改進党」と書かれているが、加藤は一八九〇年四月の半数改選での当選議員には入っていないので、この表には載っていない。

このように、**愛知県会では、民権派がそれほどの力をもたず、また他の会派もめぼしいものがなかったのである。**それでは、議員たちはそれ以外に、どのような組織的結びつきをもっていたのであろうか。実は、愛知県会では、当初より、政治的党派よりもはるかに大きな問題があった。名古屋区選出の議員たちと郡部選出の議員たちとの対立である。県庁所在地であり大都市である名古屋区の議員たちと、郡部の議員たちとでは、大きな利害上の違いがあり、次年度予算案をめぐって相当に激しい対立が続いたのである。そして、ついに一八八二年八月一日より、区部と郡部と県全体の経済は三つに分離することになった。それにより、県会も（名古屋）区部会、郡部会、連帯会の三部制となった。しかし、それで対立が解消されたわけではなく、全体の審議である連帯会では、それが繰り返されたのである[*21]。

愛知県会ではさらに、この対立のほかに、愛知県の成立の経緯から、尾張と三河の対立があり、それが県会議員たちにも反映された。特に三河の議員たちにとっては、地方税の多くが県都である名古屋区の整備と尾張での河川改修のために使われて、三河に必要な道路の拡張・整備が後回しにされることに対しては、強い不満をもっていた。そのことから、一八八一年五月には、「尾三両国の経済を分離することを乞ふの建議[*22]」が可決されている。第八区の当選人となる早川龍介と第九区の当選人となる今井磯一郎は、消滅した額田県の復活をめざす三河分県運動のリーダーであった。

このようにして、**愛知県会では、成立の当初から、宿命的ともいえる名古屋区部対郡部、尾張対三河という二つの地域間対立があったのである。**そのような構図の中にあっては、民権派と県令派というような政治的対立は、必ずしも前面には出なかった。そのことを象徴的に示しているのが、かつて国会期成同盟や自由党のリーダーの一人であり、その後も愛知県の自由党の活動家であった内藤魯一が、一八八八年一月二十三日に議長に選ばれたことである。全国の府県会の議長・副議・常置議員の選挙では、自由党、改進党、県令派および保守派、中立の三～四派議員が激しく争うことが少なくなかったが、この時期の愛知県会では、全議員のわずか二割余にすぎない自由党の内藤が、議長に選ばれたのである。そのことは、**当時の愛知県会では、政治的党派がけっして第一義的な問題ではなかった**ことを示している。

先にAで見たように、愛知県の第一回総選挙で当選人となった者のほとんどは、地域の有力者や名望家であった。彼らは、自分の地域がかかえる問題と積極的に取り組み、時には私財を投じてまでも、その解決に尽力した。また、商工業活動によって、広くその名を知られていた者もいる。美濃部を除く自由党の候補者は、そのような者たちの前に敗れたのである。

しかし、地域の論理と政党の論理とは、本来的に対立するものではなかった。政党の勢力の強かった他県の場合を見てみよう。

たとえば、兵庫県第五区の魚住逸治は、淡河川疏水工事に尽力するとともに、兵庫県に合併されることにより消滅した播磨県の再置運動を進めた中心人物である。愛知県の場合にたとえれば、青樹英二と早川龍介や今井磯一郎とを合わせたような存在である。また同県第七区の内藤利八も、戸長を務め、蚕糸組合長になるとともに、私立学校育英館を創立し、さらに播磨県再置運動に尽力するなどの地域の実力者であった。この点では、愛知の当選人たちと似ている。

だが、魚住と内藤の二人は、根っからの改進党の活動家であった。特に内藤は、大隈外相の条約改正案への反対運動が盛り上がる中にあって、その即時断行を主張したほどの大隈の信奉者である。兵庫県（総定員一二人）の当選者は、自由党系六人、改進党五人であり、この県の選挙戦は、ほぼ両党間で争われたといってもよい（他の一人は無所属）。このようなところでは、地域の論理と政治の論理が対立するのではなく、地域の論理を内包しつつも、それが前面に出ることがなく、自由党系と改進党の候補が、あるいは自由党系候補同士が激しい戦いを展開したのである。先に述べた四国や関東など、民権派が圧倒的に優勢であった県の内実も、この兵庫県の場合と似かよっているところがある。

また、富山県第一区の関野善次郎は、呉服商であったが、富山銀行を創立し、さらに第十二銀行の頭取となるとともに富山商工会議所の会頭となった。そして、富山県が一時石川県に吸収されていた時に、富山分県運動の中心人物となり、それを実現させている。さらに、富山町に市制が敷かれると富山市会議長に選ばれた。やはり愛知県の堀部勝四郎と早川龍介や今井磯一郎のような人物である。しかし、彼も改進党員であった。また、福井県第四区の藤田孫平も、福井県属として教育・衛生・救恤・道路開削などの公共事業に尽力したが、大同団結運動で頭角を現わし、やがて板垣退助の愛国公党に加盟する。

富山県（定員五人）も福井県（定員四人）も当選者全員が民権派であった。この二県でも、やはり選挙戦は、自由党系対改進党系あるいは両党系の候補者同士という形で展開し、そこに民権派以外の候補の入り込むスキはなかったのである。

このように、第一回総選挙では、地域の論理を内にもちながらも、政党の論理の対立を前面に出した選挙戦の展開されたところが少なくなかったのである。しかし、愛知県では、民権派が弱かったことから、地域の有力者や名望家が必ずしも政党に属することはなかった。県会議員の中で、自由党は少数派であり、改進党にいたっては皆無に近かった。第一回総選挙が行われたのは、このような状況の中においてであり、民権派で当選したのは、もとから自由党の勢力の強かった第十一区の美濃部貞亮だけであったのも当然の帰結であった。

さらに、他の当選人の一〇人は、もともと政党に属していない者であったので、八月に結成される大成会に参加したことも、自然な成り行きであった。

以上のことをまとめておこう。本章では、民権派が圧勝した県として栃木県を例にあげ、さらにその逆に民権派が完敗に近い形となった愛知県を例にあげて、その実態と背景を見てきた。そのような違いが生じた主要な理由は、やはり県会において民権派が大きな勢力をもっていたかいなかったかであるといえよう。

自由民権運動は、激化事件の鎮圧や自由党の解党と改進党の分裂によって、収束したのでもなければ、敗北したのでもないのである。政府は、その前に一八八二年六月に集会条例の改正・追加を行い、政党の活動に規制を加えて、政治結社は支部を置くことができなくなった。そのことから、政党支部はゆるやかな連絡組織としての地方政党に衣がえすることを余儀なくされた。しかし、それは中央での動きには必ずしも左右されることがなかったことから、組織が存続されて、そこはやがて地方の党員たちの結集の拠点となっていくのである。そして、その中心となったのは、府県会議員であった。

その後、三大事件建白運動、大同団結運動、条約改正反対運動あるいはその断行運動が全国的に展開していったのは、民権運動の復元力を示すものであったが、それを支えたのは地方政党であり、その中心は府県会議員たちであった。

第一回総選挙は、このような歴史的な条件の中で行われた。したがって、府県会において民権派の勢力が強いところでは、総選挙でも民権派が勝利し、それが弱いところでは敗北したのである。

民権運動を「革命」運動として位置づけ、その尺度から見てしまうと、〝敗北〟という結論しかでてこないので、第一回総選挙は民権運動とは断絶したものとしてしか捉えられない。しかし、事実はけっしてそのようなものではない。

民権派の主張は、最初は新聞と演説を通じて訴えられ、ついで府県会に受け継がれていったが、それは、いよいよ議会という国政を論議する場で、新たな展開を示していくことになるのである。

注

＊1　以下は基本的には、「田中正造に学ぶ会（東京）」の『会報』（月刊）に連載の「自由民権家時代の田中正造」の「第一回衆議院選挙における正造」（二〇一四年十一月〜二〇一五年十二月）を、簡略にまとめ直したものである。

＊2　栃木県の第一回総選挙についてのまとまった研究には、大町雅美『自由民権運動と地方自治――栃木県明治前期政治史』（随想舎、二〇〇二年）の第六章一節「第一回総選挙と政党」があるが、第二区・第三区についてはあまりにも簡略である。また、M・W・スティール「議会政治の誕生――大同団結と参加危機」（坂野潤治・宮地正人編『日本近代史における転換期の研究』（山川出版社、一九八五年）第一部第二章Ⅱ）も、栃木県の第一回総選挙を扱っているが、県内の三つの民権派の対抗関係をまったく把握していないので、選挙戦の実態からはほど遠い素描に終わっている。

＊3　『栃木新聞』十二月二十二日の記事に、「先に本県会議員横尾輝吉、稲葉謙次の両氏は加盟せられしが、今度小峯

新太郎、和田方正、塩谷道博……の諸氏も加盟せられ……」とあり、さらに田中正造の旭岡中順宛ての翌八三年一月七日書簡では「十二月十八日ヲ以〔テ〕十七名ノ議員トトモニ改進党ニ加盟セリ」（『田中正造全集』第十九巻〈岩波書店、一九八〇年〉三八五ページ）とある。ただし、正確な人数は不明であり、十数人としておくことにする。

＊4　坂野潤治『近代日本の出発』（『大系日本の歴史』第一三巻、小学館、一九八九年）は、第一回総選挙が、「完全な地主選挙」であったことを述べたあとで、この栃木県第一区の演説会について、「たとえば新井章吾の選挙区であった真岡村の有権者は九二人であったが、そこで二三年六月六日に行なわれた演説会には約一〇〇〇人の聴衆が出席している。隣接する町村からの有権者の参加もみこんでも、選挙権をもたない人びとが多数出席していたことはまちがいない。しかも、選挙権をもたない聴衆もたんなるお祭り気分であつまったのではなく、政府節減（行政整理）、地租の軽減、藩閥政府批判などの政治演説に長時間耳を傾けたのである」（一五七～一五八ページ）として、新井の顔写真まで載せている。真岡「村」を新井の選挙区としているのは、あまりにも初歩的な誤りであるが、坂野はこの選挙戦における右のような対立の構図をまったく捉えていないという初歩的な、そして決定的なミスをおかしている。そもそも、この演説会の主役はあくまでも中山丹治郎であり、新井は脇役（応援弁士）の一人にすぎないのである。

＊5　『足利の人脈』（下野新聞社、一九七九年）。

＊6　『田中正造全集』第一四巻（前出）一九六ページ。

＊7　佐々木克『日本近代の出発』（集英社版『日本の歴史⑰』、一九九二年）の二八六ページには、田中正造の選挙戦について、「対立候補の自由党系の豪商木村半兵衛との、激しい選挙戦（二五票差《ママ》）で、思いのほか金がかかった結果であった。しかし選挙違反も、妨害・干渉も目立ったものがない、公明選挙であった」としている（傍点は稲田）。佐々木は、何に基づいてこのような断定を下しているのであろうか。実際の田中の選挙戦は、公明な選挙からはほど遠いものであった。

＊8　『田中正造全集』第一巻（前出）九八ページ。さらに「田中正造昔話稿」でも、「三人ハ硬骨家なり、皆職を辞して去り後ち予等に声援を与ふと云ふ」とある（同・一七三ページ）。

＊9　拙著『自由民権運動の系譜』（吉川弘文館、二〇〇九年）九四～九五ページ参照。
＊10　『下野』四月二十九日記事「大田原に於ける親睦会」。
＊11　明治史料連絡会編『自由党員名簿』（一九五五年）による。
＊12　「改進党及大隈伯」（『国民之友』第一九号、一八八八年四月十六日）には、全国の府県別改進党員数が出ている。
＊13　指原安三『明治政史　第二十二編』（『明治文化全集』正史篇下巻九九ページ）。
＊14　我部政男編『地方巡察使復命書』下巻（三一書房、一九八一年復刻〔原本は一九三九年〕）。
＊15　この訴訟については、拙稿「第一回総選挙と第一議会召集との間――愛知県第一区同名訴訟事件など――」（『東海近代史研究』第三五号、二〇一二年）で、詳しく紹介している。
＊16　日本近代史研究において、春日井郡の地租改正反対運動は、人民闘争史の観点からは、その方法や収束のあり方が微温的なものとして見られ、評価がけっして高いとはいえない。その一方、その少し前の一八七五年十二月、三重県で起こった地租改正反対一揆（「伊勢暴動」）は、地租率の〇・五％引下げの大きな原動力となったものとして評価されることが多い。
　この三重県の一揆は、典型的な新政反対一揆であり、地租改正を推進する戸長の家のみならず、各郡支庁・学校・電信所・銀行・海運会社や病院までもが破壊・焼討された。そして、その鎮圧のために、名古屋鎮台二中隊、大阪鎮台大津営所一中隊、警視庁巡査二〇〇人が派遣されて、死者三五人、負傷者四八人を出し、さらに、絞首刑一人と終身の懲役刑三人を含む処分者は五万七七三人に及んだ。

　実は、この一揆は、三重県と隣接する愛知県海東・海西郡にも波及し、同調者を出した。梶田や林らは、地域のリーダーとして、「伊勢暴動」のような力を恃んだ蜂起が地域のあり方を大きく破壊し、多数の犠牲者を輩出することを知り、それへの強い危惧をいだいていた。そのために、郡内に地租改正への不満が高まってくると、彼らは東京に出向いて地租改正事務局に哀願書を提出するという「代表越訴型」の方法を選んだといえる。それが、犠牲を負うことなしに、旧藩主による救済金三万五千円の下賜となって収束したことから、地域の人びとは、梶田や林らに、強い信頼と恩恵の念をいだかせることになった。

＊17　大島の伝記としては、関豊作『大島宇吉翁伝』（新聞解放社発行、新愛知新聞社発売、一九三二年）がある。
＊18　三河分県運動については、『新編岡崎市史4　近代』（一九九一年）のⅢ2「額田県再置運動（三河分県運動）」に詳しい。
＊19　内藤の民権運動関係の主要な史料は、知立市歴史民俗資料館編『内藤魯一自由民権運動資料集』（知立市教育委員会、二〇〇〇年）に所収されている。
＊20　拙著『自由民権の文化史　新しい政治文化の誕生』（筑摩書房、二〇〇〇年）二五三ページ。
＊21　区部と郡部の対立は、東京・京都・大阪の三府や神奈川県でも起こっており、三部制が実施されていた。その後、愛知県のほかに、兵庫県・広島県でも実施される。
＊22　『愛知県議会史』第一巻（明治篇上）五二七～八ページ。

あとがきにかえて

本書の中心をなすものは「財産」作りである。この「財産」作りは、〝人格〟を前提として、信頼関係に基づく紳士協定である。

紳士協定については、たいていの辞書には、〝互いに相手を信頼して結ぶ取り決め〟というようなことが書かれているが、私の愛用する個性的な辞書である『新明解国語辞典』（第七判、三省堂）には、「相手を信頼して行う口約束」とある。つまり、「財産」作りはエビデンスを残さないものなのである。

だが、長い間、私が行ってきたことは、そのエビデンスを探すことであった。今、思え返してみれば、相当に無謀なことであり、そのために膨大な時間をついやすことになった。本書の第一章は、それとの長い間の格闘のささやかなる成果である。しかし、それについてまとめた最初の論考「「財産」はこうして作られた」（『東海近代史研究』第三六号［二〇一六年三月］の抜刷）を送った際に、ある友人から「あれは人格史観だな！」といわれた。唯物史観の経済史の立場から見れば、〝人格〟を重要なキイ・ワードにした作品は、非科学的な観念論にすぎず、論文とはいえないというのだろう。

しかし私は、〝人格〟というものは、社会生活においてはいうまでもなく、政治の世界においても重要なものであり、時にはそれが大きな役割を果たすこともあるということを明らかにしたかったのである。

ただし、いきなり「財産」作りのことを調べたのではない。第一回総選挙の当選人の中には、自由民権運動で活躍した者たちがかなりいるにもかかわらず、「衆議院議員＝ほとんど地主」という公式でくくられてしまっていることに、私は堪えられず、その真実の姿を探りたかったのである。

当初は、当選人三〇〇人（実際には二九八人＋八人）について、分かりうる限りのことを調べて、その実際の姿を探り出そうとした。第三章はそれをまとめたものであり、表11は、それの要約である。

しかし、紳士協定の内容を確認することは、きわめて困難であり、結局は当選人たちのみならず、落選した者や、さらには府県会議員についての資史料にも目を通すようになったのである。

そして分かったことは、〝Win-Win 型〟の場合は、エビデンスが残っているのはやはりきわめて少ないということであった。ただし、尾崎行雄のように、探偵的手法を使うことによって、それが分かる者もいる。つまり尾崎は「財産」作りについての直接的な文章はなくても、自伝などには、「財産」作りにとっていちばん大切な時期にイギリスに行っていて、日本にいなかったことが詳しく書かれているからである。

一方、勝手連型の場合は、本人がもともと衆議院議員になる意思がなかったので、必ずしも隠さなくてもよかったのであろうが、明確な文章を確認できることもある。たとえば高田早苗は、自伝で数ページを使って、そのことをかなり詳しく書いている。ただし、陸奥宗光については、『陸奥宗光伯小伝』に、ほんの少し出ているだけなので、当時の選挙制度、特に選挙人名簿の作成の実態を踏まえていないと、見落とすかもしれない。『河野磐州伝 下巻』の中の深沢宮治による挿話は、本人自身によるものではないが、勝手連総代ともいえる人物の回想なので、実感がこもっていて非常にリアリティがある。

全体を通じて、いちばん面白かったのは、村松愛蔵の悲喜劇である。私は、以前、愛知県のいくつかの自治体史の編さんにかかわったことがあるので、鈴木清節の『三河憲政史料』は何度も読んでいた。しかし、「財産」作りについての知識がなかったので、それを見落としていたのである。今回、内藤魯一が第二回総選挙で三つの選挙区で選挙運動を展開しながらも（第二章）、結局、全区で落選したという事実を確認するために、改めてそれを読み直している時に、その個所が目に入り、思わず快哉を叫んだ。

さらに、最も嬉しかったのは、愛媛県警察部による「政党沿革史　明治三十年七月」の中に、一八八六年の愛媛県会議員選挙で、藤野政高などが「地所の貸与」を受けていたという記述を見つけた時である。実はそれまでに、一八八九年二月から一八九〇年八月までの主要な中央紙と、いくつかの地方紙を読んでいたが、「財産」作りに関する記事に出会うことはなかった。しかし、この「地所の貸与」によって、「財産」作りはすでに県会議員選挙の際にも行われており、第一回総選挙で初めて行われたことではないことが分かったのである。さらに、それは、当時においては必ずしも珍しいことではないことを知って、それらのことが当時の新聞には載っていないわけを納得した。

この「財産」作りに限らず、本書をまとめるにあたり、第一回総選挙については、徹底的に調べたつもりである。同一人物の複数区での当選や、再選挙と補欠選挙との違い、さらには当選更正、投票に際しての署名・捺印制、二名連記制、無効票、七月一日投票制などは、どれも旧来の研究がほとんどなかったので、自分で調べる以外はなかったのである。

歴史研究で大切なことは、それぞれの時代に固有のものを明らかにすることである。歴史の法則性とか、現代との関連とかを強調している著作は、実証が不十分であり、あまり信用ができない。もっとも、そのことは、多くの史料と長い間向き合ってきた者であれば、経験的に分かっていることなのかもしれない。ともかく、本書は私の第一回総選挙に関する研究の報告である。
本稿の序章から第三章は、基本的には、東海近代史研究会の年誌『東海近代史研究』に掲載した以下の論文に基づくものである。
「明治憲法と旧民権派――一八八九年二月の『新愛知』の記事を中心に――」（第三一号、二〇一〇年六月）
「愛知県における第一回衆議院議員選挙（上）」（第三二号、二〇一一年七月）
「愛知県における第一回衆議院議員選挙（下）」（第三三号、二〇一二年七月）
「自由民権家の明治憲法体制観――植木枝盛と島田三郎の場合を中心に――」（第三四号、二〇一三年十一月）
「第一回総選挙と第一議会召集との間――愛知県第一区同名投票訴訟事件など――」（第三五号、二〇一四年十二月）
「「財産」はこうして作られた――第一回総選挙における選挙人と被選人――」（第三六号、二〇一六年三月）
『東海近代史研究』は東海近代史研究会の会誌である。同会は一九七八年に、長谷川昇・日比野元彦・秦達之・水谷藤博氏らによって結成された。私も誘われて会員となり、たまに執筆することがあった。ただ、できるだけ多く人の原稿が載った方がいいと思っていたので、自ら進んで書くことはあまりなかった。しかし、水谷・長谷川・日比野氏らが次々と鬼籍に入られ、さらに会員の老齢化が進むにつれて、一〇年ぐらい前から執筆者が減り、この会誌は薄くなっていった。それは、同誌の以前の姿を知る者にとっては、寂しい限りであった。私が、長文の論稿を同誌に載せることになったのはその頃からである。私も『自由民権運動の系譜　近代日本の言論の力』（吉川弘文館、二〇〇九年）を書きあげた後であり、国会の開設を自由民権運動の延長線上に位置づける作業を始めたところであったので、毎年、一五〇枚（四〇〇字詰）前後の長文の論文にまとめて、掲載していただくことにした。

ただし、結論としての「財産」作りまでには、なかなかたどりつけなかったが、やっと第三六号でそれを書くことができたときに、『東海近代史研究』は終刊を迎えることになった。東海近代史研究会の後半は、ほぼ西形久司氏が代表幹事兼編集長であったが、同会が四〇年近く存続したのは、ひとえに西形氏の献身的な尽力による。私が、憲法発布および国会開設を、自由民権運動の敗北としてではなく、その延長線上にとらえようとする観点からの研究を続けられたのは、この会誌があったればこそのことであり、西形氏に対する厚い感謝の念でいっぱいである。

本書の第二章と第三章も、基本的には『東海近代史研究』に書いた前記の論文をまとめなおしたものである。ただし、第二章では簡略化し、いっぽう第三章ではさらに精査を加えて修正してある。両章とも、これまで研究がほとんどなかったので、かなりの時間を要することになった。

第四章の1は、田中正造に学ぶ会・東京の月刊の『会報』二〇一四年十二月〜二〇一五年十一月に連載していた「自由民権家時代の田中正造」の一部である「第一回衆議院議員選挙における栃木県の選挙戦」（全一〇回）であり、この部分はそれを短くまとめ直したものである。当時の加藤誠会長、赤上剛副会長にお礼を申し上げげたい。

本来は、「まえがき」に記したように、このあとに第五章「議会権限をめぐる議員と政府との闘い第一議会〜第三議会」と第六章「議会権限の獲得　第四議会と『和協ノ詔勅』」の二つの章がくるはずであった。しかし、前述のような事情から、本書には載せられなかったのは残念である。その可能性は薄いが、この二章を含めた新著を世に問う機会をもつことができれば嬉しい。

＊　＊　＊

私が脳出血で倒れたのは二〇一六年九月二十八日夜である。ここでは、その後のことを書いておくことにする。

私は、血圧にはかなり気をつかっていたのだが、最近の降圧剤の二四時間持続という謳い文句を過信したのが致命傷となった。すぐに救急車で近くの総合病院（えばら病院）に運ばれて、何とか一命をとりとめたものの、最長六六ミリ、最短二二ミリというかなりの大出血であった。

入院当初は、三九・八度という高熱が出たせいもあり、集中治療室、重度患者室にいる間は、点滴の管がスパゲッティのように何本も巻かれていたが、二週間後に一般病棟に移る時は、二本になった。そして、さらに二週間後の十月二十五日、再発の危険がなくなったので、蒲田リハビリテーション病院に転院した。そして、同病院でのリハビリにより、高次脳機能（言語・思考力・記憶力）は八割ほど、左手（指・ひじ・肩）の機能も少し回復したが（ただし、パソコンのキイ・ボードをたたくのは無理で、今でも右手だけにによらざるをえない）、左足の麻痺はひどく、四点杖を使っても、安定的な歩行にはほど遠い状態であった。しかし、二〇一七年四月十三日、介護保険による入院期間（一八〇日）の切れる一週間前に退院を余儀なくされた。脳出血患者は、①昏睡のまま死亡、②昏睡を免れても寝たきり、③起きられても半身不随の三者の合計が四六％に達するという。そのことからすれば、私は幸運であったといえるかもしれない。

退院後は、自宅でひたすらリハビリ生活を送ることになった。しかし、介護保険によるリハビリ（一か月二六〇分）はきわめて不十分なので、はるかぜ鍼灸マッサージ院の木村友樹氏による施術（一回六〇分）週五回のほかに、足に関してはデイ・サービス（週一回三時間三〇分）、自主トレ（毎日四〇〜八〇分）、友人・家族による介助リハビリを週二〜三回（各六〇分以上）を行った。その結果、左足のマヒは少し改善したが、単独歩行は無理であり、車イス生活のままである。

脳出血が辛いのは、高次脳機能・手足の機能が損なわれるだけではない。他の病気を併発し、それが患者を苦しめるのである。それらは決して一律ではないようであるが、私の場合はそれらの方がマヒよりもずっと苦しいのである。

まず何といっても、マヒの個所の激しい痛みである。それは、マヒで機能が止まっていた筋肉や神経が、リハビリによって刺激されたことにより起こるものである。私の場合は左足の膝の上の大腿四頭筋の神経である。それを感じ出したのは、二〇一七年五月中旬からであるが、やがて痛みは一日中続くようになった。ちょうど麻酔が切れたような状態で、あまりの痛さに気絶するかのようにいつの間にか眠り、再び気づくと痛みの中にあったこともある。

その中で忘れられないのは、六月二十二日の昼間のことである。痛み疲れて寝入ってしまった時に、突然、甘いささやきを聞いたのである。明るいカーテンの向こうで、「さあ一緒に、苦しみのない世界に行きましょう。」という声が聞こえてきたのである。誰だかは分からないが、年配の女性の気品のある声であった。私はまどろみから目覚めて、それを何度も何度も否定し、辛い痛みの中で見た幻覚だと思うようにした。

その痛みは、七月上旬に一時は収まったものの、その後もしばしば繰り返した。そして、今年に入ってから、その痛みは再び強くなり、しかも長時間続くようになった。あまり知られていないようだが、かなりの脳出血患者がこの痛みに苦しむのである。しかし、この痛みは、健常な人には伝わらないものである。

次には、腸の状態の悪化である。私も退院後、運動量が減ったことが原因であるが、尾籠なことながら、一日の大半を大便を出したいという気分に支配されている。しかし、トイレに長く座っていても、実際には大便は出ないことが多く、毎日がこの不快感で苦しいのである。消化器科を受診しても、積極的な処方は特にないとのことであった。

さらに、膀胱機能の悪化と前立腺肥大のために、夜間には五回以上も起きることがあるようになった。尿意を感じて目覚めて、急いでマヒした足が滑らないために専用の靴を履いて、車イスに乗ってトイレの入り口まで行き、転倒を避けるための柵を伝わって、慎重に便座の前まで歩くのは、たいへんなことである。入院による手術を考えたが、車イスを使っての手術・入院は一層の困難が伴う。その上に、前立腺を手術しても、過活動膀胱は特には変わらず、夜間頻尿が治まるわけではないとのことであり、結局、トイレを広くする工事をしただけであった。したがって、病状は同じであり、毎夜の苦闘は続いている。

これらの苦しみは、昨年九月頃までに常態となり、今もその中にある。

以上、脳出血のことを詳しく書いたのは、世の中にはこの病気に対する理解が必ずしも十分ではないと思うことがあったので、もし患者と接する場合があれば、拙文をぜひ参考にしていただきたいからである。

＊　＊　＊

このように毎日を苦痛の中で過ごさざるをえなくなった私を、この世につなぎとめ、生きることへの意欲を持ち続けさせてくれたものは二つあった。一つは、すでに草稿のできている『近代日本における立憲政治家の誕生』全六章のうちの第四章までを『総選挙はこのようして始まった』として、一冊にまとめ直すことである。パソコンを右手だけで打つのは一時間に四〇〇字がやっとである。しかし、それをしていると、マヒした左足の激しい痛みや、おなかのたえざる不快感などの脳出血患者に特有の苦しみを忘れることができた。そのようにして、何とかできあがったのが本書である。

このような形で本を出すことは、必ずしも私の本意ではなかった。しかし、昨年の後半からの私の毎日は苦痛の連続である。私がマヒを克服する前に、それらによって押しつぶされてしまうかもしれない。したがって、苦しい体調の中でも本書の完成に向けて全力を尽くしたつもりである。

もう一つは、友人・知人たちの激励と温かいことばであった。私は、退院して自宅に戻った翌月の一七年五月から友人・知人・親族の約二〇人に、近況報告を書いたEメールを送り始めた。それをさらに、近代民衆史研究会事務局長の杉山弘さんが同会の有志一四人に、また菅井益郎さんが大学院時代の友人たち九人に送ってくれることになった。私は左手をほとんど動かすことができず、パソコンのコピー機能を使えないために、複数人に同時にメールを送ることが不可能であり、一人ずつ送らざるをえないので、非常にありがたいことであった。お二人のおかげ、私の報告を目にする機会をもつ人は、四〇人以上になった。

このメールは、一、二か月ごとに一回出したが、毎回、十数人からリプライがあった。それを読むことは私にとって、限りない喜びであり、繰り返し読んで、病気と闘う大きな「気」をいただいた。

以上のように、本書をまとめることと、親友たちが書いてくれたEメールを読むことの二つが昨年の私の生きる力となっていた。

しかしながら、今年に入ってから、前述の苦痛のほかにドライマウスが強まり、舌のひび割れが大きくなった。さらに、単なる喉の渇きだけでなく、味覚障害が進み、食べ物がおいしくなくなった。その上に、嚥下力も弱くなり、大きな錠剤はいうまでもなく、生つばすら一度では飲み込むことができなくなった。口が乾き、さらに唾液の飲み込みにつかえるようになったことから、のどアメをなめるようになったが、そのことから歯に次々と不具合が生じた。かぶせた歯・さし歯・入れ歯がすべておかしくなったのである。

まさに負のスパイラルである。これらのことが重なってくると、毎日の生活自体が次第に苦痛となり出して、病気と闘う気力も萎え始めていった。ただし、そのような中でも、本書をまとめる作業は続けた。そして、今月、何とかそれを終えることができた。

＊　＊　＊

本書は私の遺書となるかもしれない。遺書とはいっても、noteではなく、bookである。もちろん、私はそうなることを望んではいない。本書が出されたあとも生命を維持できていることを願っている。しかしながら、現在の苦しい病状下にあって死の覚悟はできている。

私の人生をふりかえってみると、高校・大学・大学院・勤務先などを通じて、よき親友・知人に恵まれて、その中には現在に至るまで友情を交わしてきた人たちも少なくない。思えば幸せな一生であった。今回の闘病生活中に激励をいただいたことを含めて、それらの方たちに対して、厚い感謝の念を表しておきたい。

私の発病と前後して、親しい友人が三人相次いで亡くなった。その頃はまだ彼らの分も生きようと思っていた。しかし、その後、併発した種々の病気との闘いの痛苦を繰り返すうちに、自分が死との和解を願っていることに気づいた。キューブラー・ロス『死ぬ瞬間』の第五段階である。痛苦の毎日から解放されて、苦しみのない日々となることを祈る気持ちになったのである。もっとも、私を苦しめているものは、直接に死因となるような病気ではない。しかし、それほどまでに、私の毎日は辛いのである。特に今月、長年の親友であった国文学研究者の佐々木啓之さんが死去したことから、その気持ちは強くなった。

現在、死への恐怖はほとんどない。あるとすれば、研究ができなくなることと親しい人たちと別れることの寂しさである。長い間の友情でつながってきた人たちと会えなくなるのは、本当に辛いことである。そして、最愛の妻と二人の子どもたちおよびその家族と、共通の時間を過ごせなくなるのも、限りなく悲しい。

もう一度生まれ変わったとしても、私は現在の妻と結婚し、そして同じように二人の子どもの親となるであろう。そうなることが、私の最後の望みである。

＊　＊　＊

ここで、私の勝手なお願いにもかかわらず、本書の出版を引き受けて下さった有志舎の永滝稔氏に感謝の念を申し上げておきたい。ただし、私は以前から永滝氏とは知り合いであり、有志舎が日本近代史の本を中心にした出版社であることを評価してきたので、自分の著書も、将来、同社から出してもらいたいと考えていたことも事実である。それが思わざる病気のために早くなったのである。

最後になったが、本書の校正と索引の作成で、多大なご支援をいただいた谷川孝一氏に厚くお礼を述べておきたい。谷川氏には、筑摩書房編集部に在職中に、『日本近代社会成立期の民衆運動』（一九九〇年）、『自由民権の文化史』（二〇〇〇年）の二冊の私の著書を出していただいた。今回もまた、面倒を見ていただくことになった。谷川氏がいなかったとすれば、本書が世に出ることは、間違いなくありえなかったであろう。氏は私の人生で出会った最大の恩人である。

二〇一八年二月

稲田雅洋

著者紹介
稲田雅洋（いなだ　まさひろ）
1943 年、栃木県に生まれる。
1967 年、一橋大学社会学部卒業。
1972 年、一橋大学大学院社会学研究科博士課程修得。
愛知教育大学助教授、東京外国語大学教授を経て
現在、東京外国語大学名誉教授、社会学博士。

〔主要著書〕
『日本近代社会成立期の民衆運動』（筑摩書房、1990 年）
『自由民権の文化史』（筑摩書房、2000 年）
『自由民権運動の系譜』（吉川弘文館、2009 年）

総選挙はこのようにして始まった
——第一回衆議院議員選挙の真実——
2018 年 10 月 10 日　第 1 刷発行

著　者　稲 田 雅 洋
発行者　永 滝　 稔
発行所　有限会社　有　志　舎
〒 166-0003　東京都杉並区高円寺南 4-19-2
クラブハウスビル 1 階
電話　03 (5929) 7350　FAX　03 (5929) 7352
http://yushisha.sakura.ne.jp
ＤＴＰ　言 海 書 房
装　幀　伊 勢 功 治
印　刷　モリモト印刷株式会社
製　本　モリモト印刷株式会社

ISBN978-4-908672-24-8

事項索引

さ　行

た　行

な　行

は　行

ま　行

や　行

ら　行

わ　行

人名索引

あ 行

か　行

さ　行

た　行

な　行

は　行

ま　行

や　行

わ 行